左宗棠全传

林小光 著

远方出版社

图书在版编目（CIP）数据

左宗棠全传 / 林小光 著．—呼和浩特：远方出版社，2015.8（2020.9 重印）
ISBN 978 - 7 - 5555 - 0513 - 6

Ⅰ.①左… Ⅱ.①林… Ⅲ.①左宗棠（1812 ~ 1885）- 传记 Ⅳ.①K827 = 52

中国版本图书馆 CIP 数据核字（2015）第 211206 号

左宗棠全传

ZUO ZONGTANG QUANZHUAN

著　　者	林小光
责任编辑	刘洪洋
装帧设计	VIOLET
出版发行	远方出版社
社　　址	呼和浩特市乌兰察布东路 666 号　邮编：010010
电　　话	(0471)2236470 总编室　2236460 发行部
经　　销	新华书店
印　　刷	天津中印联印务有限公司
开　　本	170mm × 240mm　1/16
字　　数	262 千
印　　张	18.25
版　　次	2015 年 8 月第 1 版
印　　次	2020 年 9 月第 6 次印刷
标准书号	ISBN 978 - 7 - 5555 - 0513 - 6
定　　价	49.80 元

【序言】

高瞻远瞩，寸土必争

自 1840 年鸦片战争以来，经过道光、咸丰、同治三朝，在内忧外患的双重危机下，清朝逐渐走向积贫积弱、妥协求生的末路，沦为半殖民地半封建社会。面对外国的坚船利炮，林则徐、魏源等先知先觉者不遗余力地呼吁世人“睁眼看世界”，清廷中的有识之士陆续从“天朝上国”的迷梦中清醒过来，争取民族独立、自强和近代化成为当时开明人士的奋斗方向。

清代同治朝由此涌现了一批以胡林翼、曾国藩、左宗棠与李鸿章四人为代表的中兴名臣，他们都为维护清王朝的统治而尽心竭力，想方设法使中国免受外国欺压。其中，左宗棠尤为国人敬重，为外国侵略者忌惮，更被后人尊称为“战神”。

左宗棠（1812—1885），字季高，湖南湘阴人，一生以诸葛亮为榜样，其生平经历大致可分为三个阶段，即早年韬光养晦期（1812—1852）、平定国内动乱期（1852—1873）、驱赶外部侵略期（1873—1885）。

左宗棠早年科场坎坷，三度进京会试皆不中，因家境贫寒，遂绝意仕进，转而钻研舆地、水利、兵事、农桑等实用之学，并在湘阴老家开展小规模试验，颇有心得。在此期间，他备受陶澍、林则徐、贺长龄、贺熙龄等开明人士的器重和推崇，渐有名气。这一阶段，通过与名士交往，他逐渐萌生出为国家的独立自强而奋斗的爱国主义思想，为后来的事业打下了坚实的基础。

与另外三位中兴名臣出身进士不同，左宗棠41岁时以举人身份入湖南巡抚张亮基幕府做师爷，自此开启他的军政生涯。时值太平天国起义如洪水猛兽般席卷江南地区，朝野震骇，国内动荡不宁。左宗棠应时而动，先后在湖南巡抚幕府、曾国藩大营、浙江巡抚、闽浙总督等任上镇压太平天国起义。后来，又奉命担任陕甘总督，征剿西捻军，平定陕甘回民起义。他还注重战后安抚，解决战争遗留问题，并大力兴办洋务，"师夷长技以制夷"，创办福州船政局、兰州制造局等，为创建近代化工业做出有益尝试。

国内起义基本平定后，外部威胁日渐严重，列强环绕域外，虎视眈眈，民族危机一触即发。这一阶段，左宗棠把主要精力转向反对外来侵略的斗争上：先是镇压与外国偶有勾结的陕甘回民起义，接着督师西征，剿灭阿古柏叛乱集团，粉碎英国、俄国的分裂图谋，收复新疆，开发西北；然后不顾70高龄，南下督办福建军务，指挥抵御法国侵略者。为巩固战果，他力谏清廷在新疆和台湾建省，加强中央管辖力度。与此同时，他继续兴办洋务，创办甘肃织呢局、开采徐州利国驿煤铁矿、架设近代交通等。这些功绩都是在维护国家统一、民族团结的立场上建立的，是左宗棠深厚爱国思想的具体体现，也是让他彪炳史册的有力见证。

纵观左宗棠的一生，可概括为四个方面：一是镇压太平天国起义、捻军及陕甘回民起义；二是大力兴办洋务；三是恢复地方经济，开发西北；四是反抗外来侵略，促成新疆、台湾建省。而贯穿始终的是一条思想主线——关心国家、民族命运的炽热的爱国主义情怀。正是在这一思想的指导下，左宗棠兴办洋务主张“权操在我”，西征回民军要求“剿抚兼施”，面对英俄挑衅苦劝清廷寸土不让。

左宗棠曾在家书中劝诫诸子：“君子立身行己，出而任事，但求无愧此心，不负所学，名之传不传，声称之美不美，何足计较。”这句话既是他的自信之言，也可见其自知之明。论武功与才略，左宗棠在同治中兴名臣中赫然位于几人之首；论德操，可与胡林翼、曾国藩并列，而优于李鸿章；但论气度，他则逊于其他三位，这也是他为当时官场所不喜之缘故。

人生百年，飘忽而逝。如何在有限的生命中实现自我价值，是当代人热衷于思考的一个重要问题。在回答这一问题之前，读者不妨从左宗棠的生平经历中寻找线索，探究他对生命价值的理解，以及自我实现过程中的坚守，相信定能受益匪浅。

目　录

Contents

第一章　科场受挫，潜心求学

左宗棠在晚清名臣中是极具特色的一位。他出身书香门第，深受耕读家风的熏染以及儒家“学而优则仕”思想的影响，把读书、考取功名、兼济天下当作自己的人生目标。可惜他的科举致仕之路走得异常艰辛，三次参加会试都榜上无名。在这种情况下，他将更多精力倾注于地理、农事等“有用之学”。事实证明，这种看似离经叛道的选择，在他日后的官宦生涯中发挥了极其重要的作用。

年少有大志

1812 年（嘉庆十七年）11 月 10 日[①]，左宗棠出生于湖南省长沙府湘阴县东乡左家塅（今属岳阳市湘阴县金龙镇）一个日渐衰败的地主家庭。湘阴位于湖南北部，南邻长沙，北接洞庭，西面港汊纵横，东面丘陵起伏，历来是湖南经济、文化较发达的地区。

左氏在当地属于大姓，而且辈辈有名人。左宗棠的高祖左定师是县学生员（俗称秀才）；曾祖左逢圣，字孔时，也是邑庠生[②]，为人乐善

---

① 本书提到的时间皆是由干支纪年转换的公历纪年。此处的 1812 年 11 月 10 日即嘉庆十七年十月初七。

② 邑庠生：即秀才。庠生是对明清科举制度中府、州、县学生员的别称。明清时期，州、县学又称为“邑庠”，所以秀才也叫“邑庠生”。

好施，乾隆年间当地遭遇饥荒，他典当衣物，与乐善好施的富人一起在袁家铺施粥；祖父左人锦，字斐中，为国子监生，他经营有道、未雨绸缪，修建族仓，用以应对灾荒年月。到左宗棠的父亲左观澜时，家族境况大不如前。左观澜是县学廪生[①]，做了二十余年的教书先生。

左观澜育有三女三子，加上父母健在，全家共有十口人，生活负担十分沉重。为了养家糊口，他只得外出设馆授徒。遇到灾荒时，全家人只能以糠为饼充饥，勉强度日。对于这样“寒素”的生活，左宗棠后来常常忆起，在写给儿子的信中多有感慨。他说：“左家世代贫苦，先辈的困苦状况一言难尽。你母亲嫁给我时，我已经中举，家中境况稍有好转，但每与你母亲谈及先辈艰难穷困的生活，我经常泪湿衣襟。29岁生日时，我曾在小淹馆中作诗八首，其中一首提到父母的艰辛，有四句云：‘研田终岁营儿哺，糠屑经时当夕飧。……乾坤忧痛何时毕，忍属儿孙咬菜根。’至今读到这几句，仍然悲怆不能自已……由于家境贫寒，我生下来只能喝米汤，日夜啼哭不止，以致肚脐突出，至今腹大而脐不深。我母亲曾谈到育我之艰难、嚼米为汁之苦楚，今日想到这点，好像她的声音还在耳畔。”

左宗棠出生时，祖父左人锦已七十有四，视左宗棠如珍宝。左宗棠刚4岁，左人锦就教他读书写字，对他寄予很高的期望。

1816年（嘉庆二十一年），左观澜举家迁往长沙左氏祠，在那里开馆授徒。5岁的左宗棠与仲兄左宗植跟随父亲学习。在父亲的严格管教下，天资聪慧的左宗棠6岁开始诵读《论语》《孟子》等儒家经典，9岁开始学习写作八股文章，为将来的科考做准备。他谨遵父教，刻苦攻读，从小就深受传统儒学，特别是程朱理学的熏陶。1826年（道光六年），15岁的左宗棠开始应童子试县试，次年应府试，名列第二。本应再参加学政主考的院试，但因母亲病危，他只好告归，也就没能取得秀才资格。同年，他的母亲余氏病逝。

---

① 廪生：生员的名目之一，廪生给廪米，故名。

道光年间，清王朝由盛而衰，程朱理学日益暴露出空谈义理、迂阔空疏的流弊，“经世致用”之潮逐步兴起。所谓“经世致用”，是指学问必须有益于国事。它由明末清初著名学者顾炎武、黄宗羲等人提出。顾炎武提倡“天下兴亡，匹夫有责”，治学应有“救民于水火之心”“凡文之不关于六经之旨、当世之务者，一切不为”。黄宗羲则说：“经术所以经世，方不为迂儒之学。”但随着清王朝统治地位的确立和巩固，汉学盛行，经世致用的精神如昙花一现，隐而不彰。到嘉庆、道光年间，面对封建末世深刻的社会危机，一批政治家、思想家和进步学者再一次提倡经世致用，主张实行改革。

左宗棠和当时的读书人一样，一心企望迈入科举登第之途，但他又和别的读书人不同，科考失意后，他逐渐把心思从科举、“四书五经”、八股文转移到经世致用之学上。

1829 年（道光九年），18 岁的左宗棠在长沙书肆中偶然发现一部清初顾祖禹①撰写的《读史方舆纪要》，如获至宝，从中发现了与八股文章截然不同的知识天地。他反复阅读书中提到的山川险要、战守机宜，直到融会贯通。不久，他又读到顾炎武的《天下郡国利病书》和齐召南②的《水道提纲》，眼界更为开阔，接触到了实用的知识。那时的学子都专注于科举，对左宗棠专注于实用之学嗤之以鼻，认为毫无用处。但左宗棠不为所动，依然攻读不辍，并将可用于实践的知识记录下来。也正是这些“离经叛道”的学问，为他日后的成功奠定了坚实的知识基础。

这一时期，左家的家境每况愈下，至 1830 年（道光十年）左宗棠的父亲去世时，家中仅剩上辈的数十亩遗田，每年只有不足 50 石租谷的收成，入不敷出。这一年，左宗棠 19 岁。因父母相继去世，他丁忧

---

① 顾祖禹（1631—1692）：字复初，一字景范，南直隶常州府无锡县（今江苏无锡）人。清初沿革地理学家和学者，毕生专攻史地，尤其是沿革地理和军事地理。

② 齐召南（1703—1768）：字次风，号琼台，晚号息园，浙江天台人。清代地理学家，幼有“神童”之称，精于舆地之学，又善书法。

在家，埋头苦读。当时，曾主持编纂《皇朝经世文编》的江宁布政使贺长龄因丁母忧留居长沙，左宗棠十分钦佩他的品学和才能，并羡慕其藏书丰富，特地登门拜访。

尽管两人地位悬殊，但经过一番交谈后，贺长龄十分赞赏左宗棠的志趣和才华，推之为“国士”，劝告他“天下方有乏才之叹，幸勿苟且小就，自限其成”，并答应借出家中所有藏书供左宗棠阅读。此后，左宗棠每次去借书，贺长龄都亲自登梯子为他取书，有时上下数次，不厌其烦。左宗棠还书时，贺长龄还颇有兴致地与他交流读书心得，互相考订，并把自己主编的《皇朝经世文编》相赠。左宗棠获得该书后，认真阅读，勾画批点，系统接受了经世致用思想的影响。贺长龄的细心关爱也使左宗棠深受教育和鼓舞，他后来在写给友人的信中说：

> 耦耕先生实嘉、道两朝名臣，学术之纯正，心地之光明，一时仅见。弟于长沙，久亲教益，于先生政学，颇有所窥。谬蒙以国士见待，铭感胸臆。

1831 年（道光十一年），左宗棠考入长沙城南书院。当时是贺长龄的弟弟贺熙龄任书院山长，贺熙龄曾任湖北学政，是经世致用之学的推崇者。左宗棠在城南书院品学兼优，在一年的考试中七次名列第一，深受贺熙龄器重。在城南书院，左宗棠还结识了一些有志于经世之学的同学，如罗泽南①、丁叙忠等，这些人后来都成为朝廷的重要人才。

1832 年（道光十二年），左宗棠转入湖南巡抚吴荣光②在长沙设立的湘水校经堂学习，但他仍一直与贺熙龄保持书信往来，在治学、修身

---

① 罗泽南（1808—1856）：字仲岳，号罗山，湖南双峰县人。晚清湘军将领、理学家、文学家，也是湖南理学经世派的主要人物。因战功卓著，历迁知县、同知、道员（加按察使衔）。后在进攻武昌之战中中弹身亡。

② 吴荣光（1773—1843）：字伯荣，一字殿垣，号荷屋、可庵，晚号石云山人，广东广州府南海县人。清朝官员，曾任湖南巡抚兼湖广总督，后因事降为福建布政使。善于金石、书画鉴藏，且工书善画，精于诗词。

方面深受贺熙龄影响，并从贺熙龄那里及时了解到国家内忧外患的形势，从而激发出强烈的爱国情感。

艰难的科考之路

尽管左宗棠专注于经世致用之学，但就当时的社会状况而言，要想实现人生理想，科举致仕仍是主要途径。1832 年（道光十二年）5 月，左宗棠服丧期满，恰好这一年朝廷举行恩科乡试，为了取得考试资格，他纳资捐了一名监生。在科考中，同考官[①]先期阅看考生试卷，择其中的优秀者加以评定，然后再向主考官推荐，由主考官选取。一开始，左宗棠的试卷未被同考官选中，被斥为遗卷。但因为这一科是为道光帝 50 寿诞而特开的恩科，不久朝廷又诏命考官搜阅遗卷，增加录取名额。因之前的同考官已经去世，由主考官徐法绩代职，他从 5000 多份遗卷中选取 6 份，左宗棠居首。但取中后，同考官疑为人情温卷，恰好湖南巡抚吴荣光监考，他在湘水校经堂时就对左宗棠的才华有所了解，得知所取为左宗棠后，立即同意徐法绩复取的 6 人。这样一来，左宗棠总算中了举人。而在同一场考试中，仲兄左宗植顺利考取第一名，这让左宗棠心中十分羞惭。

早在 1823 年（道光三年），左宗棠 12 岁时，长兄左宗棫就去世了，年仅 25 岁。这一变故让他的父母备受打击，先后含恨而逝。经历了祖父母及父母亡故、长兄夭折、诸姐出嫁后，这个十口之家只剩下兄弟两人。仲兄左宗植自 1826 年（道光六年）选授新化训导后，长年在外，难得一见。

乡试结束后，21 岁的左宗棠遵照父亲早年许定的婚约与湘潭大家闺秀周诒端结婚，因无钱举办婚事且孤身一人，他只得入赘周家，寄人

---

① 同考官：明、清乡试和会试中协同主考官或总裁阅卷之官。因在闱中各居一房，又称房考官，简称房官。试卷分发各房官先阅，加批荐给主考官或总裁。

篱下。而岳父母不仅没有对他这个不争气的举人另眼相待，反而尽力支持他读书，并劝慰他日后一定会出人头地。将他视如己出的岳父母还教导女儿要善良贤惠，体谅丈夫的失意并时时劝慰。婚后次年，长女左孝瑜出生，新婚燕尔的甜蜜与初为人父的喜悦使他心结稍解。

中举后，左宗棠的下一个目标便是到京城参加会试。会试一般在乡试后第二年春天举行，由于湖南离京城有数千里之遥，当时的交通又很不便利，左宗棠便在这年冬天与仲兄左宗植一同北上。夫人周氏拿出剩余的嫁妆作为他上京的盘缠。恰在这时，左宗棠得知已经出嫁的姐姐生活穷困、衣食无着，便将旅费全部拿去周济姐姐。周氏知道后不仅没有生气埋怨，反而又找亲戚凑了百两银子交给丈夫让他得以成行。

1833 年（道光十三年）春，左宗棠雄心勃勃地来到京城参加癸巳科会试，可惜名落孙山。不过，他没有对这次科场失利耿耿于怀，反倒因为在京城的见闻而对经世之学和国家时事有了新的认识和体悟。他在写给乡试主考徐法绩的信中说：“比者春榜既放，点检南归。睹时务之艰棘，莫如荒政及盐、河、漕诸务。将求其书与其掌故，讲明而切究之，求副国家养士之恩，与吾夫子平生期许之殷。十余年外，或者其稍有所得乎！”大意是说，春榜已放，他准备收拾行李南归。眼见时务之危难，莫过于朝廷荒政以及盐、河、漕诸务。他将搜寻相关书籍与典章，研究探明解决方法，以符合国家养士之意及老师平生的殷切期望。十几年后，或许会稍有所得。由此可见左宗棠对国家时务的关注及“以天下为己任”的情怀。

与此同时，左宗棠还意外结识了同乡士子胡林翼。胡林翼是湖南益阳人，与左宗棠既是同乡又是同年所生，先后受教于贺熙龄，算是同出一个师门。更为凑巧的是，他们的父亲还是岳麓书院的同窗好友。胡林翼也深受经世致用思潮的影响，喜欢探究山川地理、关隘要塞与兵政枢机。因此，他们在北京一见如故，常常彻夜畅谈，从古到今、天文地理，无所不包。胡林翼曾在 1831 年（道光十一年）亲自参加益阳赈灾，对富者为富不仁、从政者贪卑腐败以及小民流离失所、贫弱无助的社会现状印象深刻，因此常将目光锁定在内政上。左宗棠则熟悉边疆地理，对列强觊觎中国的状况更加关心。他们豪气万丈，畅所欲言，兴奋时常常纵言阔步。此后，两人关系愈发密切，相互引为知己。

从京城返回湖南后，左宗棠将先祖的遗产全部留给长兄遗子左世延，自己则另想办法。1834 年（道光十四年），左宗棠因久居夫人娘家，“耻不能自食”，便向岳父借了一间西屋，独自开火。他与连襟张声玠①仅隔一院，二人同试礼部，又一同落第归来，因此常在一起切磋学问、评论文字，相处十分融洽。

1835 年（道光十五年），左宗棠再次进京应试。这次考试，他被初选为第十五名，但因湖南多中一名，考官就将他的试卷撤下，仅给了他“誊录”一职。誊录负责缮写，相当于今天的文书，虽然经过积累资历也能得到晋升，但左宗棠不甘屈就，毅然返回湖南。这次考试失利令他心情十分悲切，加之劳碌奔波，差点丧命。他在 27 岁病重时为自己作的挽联中写道：

慨此日骑鲸西去，七尺躯委残芳草，满腔血洒向空林。问谁来歌蒿歌薤，鼓琵琶冢畔，挂宝剑枝头，凭吊松楸魂魄，奋激千秋。纵教黄土埋予，应呼雄鬼。

倘他年化鹤东归，一瓣香祝成本性，十分月现出金身。愿从此为樵为渔，访鹿友山中，订鸥盟水上，消磨锦绣心肠，逍遥半世。唯恐苍天负我，再作劳人。

挽联的上联写尽他空有抱负却无处施展的苦闷和不甘，堂堂七尺男儿，正是血气方刚之时，却报国无门、壮志难酬，赤血空洒、宝剑悬置。下联则写出了他对自己人生的期许及规划，功成身退后化身渔樵，

---

① 张声玠（1801—1848）：字奉兹，号玉夫，湖南湘潭人。清代戏曲作家，早年喜诗文，后专攻词曲。官至直隶元氏知县。其夫人周诒蘩是清代有名的女词人。

退隐山林，自在逍遥，字里行间透露出他豪情满怀的自信与旷达疏朗的个性。

第二次落第回家后，左宗棠在夫人的支持协助下，继续潜心求学，博览群书。他写了一副联语挂在书房里勉励自己，内容为“身无半亩，心忧天下；读破万卷，神交古人”。这副联语生动地反映了左宗棠当时赘居岳父家的生活状况。即使“身无半亩”，面对国家日益衰败的局面，他依然“心忧天下”；他“读破万卷”“神交古人”，不是在逃避现实，而是从书中求得有益于国计民生的学问，汲取安身立命的养料。

这一时期，他开始致力于舆地之学，并计划先绘制皇舆图，即清代国家地图。这个计划不仅要求构思周密，而且工程浩繁。他为此付出了大量的时间和精力，并得到了夫人周氏的协助。他每作一图易稿，便让周氏帮助影绘，共用时一年多才完成。此时的周夫人已生育两女，身体虚弱，无力料理家事。为替妻子分忧，左宗棠纳妾张氏。

1837 年（道光十七年），26 岁的左宗棠应湖南巡抚吴荣光邀请，在醴陵渌江书院任主讲，为时两个学年。尽管待遇并不优厚，但他严格要求学生，认真执教。在醴陵讲学期间，他结识了时任两江总督、后来结为儿女亲家的陶澍。

陶澍是湖南安化人，道光时任两江总督达十年之久。左宗棠对陶澍甚为敬慕，他在渌江书院主讲时，恰逢陶澍巡阅江西，路上转道安化老家扫墓，途经醴陵。醴陵县令为陶澍准备行馆时，请左宗棠写几副门联，其中一副是：

春殿语从容，廿载家山印心石在
大江流日夜，八州子弟翘首公归

上联写的是 1835 年（道光十五年）道光皇帝为陶澍题赠“印心石屋”四字匾额的故事，下联则表达了湖南民众对陶澍的颂扬和敬仰之情。陶澍看到这副对联后，大为赏识，急忙询问此联作者。后经县令引见，左宗棠得以拜见大名鼎鼎的陶澍。陶澍将左宗棠视为奇才，特地让他留宿，二人纵论古今，彻夜未眠。自此，左宗棠与陶家结下了不解之缘。

1838 年（道光十八年）初，左宗棠第三次赴京会试，没想到再次落第。在写给夫人的家书中，左宗棠写道："榜发，又落孙山。从此款段出都，不复再踏软红，与群儿争道旁苦李矣。"后来，左宗棠还在《二十九岁自题小像八首》的第二首中描述了这次科场失利后的心境：

锦不为幍自校量，无烦詹尹卜行藏。
君王爱壮臣非老，贫贱骄人我岂狂。
聊欲弦歌甘小僻，谁能台省待回翔？
五陵年少劳相忆，燕雀何知羡凤凰。

此外，他还在《二十九岁自题小像八首》中写到自己多年寄身岳父家的羞赧，"九年寄眷住湘潭，庑下栖迟赘客惭"。夫人周氏理解左宗棠的不甘，对于丈夫欲"闭门伏读，实地考验，著为一书，以诏农圃"的愿望，她极力支持。为了纾解丈夫心结，她还作《和季高夫子自题小像》应和，其中第二首是："轩轩眉宇孤霞举，矫矫精神海鹤翔。蠖屈几曾舒素志，凤鸣应欲起朝阳。清时贤俊无遗逸，此目溪山好退藏。树艺养蚕皆远略，由来王道本农桑。"周夫人巧用《易・系辞》中蠖屈求伸之意勉励丈夫，并以获得"朝阳鸣凤"美誉的李善感①相期许，给予左宗棠温暖的慰藉，在精神上鼓舞丈夫深钻方舆、农桑、水利、军事、洋务等经世之学。

自 1833 年（道光十三年）到 1838 年（道光十八年），左宗棠三次会考失利，花去家中大量钱财，于心有愧。夫人周氏不仅毫不埋怨，反

① 李善感：唐朝时担任监察御史，皇帝想封五岳，他力谏阻止。当时朝堂上已二十多年没有人敢直言，官员们听到他劝谏，认为那是凤凰朝着太阳鸣叫。

而作诗慰勉他："清时贤俊无遗逸，此日溪山好退藏。树艺养蚕皆远略，由来王道重农桑。"左宗棠大受感动，并被妻子的聪慧折服，为表白心意，他写下"不向科举讨前程"，宣布不再参加会试。

这次落第归来，左宗棠特地绕道南京谒见陶澍，在陶澍的官衙内停留十多天，每日与陶澍的幕僚谈论时政、切磋书法文艺。经过数日了解，陶澍对左宗棠更加器重，认为他前途不可限量，于是当面下聘结亲，让左宗棠的长女左孝瑜嫁给自己的儿子陶桄为妻，两人从此结为儿女亲家。

1839 年（道光十九年），左宗棠返回长沙，居住在仲兄左宗植家中，兄弟二人时常切磋学问。同时，他还收到恩师贺熙龄的书信。贺熙龄语重心长地告诫他应仔细研读《论语》，揣摩其中的修身待人之道，尤其面对隐微幽独的内心时更要有意识地锤炼自己，做到"慎独"。左宗棠自知气质粗驳，深深感激老师的忠告，认为先儒"涵养须用敬"的教导最是对症下药，于是开始从寡言和静养两方面下功夫。

同年 7 月，陶澍病逝于两江总督任所，其子陶桄年仅 7 岁，身后的孤儿寡母无人照应，一些族中亲属趁机打起了陶澍家产的主意。贺熙龄、胡林翼提议左宗棠赴安化小淹陶澍家中，教授陶桄并帮忙料理家务。左宗棠与陶澍本有相交情谊，加上又是儿女亲家，便欣然接受了这一安排。

知行合一的"湘上农人"

1840 年（道光二十年）春，左宗棠来到安化小淹，设馆教授陶桄与侄子左世延，成为一名偏处山乡的私塾老师，并帮忙料理陶澍家事。他在陶家设馆八年，陶家所藏书籍、文献、公牍极多，为他继续寻求经世致用之学开辟了新天地。他利用这一有利条件博观纵览，开阔了视野。就在这一年，第一次鸦片战争爆发，炮火时刻牵动着左宗棠的心，他结合时势变化，开始重订以往所作舆图，大量阅读海防记载，更加专注于研究舆地学、农学和兵学。

早前进京赴考时，左宗棠就购入了不少农书，打算回家后“闭门伏读，实地考验”。1839 年（道光十九年），他在家里种桑千株，让家人养蚕缫丝。对于当时的儒生而言，左宗棠这些行为是“离经叛道”、不务正业，因而一些士子对他明讽暗讥，但左宗棠不为所动，他从小就是一个很有主见的人，性情刚烈而自信。他崇拜诸葛亮，敬仰其绝世的才华和救世能力，他给朋友写信时经常毫不犹豫地署名“今亮”。

尽管左宗棠的所作所为与当时沉醉于风花雪月或专习文章举业的士子格格不入，但他依然得到了老师贺熙龄的赞誉。这位对他有知遇之恩的老师，在《舟中怀左季高》一诗中直白地写出了自己对左宗棠的赏识。

六朝花月毫端扫，万里江山眼底横。
开口能谈天下事，读书深抱古人情。

贺熙龄还在这首诗下做了注释：“季高近弃词章，为有用之学，谈天下形势，了如指掌。”可见当时左宗棠在经世致用之学方面已有小成。

自 1832 年（道光十三年）与周夫人结婚后，左宗棠一直寄居岳父家，内心深感羞愧可耻。教授陶桄后，他积攒了一笔丰厚的薪资，除去家用尚有不少结余，于是在 1843 年（道光二十三年）在湘阴东乡柳家冲（位于左家塅西 10 余里）购买 70 亩田地，为自己置办了一份家业。次年秋后，他将妻子与四个女儿迁到柳家冲定居。在庄园大门上，他写下“柳庄”两字，自号“湘上农人”，并利用归家间隙仔细经营庄园。

这一时期的左宗棠虽然关心国事，但却没有施展才华的机会，他只有沉醉于与家人田园牧歌的安逸图景中——有田可种，有材可用，有薯芋可食用，有园子可种桑，山中可种竹、可牧羊，数年后将是一处乡村乐园。因此，他经营的柳庄有水田，有山地，也有鱼塘。他耕田种地讲究使用科学技术，将自己学到的古区田法[1]用于实际耕种，一方面实地考验，一方面为著述做准备。道光二十五年（1845年），他在博览群书的基础上，开始分类编纂农书，得十数篇。次年又得数篇，于是分门别类，纂辑成编，命名为《朴存阁农书》，此书现已散佚。

晚清时期，商品经济有所发展，湘北地区主要体现在谷米、土布、茶叶、竹木等行业上。左宗棠注意到这种发展趋势后，从安化引进茶种，开园种茶。他的幼子左孝同曾回忆左宗棠在柳庄充分利用地理优势种茶，并认定湘阴的产茶业是由左宗棠率先发起的。1846年（道光二十六年），左宗棠在给贺熙龄的信中自得地提到茶园所得收入足以缴纳当年清廷的课税，往后产量逐年增加，对人对事均不无裨益。此时的左宗棠已从书本中跳出来，开始践行学到的实用之学，并取得了不俗的成绩。

除了在经世之学方面取得诸多可喜成果外，这一年，左宗棠喜得麟儿，长子左孝威出生。一家人其乐融融地迎接这个小生命的降临。

在舆地学方面，这一时期左宗棠的视野逐渐由国内扩展到国外，像林则徐、魏源一样也睁眼看世界了。当英军犯浙江、陷定海（今浙江舟山市定海区）、进逼天津海口等消息传到湖南后，他以朴素的爱国热忱密切关注战况，时常与贺熙龄讨论战守机宜。在他看来，英军船坚炮利，游弋海上，牵制了清军沿海七省兵力，使主客劳逸形势完全颠倒过来。中国只有采取持久战战略，才能最终战胜英军。他反对“急旦夕之功”的作战方法，主张采取扎实的战备措施，增强沿海各省的防卫能力，使“一省之力足当一省之用”，避免敌攻一处，全局震动，调兵征饷，疲于奔命。他所提出的战备措施，包括练渔屯、设碉堡、简水卒、设水寨，讲求火器的应用，实行坚壁清野，断绝敌人的接济等。在战术

---

① 区田法：指汉代推行的一种抗旱丰产耕作法，由汉成帝（公元前32—前7年）时农学家氾胜之在关中地区总结并推广。这种精耕细作的方法抗旱高产，力求少种多收，但它不一定采用铁犁牛耕，而在施肥、灌溉、管理等方面要求投入大量劳力，因此适合缺乏畜力和农具、经济力量薄弱的小农经营。

上，他提出清军专守城根河岸，或于敌军必经之道据险埋伏，在敌军逼近之时先以炮火实施杀伤消耗，然后伏兵突起于前，奇兵疾出于后，前后夹击，一举歼灭。

左宗棠的这些主张虽然只是纸上谈兵，但与林则徐在广东的备战御敌之举却颇有相似之处。面对欲壑难填、骄纵跋扈的外国侵略者，左宗棠主张坚决抵抗，反对和议。但当时软弱无能的清王朝存有侥幸偷生的念头，试图通过妥协退让来保护既得利益。坚决主战的林则徐等人被朝廷革职，发配到伊犁军台效力。浙江的抵抗势力溃败后，道光皇帝决定不再抵抗，对外政策变为妥协退让。左宗棠一针见血地在书信中分析原因为“时事之坏，只是上下相蒙，贤奸不辨”。他认为，朝廷应一意主战，一旦妥协令英军得胜，海外各国必纷起效尤，中国自此将国无宁日。他认为林则徐是众望所归，若能继续被朝廷重用，必能“固岭南千里之守”。他还痛斥琦善[①]以奸谋误国，遗祸边疆、遗患子孙，应当斩首军前。

1841 年（道光二十一年），英国人占领香港，官军数战不利，英国人将船开至广州挑衅，并传言要割据香港。左宗棠闻讯极为悲愤，作《感事四首》。其中，第一首写道：

爱水昏波尘大化，积时污俗企还淳。
兴周有诰拘朋饮，策汉元谋徙厝薪。
一怒永维天下祜，三年终靖鬼方人。
和戎自昔非长算，为尔豺狼不可驯。

在这首诗中，左宗棠毫不掩饰地将英国侵略军斥为“鬼方人”、“不可驯”的“豺狼”，并明确表示和议“非长算”，字里行间表露了他

① 琦善（1790—1854）：字静庵，博尔济吉特氏人，满洲正黄旗人。清朝官员，鸦片战争时主和派的代表人物，历任山东巡抚、两江总督、两广总督、驻藏大臣、热河都统、四川总督、陕甘总督等职。

对英国侵略者的厌恶及对软弱朝廷的无奈。

这一时期，左宗棠遍考往昔海防记载，并探究西方国家的地理、历史情况及其侵华的渊源。他对舆地学的潜心研究，为其日后的军旅生涯打下了夯实的基础。天时、地利、人和，历来被视为兵家取胜的三大要素。作为部队统帅，要想占得地利，首先要熟知天下山川形势，只有这样，临战才能因势利导。左宗棠对山川地理的热衷，主要偏重于军事方面。他曾总结自己历年研究舆地学的心得，著成《舆地图说》一书，详细叙述了历代兵事与地形的关系。

左宗棠初次进京会试时结识的同乡胡林翼后来成为陶澍的女婿，左宗棠在安化小淹时，胡林翼经常来小淹，与左宗棠共同规划陶氏家事，聊晚了两人就躺在一张床上歇息，畅谈古今大政，直至天亮。后来，胡林翼的妹妹胡同芝嫁给了左宗棠的侄子左澄（左宗植的长子）为妻，两家亲上加亲，关系更为密切。

1847 年（道光二十七年），左宗棠的长女左孝瑜与陶桄结婚，之后，左宗棠为避嫌结束了在陶家的塾师生活，回到柳庄，致力于研究兵学。1848 年（道光二十八年），他在写给仲兄左宗植的信中提到自己近年来对兵事颇有心得，倘若时运赋予他权力，必能说到做到，绝非纸上谈兵。他将古人“不为良相，即为良医”的人生选择，改为“不为名儒，即为良将”。显然，“为良将”是他在科场失意后更倾向于选择的人生道路，也是他精研兵学后怀抱的志向。

1849 年（道光二十九年），左宗棠再次来到长沙开馆授徒，馆址设在朱文公祠，陶桄仍跟从受学，黄冕[①]之子黄瑜、黄上达、黄济以及周开锡[②]等人也跟随学习。时值湘北连年涝灾，柳庄的耕田遭淫雨危害，谷稻全都发芽霉烂，左宗棠一家不幸患病。在为家人的灾病担忧的同

---

① 黄冕：湖南长沙人，颇具干才，入仕之初便受到陶澍、林则徐的赏识，在水利、海运方面屡有功绩。后为两江总督裕谦幕僚，裕谦因鸦片战争镇海之役被杀，黄冕受到牵连，被贬新疆。在新疆又因协助林则徐兴修水利有功，被赐还湖南。

② 周开锡（1826—1872）：原名开铁，字绶珊，号受山，行三。曾为左宗棠军筹办军饷，因功升护理福建巡抚、福建船政局提调、左宗棠南路诸军总统，兼理民政。

时，左宗棠利用课余时间，积极组织募捐，在村里囤积粮食以备荒，设局以造药。他拿出自己教书的报酬购买粮食，一半接济左家塅的族人，一半接济柳家冲的本乡。夫人周诒端也很关心这件事，甚至拿出自己的妆奁做补贴。

这年冬天，林则徐由云贵总督任上因病开缺回乡，路过湖南时特意约请左宗棠会面。林则徐早年为陶澍所赏识提拔，在担任湖广总督时因严禁鸦片成效卓著，继以钦差大臣身份赴广东禁烟，领导了抗击英国侵略的第一次鸦片战争。后来受朝廷中投降派诬害，被发配新疆伊犁充军。他在新疆兴水利、教纺织、辟屯田，屯垦戍边。1846 年（道光二十六年），他被重新起用，历任陕西巡抚、陕甘总督、云贵总督等职。左宗棠对林则徐的为人、事功早有耳闻，并极为敬仰。1848 年（道光二十八年），林则徐在云贵总督任内接受胡林翼的推荐，曾邀左宗棠入幕。左宗棠因家乡遇水灾，忙于劝赈积谷未能前往，但稍后写了一封充满情谊的信寄给胡林翼，表达自己对林则徐的敬慕之情。1850 年 1 月（道光二十九年十一月），林则徐派人到柳庄邀请左宗棠一见，倾慕已久的两人终于在长沙湘江的一艘船上见面。左宗棠因心情激动，一脚踏空，落入水中，被林则徐笑称承受不起这个见面礼。

他们在舟中彻夜长谈，林则徐将自己在新疆整理的资料和绘制的地图全部交给左宗棠，说："我已经老了，空有御俄之志，终无成就之日。这几年我留意人才，你可谓其中的绝世奇才，所以我要将此重任托付于你。将来抵挡东南洋夷的能人很多，但西定新疆之人，则非君莫属。这些是我数年心血所在，献给足下，或许将来治理新疆能用得上。"当晚，林则徐还在舟中为左宗棠写下一副联句，内容是"此地有崇山峻岭茂林修竹，是能读三坟五典八索九丘"，上款为"季高仁兄先生大人法正"，下款署"愚弟林某某"。左宗棠以一介布衣之身受到林则徐的如此礼待，内心极其感念，晚年时仍将此联悬挂在书斋内。这次会面是左宗棠与林则徐仅有的一次不平常的会面，被他视为"一生荣幸"，对左宗棠的生平事业产生了深远的影响。林则徐回到福建后病情渐重，得知自己时日无多后，他让次子林聪彝代写遗折，向新近登基的咸丰皇帝大力推荐左宗棠，称其为“绝世奇才”，希望朝廷能重用他。

左宗棠与林则徐分别后回到柳庄，过了一段短暂的宁静生活。一年后，他接到林则徐在赴任途中病卒的噩耗，万分骇然，难掩悲痛。在写给林则徐长子林汝舟的吊唁信中，他回忆了一年前与林则徐对谈江上的情景，并悲慨道：“何图三百余日，便成千古，人之云亡，百身莫赎，悠悠苍天，此恨何极。”他还写挽联致意：“附公者不皆君子，间公者必是小人，忧国如家，二百余年遗直在；庙堂倚之为长城，草野望之若时雨，出师未捷，八千里路大星颓。”沉痛而悲愤的心情溢于言表，左宗棠视林则徐为榜样，也很感激林则徐对自己的知遇，而林则徐对他的影响也贯穿了他后半生的军政生涯。

至 1857 年（咸丰七年）移家省城，左宗棠阖家在柳庄一共生活了十四个年头，其间他用心经营柳庄，潜心钻研实用之学，学用结合，为日后的思想与活动奠定了基础。

第二章　受荐入幕，初露锋芒

随着太平天国运动的爆发，久伏山乡的左宗棠终于迎来了出人头地的机会。农民起义以摧枯拉朽之势冲击封建官僚机制，面对这场洪流，腐朽不堪的清王朝束手无策，被迫改变陈规，广纳贤才。一批在野的贤明之士乘势而起，脱颖而出，左宗棠以自身出众的才干成为其中的佼佼者。在好友胡林翼的力荐下，他开始了长达八年的幕僚生涯。

决意出山

面对“山雨欲来风满楼”的国内形势，左宗棠百忧交集，夜不能寐，空有壮志却报国无门。同时，一家老小的身家性命也都寄托在他的身上，为保全宗族，他一度打算带领家人“买山而隐”。

早在1840年（道光二十年）第一次鸦片战争初期，左宗棠就预料到外患必然加剧内乱，形势的发展将更加难以收拾。他在安化陶家听说清廷和议后，异常忧愤，向老师贺熙龄上书，其中写到他对战守的诸多看法。这年冬天，他从安化小淹返家时，开始寻找一处可以避险的地方，为日后做准备。第二年，他在距左家塅10多里的青山谋到一处可以立足的地方，并计划放寒假时前去察看。1842年（道光二十二年），鸦片战争失败，清廷签订了丧权辱国的《南京条约》。左宗棠愤懑之余，认为买山隐居势在必行，于是派人前往青山察看，但因事务繁忙及经费困难，此事被迫搁置。1844 年（道光二十四年），左宗棠虽然已经携家移居柳庄，但仍没有放弃寻找避居之地。1846 年（道光二十六年），他从安化返回湘阴，实地考察了湘阴东南的双狮、白鹤、望塔、梓木诸洞，认为这些地方确有地利，但缺少人和，不利于宗族来往。多方权衡后，他最终决定落脚青山白水洞。在避居白水洞期间，他的仲兄左宗植一家、连襟张声玠一家都随居此地；郭嵩焘①、郭昆焘②兄弟也住在不远的梓木洞中，两家时有往来。左宗棠利用这段山居时光，为众人的长治久安打算，规划了自强自卫之计，包括坚筑庄屋以类碉堡、修凿隐蔽山路、设立社仓储粮备荒、严立条规以正风俗等。通过这些举措，左宗棠希望达到“内衅不作，外侮易防”的目的，为众人在乱世中辟得一处“安枕高卧”的无忧之地。

在当时的局势下，左宗棠这种保全身家于乱世的思想是很自然的应变措施，同时也包含了他隐居待机的心理。作为一个忧国有志而富有远见的人，他多次说过：“天下无不了之事，无不办之寇，亦未尝无了事办寇之人。”显然他将自己看作“了事办寇之人”。在蛰居山乡期间，他孜孜不倦地吸取经世致用之学，尤其关注舆地学、兵学、洋务之学以及国内外形势，为的就是有朝一日能担当大任。他曾在书信中多次自比诸葛亮，诸葛亮闲居卧龙岗，博览群书，躬耕陇亩，最后等来刘备的“三顾茅庐”；而他屈居青山白水洞，饱读舆地农兵之书，密切留心国家形势，正是待机出山。

1851 年（咸丰元年）秋，太平军进占广西永安（今广西梧州市蒙山县），左宗棠从好友胡林翼处得知这一消息后，就如何对付太平军发表了一番议论。他说，自古兵法有言“谋定而后战”“善战者，致人而不致于人”，清军忽略了这些道理，所以在作战中处处被动，经常挨打。

---

① 郭嵩焘（1818—1891）：原名先杞，字筠仙，湖南湘阴城西人。清朝官员，湘军创建者之一，中国首位驻外使节，与胡林翼、江忠源、左宗棠等人交厚。

② 郭昆焘（1823—1882）：原名先梓，字仲毅，自号意诚，晚号樗叟，湖南湘阴人，郭嵩焘之弟。中举后连续两次会试落榜，遂绝意科举，咸丰年间先后在湖南巡抚张亮基、骆秉章处为幕僚。与江忠源、罗泽南、刘蓉等人亲厚。

他主张清军在太平军的营地附近广筑碉堡，步步为营，呈合拢之势，渐逼渐进，迫使太平军放弃营垒。这样一来，清军改守为攻，由被动变为主动。左宗棠提倡的筑碉堡以合围的“铁桶战术”，对初起于广西山区的太平军确实有一定效用，这在中国军事史上是首次出现。胡林翼听了左宗棠这番议论后，十分佩服他的见地，并感到应该设法让这位时运不济的老友发挥其军事专长，于是多方荐举，希望引起朝廷的重视。

同年冬，湖广总督程矞采接到胡林翼的荐书后，求贤若渴，立即修书一封派人送往湘阴，请左宗棠出山。左宗棠接到聘函后却不为所动，“喜为壮语惊众”的他非常清楚自己有多少才干，希望程矞采能像刘备那样屈尊就驾地“三顾茅庐”。可惜程矞采忙于防堵太平军北上的军务，正是紧急布防、焦头烂额之际，不可能如左宗棠所愿。1852 年（咸丰二年）4 月，太平军从广西永安突围北上，一路夺城闯关，兵锋直指湖南长沙。清廷震惊，湘中官绅也惊恐不安。6 月中旬，太平军挺进湖南，程矞采抵抗不力，被咸丰皇帝革职，朝野上下更加惶恐不安。6 月 21 日，清廷将原云南巡抚张亮基调补湖南巡抚，命其迅速赴湘就任，抵御太平军。

张亮基原是林则徐的属吏，与胡林翼交好。他在云南时就曾听林则徐盛赞左宗棠为“负经世才”，而且胡林翼也多次向他函荐左宗棠才堪大用，希望召其出山，因而他到湖南上任后一直留意左宗棠的消息。8 月 22 日，他经贵州到达常德，打算聘请左宗棠出山共谋大局。考虑到道路难行，当天他又派专人带大礼延请并写信给胡林翼。

胡林翼收到张亮基的信后，在回信中高度评价左宗棠，他说：“此人廉介刚方，秉性良实，忠肝义胆，与时俗迥异。其胸罗古今地图兵法，本朝国章，切实讲求，精通时务。”张亮基阅信后再次派人往请，但左宗棠依然托词推谢。这主要是因为左宗棠不了解张亮基其人，不愿将自己的命运草率地和不熟悉的人捆绑在一起。

二次被拒的张亮基连夜驰书胡林翼，让他尽快想办法请左宗棠出山相助。胡林翼便修书一封，敦促左宗棠出山。他在信中言辞恳切地晓以大义，劝告左宗棠此时不应独善其身，而应出山以救桑梓之祸。他还在信中把张亮基捧得天花乱坠，说他“才智英武，肝胆血性，一时无两”，是“不世奇人”，并说明了张亮基对左宗棠“思君如饥渴”“虚心延访”的诚意。此外，胡林翼在信中还冷静地分析了湖南地区的实际情况，认为湖南若为太平军所占，即使隐居避世也难逃战乱。

除了重托胡林翼外，张亮基还驰书左宗棠的好友江忠源，请他写信劝说左宗棠出山。江忠源是湖南新宁人，道光年间举人，后在籍办团练，曾配合清军镇压当地瑶民雷再浩组织的“棒棒会”反清起义，升任浙江秀水知县。1851 年（咸丰元年）7 月，太平天国在金田起义后，他奉命赴钦差大臣赛尚阿①广西军营，随后募勇 500 人赶赴广西，号“楚勇”，为湘军雏形。次年，该部扩至 1500 人。5 月，在全州以北的蓑衣渡伏击太平军，夺其船只辎重，挫败了太平军沿湘江北攻长沙的计划。此时，江忠源正率部尾追太平军入湖南，驰援长沙。江忠源也向张亮基举荐过左宗棠，说他是人中之龙，虽为一介举人，但长期潜心舆地之学，埋头研究兵书，对天下山川了如指掌，对古今战事如数家珍。

在张亮基接二连三的礼聘托请及两位好友的盛言敦促之下，左宗棠不禁有些心动，加上仲兄左宗植和郭嵩焘兄弟的力劝，他终于下定决心出山，开始了历时八年的幕府生涯。这一年，左宗棠 41 岁。后来，他在写给友人的信中回忆早期这段经历说：“事变纷然，遽欲以一身应之，念所学未成，不能及远；权之不逮，不得自专。志在一乡一国，尚或庶焉。于是以己所不能者望之人，而出己之所谓能者辅翼而匡救之。”意思是说：如今事变纷乱，急切地想要以身报国，但念及自己学业不精、无权无势，无法一任己意。自己的志向在于乡里国家，却仍是一介布衣，寂寂无名。因此要尽己所能去辅佐有德望之

---

① 赛尚阿（1794—1875）：字鹤汀，蒙古正蓝旗人，阿鲁特氏。清朝官员，历仕乾隆、嘉庆、道光、咸丰、同治、光绪六朝；授文华殿大学士、首席军机大臣，管理户部。晚年以钦差大臣身份到湖南镇压太平军，失败后被革职查办。太平天国起义被平定后准戴罪立功，再升官至副都统。

人，以求匡世济民。

两湖助解危局

1852年（咸丰二年）10月，左宗棠和张亮基先后抵达长沙，此时守城的清军已和太平军战斗二十多天，城中守备处于十分危急的状态。早在9月，太平军的前锋部队就开始围攻长沙，后因西王萧朝贵[①]中炮牺牲，太平军中人心动摇，石达开[②]下令暂缓进攻。清军抓住这一有利时机调兵遣将，加强防备，战事转入相持阶段。

10月13日，太平天国天王洪秀全、东王杨秀清[③]率太平军主力抵达长沙，大举攻城，长沙岌岌可危。危急关头，左宗棠多次派兵抢先堵住被太平军轰炸的城墙缺口，挡住太平军猛烈的进攻势头。他的勇谋与亲督防守使张亮基对他委以兵事而不生疑。张亮基的信任使左宗棠备受鼓舞，信心倍增，处理军务的积极性日益高涨，更加不辞辛劳地加强城内守备。在写给女婿陶桄的信中，他这样评价张亮基："张中丞明爽果断，与仆情如骨肉，或可相与有成。"感激之情流露于笔端。

当时太平军重兵屯驻城南，背水面城，而清军援师集中在东北，太平军很难突破。只有河西的防备比较薄弱，如果太平军无法取胜，很有可能突破河西防备，强渡湘江。左宗棠建议先以一支队伍西渡，抢在太平军之前占领湘江西岸，以防太平军逃窜，然后待机将太平军一举歼灭。这一建议立即获得张亮基与江忠源的赞同。但此时的左宗棠毕竟只是一个幕僚，无法左右清军的战守大计，即使张亮基也无法做出决断，因为上面还有总督和钦差大臣，下面则有提督和总兵。

---

① 萧朝贵（约1820—1852）：广西武宣罗渌垌人。金田起义的核心领导人之一，封"西王"，称"八千岁"。

② 石达开（1831—1863）：绰号"石敢当"，广西贵县（今贵港市港北区奇石乡）客家人。太平天国名将，封"翼王"，称"五千岁"，被尊为"义王"。

③ 杨秀清（1823—1856）：广西桂平人，以耕山烧炭为业，参与发动金田起义，封"东王"，称"九千岁"，是太平天国重要领袖之一，后在"天京事变"中被杀害。

此时长沙聚集了清军众多援师，城内及城外东河、西河兵勇共六七万人，官员有“一大学士、三巡抚、三提督、总兵十一二员，城外两总督”。表面上看，清军人数众多，但官员之间不相统摄，以致多头指挥，兵无斗志。张亮基接受左宗棠的建议，先后调遣总兵常存、马龙率部西渡，但他们都因畏惧而不敢渡江。后来，张亮基通过钦差大臣赛尚阿派遣向荣①赴西路督战，孰料向荣渡江后仍然拖延不前。

这时，新任钦差大臣徐广缙②恰好到达衡州，并派提督福兴至湘潭。左宗棠向张亮基提议上书徐广缙，调福兴的部队疾速西渡湘江，但徐广缙没有同意这个建议。张亮基气愤至极，想亲自督兵西渡，不料太平军开始接二连三地掘炸城墙，清军忙于堵御，张亮基的西渡计划一时无法成行。

到 11 月底，太平军已围攻长沙八十多天，三次挖地道炸城都未能成功，于是主动撤围，并趁一日风雨大作时暗渡湘江离去。12 月 2 日，太平军迅速攻占益阳，接着渡过洞庭湖，于 12 月 13 日占领岳阳，然后乘胜北上，挺进湖北。至此，长沙城解围，但左宗棠试图将太平军聚歼于长沙近郊的计划也破灭了。

太平军撤离长沙后，左宗棠很快把精力转移到镇压湖南的各路会党③势力上。当时，在太平天国运动的影响下，湖南境内的农民起义风起云涌，各种会党相继而起。太平军离开湖南后，左宗棠协助张亮基操练乡兵、整治土匪，并通令各州县查办会匪、盗贼、痞棍等。经过一番密谋，他们决定先拿征义堂开刀。

征义堂设在浏阳。浏阳邻近长沙，地势险要。起初征义堂只是乡团组织，首领为周国虞、曾世珍等，经过十余年的经营，聚众达 2 万

---

① 向荣（1792—1856）：字欣然，四川大宁（今重庆市巫溪县）人。晚清名将，官至四川提督、固原提督、广西提督、湖北提督。

② 徐广缙（1797—1869）：字仲升，一字靖侯，安徽太和人。清朝官员，担任过云南巡抚、广东巡抚、两广总督和两湖总督等职。

③ 会党：鸦片战争后以反清复明为宗旨的民间秘密团体的总称，具有反对清朝封建专制统治、反对帝国主义的性质。

余人。太平军围攻长沙时，周国虞等曾联络太平军，图谋响应。长沙解围后，清廷对于征讨征义堂之事的意见并不统一，但张亮基决定采纳左宗棠的计策，于 1853 年 1 月（农历咸丰二年十二月）密派江忠源自岳阳悄悄移师浏阳，准备征讨征义堂。

左宗棠建议江忠源采用分化瓦解的攻心策略，到浏阳后先到处张贴告示，说明此来是奉巡抚之命，不问人员是否加入征义堂，只问为匪与不为匪；其次派人招降周国虞，劝其投诚自首，从内部分化瓦解；再者联络周围兵团，使他们聚集一处，以军威震慑。在军事上，左宗棠向江忠源强调要“快”，提出“进兵宜神速，令其不测”，从而以快制胜。1 月 22 日，江忠源率部进驻浏阳，加紧部署。1 月 26 日，周国虞率众起义，缝制白旗，大书“官逼民反”四字，兵分三路进攻清军，结果出师不利，大败而退。1 月 31 日，江忠源率部攻占古港，曾世珍率部退守三平洞。至 2 月 7 日，清军仅用了十多天便将起义军消灭殆尽，曾世珍被捕杀，周国虞逃脱后被害。

值得一提的是，在江忠源按令剿除征义堂时，张亮基檄调罗泽南等督带湘乡练勇到省城长沙负责防守。湘军自此开始登上历史舞台。同年，曾国藩奉诏帮办湖南本省团练，开始参与征讨太平军的战事。讨平征义堂后，江忠源在致郭嵩焘的书信中写到浏阳征义堂匪徒盘根错节，所幸左宗棠主内，他持外，才能除此大恶。后来，郭嵩焘也表示江忠源能讨平征义堂，多亏有左宗棠出谋划策，张亮基只是坐享其成而已。

长沙守备战和清剿会党的胜利并没有让清廷欣喜多久，因为太平军进入湖北后，势如破竹，于 12 月 23 日力克汉阳，围攻武昌，仅用六天时间就占领了汉口。半个月后，即 1853 年（咸丰三年）1 月 12 日，太平军又攻克武昌。

武汉三镇相继失守，朝野震动。急转直下的形势证明了左宗棠当初聚歼太平军于长沙近郊的策略是正确的，但为时已晚。2 月 3 日，清廷解除钦差大臣兼湖广总督徐广缙的职务，任命张亮基为湖广总督。2 月 19 日，左宗棠随张亮基一同离开长沙，前往武昌。他们途经湘阴接受关防后准备渡过洞庭湖从岳州进湖北，沿途百姓为了躲避太平军侵犯，早已迁徙一空。随行士卒从地里挖芋头等物充饥，风餐露宿，十分艰苦。一日风雪交加，入夜后左宗棠与张亮基两人在破屋中对坐，终夜借谈论战守形势来驱赶寒冷。十天后，左宗棠与张亮基、江忠源等抵达武昌，进入督署，自此开始了幕鄂活动。

太平军早在2月9日已撤离武昌，顺江东下，当左宗棠一行抵达武昌时，只见城内一片废墟，路有尸骸。百姓们惊魂未定，他们刚刚送走太平军，尚不知道新来的清军对他们是福还是祸。此情此景，令左宗棠生出几分伤感。

来到武昌后，尽管他们不必像在长沙时那样与太平军浴血奋战，但也不敢有丝毫懈怠。经过一番了解，左宗棠注意到武昌城内损失惨重，府衙、庙宇均被捣毁，仅有贡院保存完整，于是命人将贡院当作临时办公地，并派专人埋葬路边遗骸。处理完眼前的事情，左宗棠向张亮基提出了后续的部署安排。经过湖南的战事后，左宗棠已经完全得到张亮基的信任，张亮基放心地将军务交给他一手操办。

左宗棠主要从以下几个方面展开工作：一是处理武汉等地的修复和抚恤事宜；二是开始防范和镇压各地农民起义；三是准备兵力支援尾追太平军的清军，并抵御再次进入湖北境内的太平军。为尽快恢复经济，他建议张亮基广发告示，远布陕西、河南、四川各省，规定在一定限期内进入湖北的商品一律免纳两个月关税，并严禁官兵强封商船、敲诈勒索。这些措施的落实迅速稳定了市面秩序，对恢复经济、安定民生起到了一定作用。

3月19日，太平军攻克江宁（今南京），并将其改名为天京，建立了与清王朝分庭抗礼的农民政权。此时，湖北各地百姓在太平天国运动的影响下，起义反抗的现象连绵不断。左宗棠全力协助张亮基，逐一将其镇压。4月，通城（今湖北咸宁市通城县）爆发了以刘立简为首领的农民起义，他们以“抗粮饷”为口号，“戕官毁署，劫狱焚掠”。嘉鱼（今湖北咸宁市嘉鱼县）的熊开宇等人也纠集会党数千人，焚署劫狱来响应通城的农民起义。为此，左宗棠请张亮基派江忠源前往镇压。5月，广济（今湖北武穴市）爆发了农民抗粮饷斗争，黄州（今湖北黄冈市黄州区）知府邵纶、黄梅知县鲍开运都被起义军击毙。左宗棠建议江忠源过蕲州（今湖北蕲春县蕲州镇）时，顺道登陆前去镇压。这些起义很快宣告失败。

太平军定都天京后，又分别派遣大军北伐、西征，试图将胜利推向全国。对此，左宗棠建议在东西梁山上合力设防，以防护长江中上游地区。他结合当地实际的地理环境，建议安徽、江西、湖北三省合力布防、协作围剿，并在为张亮基拟写的奏折中详细阐述了这一策略，然而朝廷并未采纳。太平天国西征军舟载陆行，迅速西进，席卷安徽、江西。左宗棠又建议制备战船，武装水师，控制长江。稍后，江忠源上奏朝廷，请求“置战舰、练水师”。这份奏折很快获得朝廷准允，于是，张亮基遵令在湖北造船20艘，曾国藩则赶赴衡州造备水军，湘军水师自此建立。

6月，太平天国西征军占领安徽安庆，进围江西南昌，湖北的形势再度紧张起来。左宗棠协助张亮基积极筹划抵御，除急派都司戴文澜率兵驰赴江西外，他还和张亮基一起到黄州勘察地形，在田家镇[①]部署设防，根据地势在半山腰建造炮台，在北岸建水营，试图守住湖北的东大门，防止太平军由江西溯长江进入湖北。7月底8月初，太平天国北伐军由河南分支南下湖北黄安（今红安县）、麻城一带，武昌风声鹤唳。左宗棠料定他们将溯江而上，攻取武昌，于是一边调兵赴黄安、麻城等地聚剿，一边调派省城兵勇3000多人力扼田家镇。经过八天的激战，清军终于将太平军驱逐出境。9月，太平军占领江西九江，继续西进。左宗棠敦促张亮基调兵遣将，在田家镇编造巨筏，筏上安置大炮，分派部队日夜驻守。

可惜左宗棠未能亲眼看到田家镇的战斗，很快他就怏怏地离开湖

---

① 田家镇：坐落于鄂东武穴市西南部的一个古镇，在大别山南麓，地形险要，素有“天险”之称。

北，回湖南湘阴去了。9 月 13 日，清廷谕令张亮基卸任湖广总督，出任山东巡抚，由原闽浙总督吴文镕[1]出任湖广总督。在张亮基幕中，左宗棠度过十四个月。其间两人如故友重逢，合作默契，相互信任。张亮基为表示对左宗棠有力襄助的感谢，于 1853 年（咸丰三年）以其防守湖南有功向朝廷奏保，对左宗棠以知县录用，并加同知衔。

10 月 18 日晚，张亮基渡江驰赴山东。"一朝天子一朝臣"，这是中国封建官场的老规矩。吴文镕平庸无能，与左宗棠没有任何交情。张亮基一走，左宗棠便失去了依靠。他经过深思熟虑后，决定回白水洞过自己的田园隐逸生活。于是，在张亮基离任前十天，他辞归湖南，结束了幕鄂活动。

左宗棠第一次幕湘和幕鄂，都是在张亮基幕中，虽然只有短短一年多时间，但是他不仅有机会初步实践早期获得的兵学知识，更积累了丰富的经验，在运筹帷幄之间，尽显其踌躇满志，还进一步在朝野中扩大了个人的影响力。这些都为他后来二次出山埋下伏笔。

备受信任的巡抚高参

1853 年（咸丰三年）10 月，左宗棠由鄂幕辞归，同行的还有湖北监利（今湖北荆州市监利县）的王柏心。王柏心是道光年间进士，曾在林则徐任云贵总督时为其幕宾，既有计谋又有远见。他们同在张亮基幕府，又一同辞归，左宗棠趁此机会到王柏心家中逗留了一些时日，直到 10 月 24 日才抵达湘阴县城，并于次日归家。

回家后，左宗棠并没有就此过上清闲高蹈的日子。不久，已升任安徽巡抚的江忠源及湘军统帅曾国藩先后致信礼聘。新任湖南巡抚骆秉章[2]

---

① 吴文镕（1792—1854）：字甄甫、云巢，号竹孙，江苏仪征人。晚清名臣曾国藩的座师，官至云贵总督、闽浙总督、湖广总督，在黄州被太平军击败后投水自杀。

② 骆秉章（1793—1867）：字龠门，号儒斋，广东花县华岭村（今广州市花都区炭步镇华岭村）人。晚清中兴名臣，湘军统帅之一，历任湖北按察使、湖南巡抚、四川总督、协办大学士等职。

得知左宗棠回到湘阴老家，也多次派人送信和路费请他出山。但左宗棠都没有答应。

其实，骆秉章与左宗棠也有一些渊源。骆秉章自 1850 年（道光三十年）起任湖南巡抚，1852 年（咸丰二年）张亮基奉旨抵达湖南接任巡抚后，他仍暂留长沙，办理防剿事宜。而左宗棠正是在这个时候入湖南巡抚幕府。后来，骆秉章调署湖北巡抚，于 1853 年（咸丰三年）2 月 26 日抵达武昌就任。三天后，左宗棠随张亮基一起来到武昌。4 月 25 日，骆秉章又奉旨署理湖南巡抚，随即回湘接任。左宗棠则于 10 月从湖北辞幕返回湖南。可以说，左宗棠第一次幕湘及移幕湖北的大部分时间，实际上也是在骆秉章的手下。

基于之前一年的接触，骆秉章对左宗棠的才能、性格和为人都有了一定了解，因此极力邀请左宗棠为自己效力。他第一次派去请左宗棠的是自己幕中一位姓郑的司马。左宗棠收下书信，退回钱财礼物，并送郑司马出山口，托他在巡抚面前转达自己不敢应命。但骆秉章没有放弃，又以湖南巡抚与布政使联名，派人带重金前去聘请。左宗棠仍然推辞，声称自己从此隐居深山，不再过问时事。他的好友王柏心闻讯后寄诗劝他，诗云：

武库森然郁在胸，归来云壑暂从容。
人从方外称司马，我道山中有伏龙。
多垒尚须三辅戍，解严初罢九门烽。
何当投袂平祆乱，始效留侯访赤松。

王柏心借诗劝说他待时出山，功成再身退，也道出了左宗棠“伏龙”的心境。他看似清闲地享受隐居生活，实则内心并不平静，仍密切关注时局的发展。

1854 年（咸丰四年）2 月，太平军西征军大败清军于黄州，湖广总督吴文镕投水自尽。四天后，太平军第三次攻占汉口和汉阳，湖北按察使唐树义因兵败而死。随后，太平军乘胜南下湖南，长沙再次陷入险境。这时，很多人想到了左宗棠，因为就在一年多前，这位“左师爷”在长沙城岌岌可危之时曾重创太平军，妙解长沙之围。

这年 3 月，曾国藩亲率 6 万水陆大军从衡阳出发，镇压各路太平军。他再次写信请左宗棠出山。在当时扑朔迷离的局势下，曾国藩的邀请使左宗棠犹豫不决：清军一败涂地，如何才能力挽狂澜？太平军十分记恨自己，如果将来得了天下，他又将落得怎样的下场？曾国藩的湘军只是从民间召集的练勇，并不是朝廷编制内的军队，一旦战败，朝廷追责，恐无倚仗。种种现状摆在面前说明眼下贸然出山，显然是不明智的。他前思后想，最后回书婉拒了曾国藩。不久，太平军攻下湘阴，派轻骑搜拿左宗棠，他只得辗转去了长沙。

骆秉章两次被拒后仍心有不甘，现在听说左宗棠到了长沙，又生出一计。他知道左宗棠十分看重女婿陶桄，便以抗捐不缴为由，派人将陶桄绑到府衙。陶桄的夫人左孝瑜忙写信让父亲设法营救。左宗棠急忙赶到巡抚衙门求见。骆秉章闻讯大喜，倒屣迎之。左宗棠见爱婿安然无恙，又见府衙中已备好酒宴，才明白这一切都是骆秉章请他出山的良苦用心。左宗棠被骆秉章的诚心打动，终于答应暂时出佐戎幕。骆秉章大喜过望，随即向陶桄致歉压惊，并以仪仗送其回府。

4 月 5 日，43 岁的左宗棠再次出山，开始了第二次幕湘生涯。这时太平军的西征劲头正盛，围攻了湖北省城武昌，连续攻陷岳州、湘阴、宁乡等地。尽管湘军将领胡林翼、塔齐布①、王鑫②等人率军先后收复

---

① 塔齐布（1817—1855）：字智亭，满洲镶黄旗人，晚清湘军名将，出身清军火器营，后为湖南绿营都司，累升至副将，并辅佐曾国藩创建湘军。他作战英勇，屡为军锋，是曾国藩早期特别倚重的将领。1855 年（咸丰五年）与太平军作战时，久攻九江不下，愤恨呕血而死，时年 39 岁。死后清廷赐谥“忠武”，后追赠三等轻车都尉，入祀昭忠祠。

② 王鑫（1825—1857）：字璞山，湖南湘乡人。曾师从罗泽南，从小有大志，1852 年（咸丰二年）与县令朱孙诒、刘蓉募练湘勇，治军极严，闲时教士兵读《孝经》、“四书”。在湘乡募练湘勇时，受到湖南巡抚骆秉章赏识。因作战有勇有谋，连败太平军，被称作“王老虎”。1857 年（咸丰七年）因过度劳累，感染热疾，病死在江西营中，年仅 33 岁。死后清廷赐谥“壮武”，著有《练勇刍言》。

了这些地方，但岳州很快再度沦陷。作为湖南最高行政长官的骆秉章如热锅上的蚂蚁，惶惶不可终日。他急切地希望左宗棠能助自己一臂之力，尽快驱逐湖南境内的太平军。左宗棠顾念局势艰难，开始尽力襄助骆秉章肃清湖南的太平军、剿除湖南边境的匪寇、遣兵援助湖北与广东等。与此同时，曾国藩、彭玉麟①、杨岳斌②、罗泽南等人率湘军水陆并举，接连击退太平军在湘潭、龙阳、常德等地的进攻，并再度收复岳州。左宗棠见岳州已复，便向骆秉章请辞，但骆秉章坚决不同意左宗棠的辞呈。左宗棠见骆秉章诚心挽留，只好“慨然相许，重为入幕之宾”。一开始，他与骆秉章的配合并不十分默契，也发生过一些芥蒂。但他表现出来的才能和作为，使骆秉章越发信任和倚重他。大约一年后，骆秉章已经把左宗棠当成心腹，后来干脆当起了“甩手掌柜”，左宗棠则成了“不是巡抚的巡抚”，甚至可以不经骆秉章批准便以湖南巡抚的名义向皇帝上奏疏。

据说有一天，骆秉章听见辕门外炮响，便问亲随怎么回事，有人告诉他是左师爷发军报折。骆秉章并不在意，只是让人把奏稿拿来过目。按理发军报折是很严肃隆重的事情，一般由巡抚亲自主持。但骆秉章连折稿都没看，声炮就发出了。骆秉章看过奏折后，连连点头赞许，并没有怪罪左宗棠。

当时有人戏称左宗棠为“左副都御史”。骆秉章作为巡抚，官衔不过右副都御史，而左宗棠的实权有过之而无不及。这当然不无渲染之处，但骆秉章对左宗棠的信任及左宗棠的权势之盛却是事实。据说骆秉

---

① 彭玉麟（1816—1890）：字雪琴，号退省庵主人、吟香外史，安徽省安庆府（今安庆市）人。晚清中兴名臣，湘军水师创建者、中国近代海军奠基人，人称“雪帅”。官至两江总督兼南洋通商大臣，兵部尚书，封一等轻车都尉。死后赐谥“刚直”，并建专祠。

② 杨岳斌（1822—1890）：原名载福，字厚庵，为避同治（载淳）、光绪（载湉）皇帝讳，由曾国藩建议改名“岳斌”，取文武兼备之意。湖南善化（今长沙）人，行伍出身。晚清湘军水师统帅，累官湖北提督、福建陆师和水师提督、陕甘总督。中法战争中，率湘西苗兵协助左宗棠作战，再立战功。死后追赐太子太保，赐谥“勇悫”。

章的一个妻弟随入湘中，捐佐杂[1]候补，求骆秉章赏派一个差使。在爱妾的再三请求下，骆秉章答应说："等左师爷高兴的时候，趁机与他说说此事方可。"有一天，骆秉章与左宗棠会谈，趁左宗棠心情不错提及此事，不料左宗棠立马催促仆人收拾行李，欲辞职离去。骆秉章赶忙致歉，将此事作罢，并承诺以后不再干涉。

对于左宗棠的所作所为，一些别有用心的人开始造谣挑拨，说什么"幕友当权，捐班[2]听命"。这时，骆秉章顶住来自各方的流言蜚语，辩护驳斥，以正视听，声言左宗棠所办之事都是经过他裁定后施行的。对此，王定安在《湘军记》中这样总括他们之间的关系："骆秉章专听左宗棠，吏事、军事，咨而后行。宗棠毅然任劳怨，谤议颇起，然未尝稍自卸。秉章自度才智不逮，信之弥坚。时论以宗棠善谋、秉章善任，两贤之。"正是因为骆秉章的高度信任，且任职时间较长，左宗棠在这次幕湘期间确实有所作为，取得了巨大的成功。

内清四境，外援五省

在担任骆秉章幕僚的五年九个月时间里，左宗棠主要致力于对抗太平军。

湖南地处长江中游，与太平天国的军政中心天京有三省之隔。正常情况下，湖南不会成为清军与太平军作战的主战场。此时湘军正转战于江西、湖北、安徽等地，湖南的稳定对于支持湘军、稳定军心具有十分重要的作用。身在湖南巡抚署内，左宗棠对湖南的战略地位有着比较清醒的认识，并制定了一套对抗太平军的战略方针，其核心是以攻为守，积极组织出省作战，将太平军拒于湖南省外。即使太平军已经攻进湖南，也要以积极的进攻迫使其撤出。只有牢牢控制住湖南，才能稳住湘

① 佐杂：官制名，是佐贰官及杂职官的总称。清代的佐杂官，根据各省及河工衙门奏请，由吏部统一从有关候选人员中选出，发往各省试用、委用。

② 捐班：指捐纳出身的官吏。

军的战略后方基地，这对主战场的战局发展至关重要。左宗棠这一主张不仅得到湘军统帅曾国藩的认可，也得到了朝廷的赞许。

内清四境、保护地方，是地方官的首要职责。左宗棠作为幕僚，尽心竭力地协助骆秉章抵御入境的太平军，并严酷镇压境内的农民起义，有效保护了湖南境内的地主阶级，使湖南成为清廷镇压太平天国起义的重要基地。

1854 年（咸丰四年）4 月 8 日，就在左宗棠进入骆秉章幕府的第四天，太平军攻占岳州，随后占领靖港、湘潭等地。有一小支太平军甚至搜到了郭嵩焘兄弟曾隐居的梓木洞，左宗棠闻讯大惊，急忙带领 100 多名楚勇将家属接到湘潭辰山。4 月 24 日，太平军占领湘潭，曾国藩由岳州前线返回长沙，召集将领讨论用兵方略。很多人主张先夺回靖江，但左宗棠却主张救援湘潭。最后，曾国藩采纳左宗棠的意见，派塔齐布率陆军 4000 人奔赴湘潭战场，杨岳斌、彭玉麟率五营水师负责增援。同时，他自己也率领 40 艘战船、800 名兵丁进攻靖港。4 月 28 日，靖港之役结束，曾国藩惨败，率余部仓皇退回长沙。经过铜官时，他羞愤难当，两次想投水自尽，所幸被部下及时救起。

曾国藩抵达长沙后，左宗棠一大早就来到停靠在湘江的船上看望曾国藩，见曾国藩脸带泥沙、蓬头散发、衣衫湿污的狼狈样貌，严词劝慰他“事尚可为，速死非义”。此后，他天天到曾国藩的船上去劝说开导。5 月 1 日，塔齐布、杨岳斌、彭玉麟等统率的湘军主力经过八天苦战，终于攻占湘潭，太平军受到重挫，被迫北撤，长沙的威胁就此解除。这是湘军出师以来的首次大捷，对于刚刚经历了靖港惨败的湘军无疑是一剂强心针，也使颓靡不振的曾国藩重新振作起来。

7 月，湘军进至岳州与太平军对峙。8 月，太平军因连战不利，退出湖南，回守武汉。湘军的胜利，证实了左宗棠以攻为守方针的正确性，也激发了曾国藩及湘军的信心。此后，左宗棠坐镇长沙，忙于为湘军增造战船、补充给养，为湘军出省作战提供后勤保障。

1858 年（咸丰八年）8 月至 1859 年（咸丰九年）初，湖南境内的太平军主力活动基本绝迹，但会党起义仍此起彼伏。特别是毗邻两广的湘南一带，两广会党与湘南人民起义相结合，声势更大。每一股多则成千上万人，少则数百人，都以应援太平军为名，十分活跃。面对这种动乱不堪的局势，左宗棠协助骆秉章，依靠王鑫、刘长佑[①]、江忠济等率领的湘勇、楚勇，以及以陈士杰[②]为代表的各州县团练，对各地会党起义进行了严酷镇压。

1859年（咸丰九年）3月，经历了“天京事件”出走的石达开带领太平军由江西大举进入湖南，接连攻下数个州县，“人马行六昼夜不绝，湖南大震”。骆秉章将战守事宜委托给左宗棠，左宗棠连忙调兵遣将，一月内凑齐4万军众，巩固了湖南防守。5月7日，石达开攻打宝庆（今湖南邵阳市），6月大合围，连营百里，号称30万大军。

形势十分危急，鉴于清军将领互不相让、行动无法统一，左宗棠向骆秉章请求亲临前线，以协调指挥。骆秉章以左右无人为由，坚决不同意此事。这时，胡林翼从湖北遣李续宜[③]率5000人回湘救援，于是议定由李续宜赴前线督率各军。左宗棠分析实际情况后，主张由北路突破。7月下旬，双方展开多次激战，太平军伤亡万余人，西、北两面阵地全失。8月13日，清军分三路大举出击。翌日，石达开兵分两路撤围南下，经东安（今湖南永州市东安县）进入广西境内，宝庆解围。

通过缜密的战场谋划，左宗棠基本达到了内清四境的目的，但他二度出山并不只是为了保护家乡，从辅佐张亮基开始，他就以“剿灭贼

---

① 刘长佑（1818—1887）：字子默，号荫渠，湖南新宁人，晚清湘军名将。最初在湖南办团练，与江忠源交厚，先后参与镇压太平天国起义、平息征义堂会众起事等。历任广西布政使、广西巡抚、两广总督、直隶总督、广东巡抚、云贵总督等职。

② 陈士杰（1825—1893）：字隽丞，衡永郴桂道桂阳州（今湖南桂阳县）人。曾国藩的心腹幕僚之一，历任兵部侍郎、浙江巡抚、山东巡抚，在洋务、海防、河工、教育等方面都做出过贡献。

③ 李续宜（1823—1863）：字克让，号希庵，湖南湘乡人，晚清湘军名将，李续宾之弟。早年与李续宾师从罗泽南，后率领湘军镇压太平天国起义，转战江西、湖北、湖南、安徽等省，屡立战功，并参与剿捻。官至安徽按察使、湖北巡抚、安徽巡抚。死后赐谥“勇毅”。

匪”为己任。随着太平军东下及四邻会党活动日渐频繁，他又与同在幕府中的郭昆焘等合力订下“越省境剿贼”计划。在他们的筹划下，湖南除大力支援曾国藩率领的东征大军外，又屡兴援鄂、援赣、援桂、援粤、援黔之师，不断援助这五省的“剿匪大业”。

1854年（咸丰四年），曾国藩统率的湘军奉命东征，于当年8月进入湖北。1855年（咸丰五年）2月，湖广总督杨霈兵败黄州，湖北告急。左宗棠商请骆秉章派鲍超[①]、王明山募集1000余名水兵，配126艘战船以及若干炮械、盐粮，驶赴下游。5月，又命杨岳斌招募水兵，添造战船，赶赴湖北。7月，又增派杨虎臣、刘腾鸿率1000名湘兵驰援。1856年（咸丰六年）4月，派江忠济率楚勇赶赴通城。7月，嘱托王鑫率旧部加上新募之军3000人支援湖北。12月19日，湘军水陆各军攻陷武昌、汉阳。不久太平军退出湖北，长江中上游的战略要地为湘军所控制。

太平天国定都天京后，江西成为双方争夺的主要战场之一。1855年（咸丰五年）11月，太平天国西征军连克瑞州（今江西高安市）、临江（今江西樟树市临江镇）、袁州（今江西宜春市袁州区），进围吉安，江西告急。左宗棠征得骆秉章的同意后，大举援赣。当时清廷仅令湖南筹拨兵勇2000人赴援，左宗棠担心无法取胜，令增募兵勇至5000人。1856年（咸丰六年）3月，援赣大军在刘长佑、萧启江的率领下，分别由醴陵、浏阳进入萍乡、万载。之后湖南又多次派兵增援江西。在这个过程中，左宗棠运筹帷幄，费尽心机，以至于《湘军志》的作者王闿运[②]认为，江西的胜利是左宗棠的功劳，左宗棠在江西的战绩要超过曾国藩。

---

① 鲍超（1828—1886）：初字春亭，后改春霆，夔州安坪藕塘（今重庆奉节）人，晚清湘军名将。他所率领的“霆军”多次救曾国藩与湘军于危困之中，是清廷与太平军公认的一支劲旅。鲍超历任湖南绥靖镇总兵、浙江提督、湖南提督，一生参加过500场以上战役。

② 王闿运（1833—1916）：字壬秋，又字壬父，号湘绮，世称湘绮先生。晚清经学家、文学家，曾任肃顺家庭教师，后入曾国藩幕府。长期从事教育，先后执教成都尊经书院、长沙思贤讲舍、衡阳船山书院和南昌江西大学堂。辛亥革命后任清史馆馆长，著有《湘军志》。

广西是太平天国运动的策源地。太平军主力出境后，广西会党起义仍连绵不断，声势浩大。1857年（咸丰七年）5月，会党起义军攻占柳州，进围桂林。左宗棠认为，广西起义军人数甚众，而该省无力应付，若放任不管、任其拖延，势必影响湖南，于是和骆秉章商定支援广西之策，由段莹器率部下1000人、江忠濬率部下1200人、蒋益澧募练乡勇1500人，开赴广西。同年8月，又派黄辅鼎、萧荣芳率800人增援。1858年（咸丰八年），蒋益澧率军进入桂林，攻占柳州。1859年（咸丰九年）8月，石达开大军由湖南入广西，复围桂林。广西巡抚曹钟澍向湖南求援，骆秉章与左宗棠商议后决定派刘长佑、萧启江率大军驰援，于10月成功解了桂林之围。

1854年（咸丰四年）10月，广东连州、韶州（今韶关市）的红巾军逼近广州。清廷命骆秉章从辰沅兵丁中抽调1000人赴援。11月，骆秉章、左宗棠令龙金源管带1000名辰沅兵由长沙起程，驰赴韶州。1856年（咸丰六年）7月，又派李辅朝带兵入连州会剿。1859年（咸丰九年）10月，张运兰等军从宜章进入连州，镇压当地会党起义。

1855年（咸丰五年），贵州苗民大举起义。次年1月，起义军进入湖南西部，接连攻占数地。骆秉章、左宗棠调田兴恕率1500人由长沙赴援。1857年（咸丰七年），起义军进入靖州境内，湖南防军在击退起义军后，进军黎平（今贵州黎平县），攻占永从（今贵州黎平县下辖镇）。1858年（咸丰八年），起义军攻黎平，骆秉章、左宗棠派田兴恕率军赴援。1859年（咸丰九年），田兴恕任贵州提督，增兵满2万人，军饷兵械均由湖南提供。

综上所述，左宗棠在第二次幕湘期间筹划战守、外援临省的功绩是有目共睹的。骆秉章曾在奏稿中说，只有湖南兵勇出境援剿各省之事，从来没有各省兵勇出境援剿湖南之事。左宗棠也在书信中提到湖南以一省之兵力对付五省之寇，境外贼寇防不胜防，湖南唯有根据缓急不同从容应对。无奈军饷费用太高，湖南一省难以支持。湖南人民为此付出了惨重的代价，仅据骆秉章的奏报，七八年中，湖南出境从征者达10余万人，阵亡的将领、营官、弁目[①]数以千计，阵亡去世的兵丁更是不计其数。

受益于湘军左突右击的奋勇鏖战及左宗棠坐镇长沙，从 1854 年（咸丰四年）至 1859 年（咸丰九年），湖南相对安定，太平军西征部队和石达开的远征部队虽然数次闯入，但都未能站稳脚跟。

自进入骆秉章幕府后，左宗棠还致力于制备船炮。1854 年（咸丰四年）8 月，长沙籍绅士丁善庆、陈本钦等设立船炮局，主动捐资制造船炮。该局名为民办，实际有清廷协助，并由左宗棠亲自督办。同年 12 月，左宗棠委派学生黄冕监造炮位，并命他制造 100 门劈山炮，限期一个月。到年底，先后造成大三板炮 70 门、长龙炮 10 门，其中 30 门大三板炮、10 门长龙炮、37 门劈山炮被送往曾国藩军营前线。

清末的湖南既不大也不富，赋税收入有限，这些收入除了承担湖南自身的防务开支外，还要负担湘军东征的费用，因此财政极为困难。为了摆脱困境，左宗棠采取了两个非常措施：一是改革赋税征收办法，将原来各级官吏向农民多收、浮收、中饱私囊的部分改为法定的军务附加税，一律归公。这样一来，全省每年可增加赋税收入 20 余万两白银，而农民反而比以前少交赋税。二是办厘金。厘金又称厘捐，实际上就是商业贸易税。这个办法并非左宗棠在湖南首创，但是他在湖南积极认真地推行并大有成效。1856 年（咸丰六年）5 月，他在郴州等地设局抽取盐厘、货厘，接着又在岳州及各府遍设厘局，每年共得厘金 80 万两至 120 万两不等。这些收入全部用于军务开支，对支撑湖南防务和保障湘军后勤供给起了重要作用。继设立厘金局后，湖南又设立盐茶局，根据情况调整盐茶引地，于湘南抽收盐茶税。以前湖南一向是使用淮盐，自太平天国定都天京后，江路受阻，淮盐转运不畅，盐价日益昂贵，使得湘南一带粤盐私贩盛行。盐茶局成立后，设卡抽税，每年也能征得白银 30 余万两。

---

① 弁目：清代低级武官的通称。

此外，经骆秉章多次奏准，还借用了1854年（咸丰四年）至1858年（咸丰八年）粮道库征存的折银充作军饷；又根据左宗棠的提议，变通收漕章程，剔除漕粮积弊，每年增收白银20余万两。

由于采取了以上种种措施，本来极度匮乏而紧迫的军饷得到了较好的解决，使东征的曾国藩所率湘军与湖南境内防守的湘军都得到了一定的保障，有效避免了军中哗变。

除了以上两个方面的功绩外，左宗棠比一般官僚高明及有远见的地方还在于他清醒地认识到，国内之所以祸乱不休，实为民心不稳，究其根源则是吏治不修。他认为当官者应诚心爱民、关注下情，但当时的官员多将精力集中于上而无暇顾下，将聪明才智用在揣摩迎合、承奉书札上，鲜有真心实意为百姓谋利益的，吏治腐朽不堪到了极点。因此，他主张“力求整顿，非澄清吏治不为功”，认为这才是“求安民殄寇、拨乱返治之方”。在协助骆秉章整饬吏治方面，左宗棠主要采取了三项措施：

一是注重用人，赏罚分明。左宗棠认为，国家治乱的关键在于用人和施政，而用人又是施政的根本。他在用人方面独具慧眼，如他致书李续宜提到人才匮乏时，明确表示若不放宽条件加以录用，那些需要激励而后成、需要磨炼而后出的人都会遭到压抑。他还认为，只要一个人的良心没有被埋没，便是有用之才。但凡用人，应该用其朝气，用其所长，令其喜悦；要诚恳劝告并善加诱导，使其知晓上司的意向；切勿用其所短，强迫属下做力不能及之事。据记载，湘军大将王鑫善打以少胜多之战，故而有些狂妄自傲，引起很多人不满，唯独左宗棠倚重他，一直留他在湖南打击土寇。而对于贪赃枉法、玩忽职守、畏敌潜逃的文武官员，上至监司、提镇大员，下至府县属吏，左宗棠都毫不留情地借骆秉章之手予以罢免、参劾。如此有举有劾、赏罚分明，使湖南的吏治面貌焕然一新。

二是罢大钱，废部钞。1854年（咸丰四年）2月，清廷通令各省铸造大钱。同年7月，湖南由长沙宝南局开炉铸造，并由长沙府发布告示，令市面流通。然而新铸的大钱成色颇差，导致物价上涨、市场混乱，更助长了官吏舞弊、私铸之风。市场上同时出现制钱、新铸钱和私铸钱，短短几天，省城贸易歇业者不计其数。至年底时，长沙民心骚乱，市面上的商业贸易几乎停止。骆秉章、左宗棠见事态紧急，连忙发出告示，停用新铸钱，用制钱收缴新铸钱，并下令查处私铸钱的相关人员。罢大钱后不久，户部又发放钞纸到湖南搭放兵饷。骆秉章对此事的回应是纸张无法充当银两使用，只可库存，并以湖南没有官钱铺、不能用钞为由变相拒绝。

三是剔除漕粮积弊。漕粮是旧时田赋的一种，按例须缴纳白米转运进京，后因长途运输花费过大，改用银钱折价征收。清廷原本规定每石漕米折银一两三钱，但湖南漕粮的浮收情况极为严重，每石漕米竟高达6两白银。官私从中取利，盘根错节，积弊难除。加上当时谷价贱、银价贵，农民负担不起，欠缴钱银的现象越来越多，加重了财政困难。骆秉章、左宗棠对此十分忧虑，反复筹议，命令州县淘汰陈规，并允许地方士绅提出整改建议。不久，湘潭举人周焕南建议在朝廷规定的一两三钱之外再加一两三钱用作军需，加四钱用作府县开支，除此之外去除一切额外收费。左宗棠肯定了周焕南这一建议，报请骆秉章批准实行。尽管因触犯多方利益而遭到众多官吏反对，但骆秉章力排众议，采纳了左宗棠所议，率先减除湘潭的浮折漕粮，确定军需、公费。随后，各州县纷纷效仿。自此，湖南钱漕渐有起色，不仅百姓踊跃缴纳当年钱漕，连历年积欠也纷纷补缴，仅一年时间就增收20余万两白银，全省百姓也减少了数百万两白银的负担。

左宗棠的这些治理措施在湖南境内收效明显，使骆秉章在督抚湖南、支援邻省时应付自如。因主持湖南政名有功，左宗棠的声名渐渐传开了，清廷也开始注意到湖南的这位举人幕僚。1856年（咸丰六年）2月，因曾国藩在奏折中记叙了左宗棠接济军饷一事，清廷提升左宗棠以兵部郎中为用，并赏戴花翎。与此同时，一些高级官员也不断向朝廷举荐左宗棠。御史宗稷辰[①]将左宗棠列为举荐人才之首，他在奏报中说：湖南的左宗棠通权达变、有实才，为湖南巡抚赏识倚重，“不求荣利，而出其心力，辅翼其间，迹甚微而功甚伟”；若让他领导一省或统率一军，其功业必不在胡林翼、罗泽南等人之下。湖北巡抚胡林翼也上奏极力推荐左宗棠，说他“才学过人，于兵政机宜、山川险要尤所究心”，是个济世将才。好友王柏心也在写给左宗棠的书信中高度评价了他第二次入湖南巡抚幕府的贡献，称他是“策安三楚，勋赞一匡”。

樊燮构陷风波

正所谓天有不测风云，正当清廷准备重用左宗棠时，一场由樊燮引起的官司差点让左宗棠身败名裂。

左宗棠第二次幕湘时在湖南取得的治绩，首先应归功于巡抚，但有些人却说骆秉章之功都是左宗棠的功劳。这话固然有一定道理，但也不尽全面。如果不是骆秉章知人善任，左宗棠的才干和品德再了得，也不会有用武之地。因此，湖南的治绩应该说是骆秉章和左宗棠协作配合的结果，很难分清究竟是谁的功劳，谁沾了谁的光。由于骆秉章完全信任左宗棠，放手让他去处理各项事宜，左宗棠手握重权，难免出现刚愎自用、对官员不甚客气的情况，加上他生性耿介清正，不与官场同流合污，且性格急躁，所以引起了一些人的不满和忌恨，进而发展到毁谤构陷。

“事修而谤兴，德高而毁来”，古往今来皆是如此。早在1857年（咸丰七年），就有人造谣挑拨，说骆秉章“才不胜其德”“年老平庸”，还有人说他“廉静寡欲，而乏刚果有为之志”，竭力贬低骆秉章，将他说成是庸碌无能、唯唯诺诺的傀儡，以此离间他和左宗棠的关系。当

① 宗稷辰（1792—1867）：字迪甫，一作涤甫，号涤楼，浙江会稽（今绍兴）人。清朝官员、学者，为官清正，学问渊博，先后主持过湖南、群玉、濂溪、虎溪、龙山等书院。官至山东运河道。著有《躬耻集》《四书体味录》。

时，骆秉章毅然为左宗棠辩护，事态才没有进一步扩大。但是，左宗棠与官员们之间的矛盾依旧没有化解，反而逐步扩大。

当时的湖南永州镇总兵樊燮，在职数年，声名极坏，仗着他与湖广总督官文[①]是远房亲戚而有恃无恐，同城的文武官员及兵丁对他无不怨恨。湖南巡抚衙门接到不少参劾他的信函，但骆秉章不愿得罪官文，便将事情强压下去，没有处理。左宗棠碍于骆秉章的面子，也不便过问。

1855 年（咸丰五年）秋，湖南提督、湘军名将塔齐布在军中病逝后，提督一职空缺，官文奏请让樊燮署理，并奏请由新授云南临元镇总兵栗襄任永州镇总兵。1858 年（咸丰八年）冬天，骆秉章赴京觐见，上奏参劾了樊燮，历数其诸多违禁之事。骆秉章还指出，栗襄在此前湖北抚标中军参将[②]任内，毫无作为，监造军械多作假，无法胜任永州镇总兵。咸丰皇帝大为生气，下旨要求“樊燮着交部从严议处，即行开缺”“该员所署湖南提督印务，并着官文另行派员署理”，栗襄“着官文查明参奏，另降谕旨”，永州镇总兵由周宽世补授。这样一来，官文奏保升用的两个人都被参劾去职。但事情并没有就此平息，一场变故正悄然滋生。

1859 年（咸丰九年）春，骆秉章再次参劾樊燮，称其各项劣迹均有实据，并有侵亏营饷的重要实情，请求朝廷准许将樊燮拿问。不久，咸丰皇帝发布谕旨：“樊燮着即行拿问，交骆秉章提同人证，严审究办。并着湖北督抚饬查该革员现在行抵何处，即日委员押解湖南，听候查办。”已被革职的樊燮不得不赶赴长沙交代问题，但骆秉章把他推给左宗棠，让他先向左宗棠交代，然后根据左宗棠的意见再作定夺。

樊燮听说要去见左宗棠，内心极其不忿。按说他找左宗棠是为了说情，应该谦恭谨慎才对，但他平常作威作福惯了，对左宗棠这样一个屡

---

① 官文（1798—1871）：又名儁，王佳氏，字秀峰，又字揆伯，满洲正白旗人，清朝官员，历任荆州将军、湖广总督、文渊阁大学士、直隶总督、内大臣等。

② 抚标中军参将：官名。明朝和清朝都设巡抚和参将，凡是为巡抚统理营务的参将，称抚标中军参将。

试不第的举人师爷，根本不屑一顾。而左宗棠一向嫉恶如仇，对樊燮的坏名声和劣迹也早有所闻，听说樊燮上门求见，决定当面严厉地教训他一番。

樊燮见到左宗棠后，虽作揖行礼，但行为举止非常敷衍，难掩傲慢之意。左宗棠见他这般无礼，便厉声喝道："武官见我，无论大小皆要请安，你为何不这样做？快请安！"樊燮听了怒由心生，早把此番前来的目的和眼下的处境抛到九霄云外，忘了自己本该恭敬、忍耐几分。他反唇相讥道："朝廷体制，未定武官见师爷请安之例。武官虽轻，但我也是朝廷二三品的官员！"左宗棠见樊燮存心挑衅，不由得恼羞成怒，他猛地站起身来，快步走上前去，本想踹樊燮，随即又改变主意，大骂道："王八蛋，滚出去！"樊燮也不依不饶，两人差点打在一处。几天后，樊燮收到了革职回籍的圣旨。

事情的进展就像脱轨的列车，越发朝着不利的方向驶去。对于樊燮，总督官文要保，并要重用；而巡抚骆秉章要参，且要惩办。左宗棠作为骆秉章的心腹，肯定知道樊燮是官文的亲戚，但他没有大事化小，反而变本加厉地惩治樊燮，这不是火上浇油吗？官文对左宗棠和骆秉章的做法十分恼怒，而樊燮遭到辱骂且被革职回籍后，也对左宗棠怀恨在心，千方百计想要伺机报复。这时，有人利用两派之间的矛盾唆使樊燮上诉，并在都察院控告左宗棠，试图陷害。这样一来，骆秉章参劾樊燮案一下子变成了樊燮京控案，樊燮成了被陷害者，由被告变成原告，而被告则成了左宗棠！

官文亲自上奏参劾左宗棠，并很快接到朝廷下发的谕旨，令他负责查办左宗棠，并有密谕称："左某如果有不法情事，即行就地正法！"事态急转直下，在这种情况下，左宗棠"忧谗畏讥"，不愿再久处是非中心，于1860年1月（咸丰十年十二月）辞去骆秉章幕府的职务。

这场突如其来的风波，尤其是樊燮、官文之流对自己肆无忌惮的攻击，使左宗棠强烈意识到要想在官场立足、有所作为，还是要走科举考试之路。如果他当初考取进士，眼下也许就是湖南巡抚，而不是巡抚身边的幕僚。恰逢这一年是咸丰皇帝30寿辰，清廷照例特开恩科，年近50的左宗棠决定赶赴北京参加会试。

如今拨开历史的迷雾，回顾左宗棠当时置身险境的原因，除了樊燮对左宗棠积怨甚深、四处上告外，还有两个更为重要的因素：一是左宗棠做幕僚时揽权专行、刚直激烈，招来一批妒贤嫉能者的不满和怨恨。二是在镇压太平天国起义时，以湘军将领为主的汉族官僚地位上升，加剧了清廷内部满汉臣工之间的矛盾。这种矛盾在湖南主要表现为巡抚骆秉章及幕僚左宗棠与布政使文格之间的嫌隙。在两湖地区，主要是湖广总督官文对湖南巡抚骆秉章的不满；在朝廷中，更有满洲贵族防范汉族臣工的既定方针。在这样的背景下，嫉贤妒能者把矛头指向左宗棠，满洲贵族及官僚也乘机以此为突破口，向权势日重的汉族官僚施加压力。

实际上，出身满洲正白旗的官文长期在昏庸糜烂的八旗军中供职，对民情、吏治、军事一窍不通，更谈不上有治国安邦的经验。他从未认真研究过兵法，没有指挥才能，面对敌情毫无定见，生活上却奢侈无度，贪得无厌。但他是备受朝廷信任的满洲贵族，曾国藩、胡林翼等湘军将领也只能忍气吞声地尽力恭维。胡林翼曾与官文协作治理一地，起初他鄙弃官文的行事做派，不与之相交，后来他的幕友阐明利害关系后，他才恍然大悟，与官文结为异姓兄弟，官场行事也变得便捷了许多。

左宗棠的性格与胡林翼截然不同，他不赞赏甚至鄙视胡林翼的做法。他指责官文统治下的湖北“政以贿成，群邪森布，深为可忧”，不仅经常与官文为难，在樊燮的问题上也寸步不让。

就在左宗棠离开骆秉章幕府、准备北上参加会试时，参劾“劣幕”左宗棠的案件也在秘密进行之中。由于此案来头很大，查办之人对左宗棠极为不利，所以除了胡林翼凭借与官文异姓兄弟的关系加以斡旋外，其他人也为之奔走相救。

清廷令官文等人查办左宗棠的消息，最早是由权势显赫、“推服楚贤”的户部尚书肃顺[1]透露给幕客高心夔的。高心夔得知后，立即转告同僚王闿运，王闿运又转告时任翰林院编修的郭嵩焘。郭嵩焘闻讯大惊，但他与左宗棠是同乡好友，不便出面讲话，就拜托王闿运求救于肃顺。肃顺表示，必须等内外臣工有疏保荐，自己方能开口。郭嵩焘恰与潘祖荫同值南书房，于是力请潘祖荫以旁观者身份疏荐左宗棠。

潘祖荫是江苏吴县人，1852 年（咸丰二年）高中探花，才华横溢，时任南书房侍读学士。他毕生爱好结交才人名士，因此听郭嵩焘一番恳求后满口答应下来。他出面奏保左宗棠，“力辩其诬，三疏荐之”，向咸丰皇帝详述左宗棠在湖南的作为，并站在国家安危的角度分析“宗棠一在籍举人，去留无足轻重，而楚南事势关系尤大，不得不为国家惜此才”。他还在奏疏中写道，“国家不可一日无湖南，湖南不可一日无宗棠”，直截了当地向咸丰皇帝说明左宗棠对整个时局的重要意义。咸丰帝大为动容，特降旨询问曾国藩对此事的意见。

与此同时，骆秉章、胡林翼也积极活动。9 月 21 日，骆秉章向朝廷奏明樊燮妄控一事的原委，并上交了查获的有关账簿、公禀、樊燮的亲供等文件。胡林翼则凭借自己与官文的关系，多次疏通，做官文的思想工作。他在写给官文的信中追溯了自己与左宗棠的亲密关系，从感情上请求官文从宽处理。

经多方努力，咸丰皇帝对此事的态度逐渐转变。某日，他向肃顺问起左宗棠，肃顺就势上奏：左宗棠在湖南巡抚骆秉章幕府中谋划得当，与太平军数次交锋均运筹帷幄，“剿贼”成效显著；而且他勤谨筹措军饷、安抚民心，帮助周边地区“剿贼”，骆秉章之功实际上都是左宗棠之功。这样的人才理当爱惜才是，让他为国家、为朝廷办点实事，终归是有益无害的。随后，肃顺请咸丰皇帝给官文降密旨，令他酌情处理。

---

① 肃顺（1816—1861）：字雨亭，爱新觉罗氏，满洲镶蓝旗人。晚清宗室、权臣，郑献亲王济尔哈朗七世孙，自道光中期历任御前大臣、总管内务府大臣、户部尚书、协办大学士等职，深为咸丰皇帝信用。咸丰皇帝驾崩前受命为赞襄政务王大臣，在“辛酉政变”中被杀。他重用汉臣，曾向朝廷推荐曾国藩、左宗棠、胡林翼、郭嵩焘等汉族官员，为平定太平天国起义、“同光中兴”网罗了大量汉族人才。

胡林翼见咸丰皇帝采纳了潘祖荫、肃顺的意见，察觉事情有了回旋的余地，乘机上《敬举贤才力图补救疏》，不仅极力保荐左宗棠，还提出起用的具体方案，让左宗棠募勇以解江西、浙江、安徽之困。在奏折中，胡林翼高度评价左宗棠，说他精通地方政事与用兵谋略，虽个性刚直激烈，但鉴于他殚精竭虑筹兵筹饷、为国尽忠，这些过错或许可以宽恕。

几乎同时，左宗棠的好友、翰林院编修郭嵩焘奉诏觐见咸丰皇帝。咸丰皇帝详细询问了左宗棠不出仕的原因及才干如何，郭嵩焘解释左宗棠之所以不出仕，是考虑到自己“赋性刚直，不能与世和”，在骆秉章幕府中效力实是因为骆秉章办事认真，与左宗棠性情相投，彼此信任。至于才干，郭嵩焘不吝溢美之词，说他“才尽大，无不了之事，人品尤端正，所以人皆服他”。随后，咸丰皇帝又问及左宗棠欲进京会试一事，得到肯定的答案后，他说出了自己的意见：左宗棠何必执意考取科名？文章报国与建功立业相比，哪个更能青史留名？他如果确有韬略将才，应该出仕为国效力才对。再过两年到了 50 岁，精力衰退，想尽忠报国也体力不济了，还是不要糟蹋自身才干为好。此外，咸丰皇帝还授意郭嵩焘将自己的看法写信告诉左宗棠，让他出仕为朝廷办事。郭嵩焘从咸丰皇帝的话语中听出起用左宗棠之意，便趁热打铁，进言：左宗棠是人中豪杰，每次谈及天下大事，都激情洋溢、意气奋发。皇恩浩荡，如果朝廷能不计前嫌任用他，他必然尽心竭力报答皇帝的垂怜。就这样，在众多友人的奔走援助下，左宗棠转危为安，并受到了咸丰皇帝的赏识。

官文见朝廷态度转变，有意起用左宗棠，也见风转舵，与僚属私下议商，具奏结案，从而结束了喧闹一时的樊燮京控案。

第三章　襄办军务，独当一面

樊燮京控案后，左宗棠黯然退出湘幕，却迎来了军政生涯的新契机，这与当时清廷面临的社会环境有直接关系。在镇压太平天国起义的过程中，清廷一向寄望于正规军，可惜江北、江南大营先后被太平军击垮，重新组建后又遭到太平军围歼。在正规军崩溃后，清廷不得不重用由汉人组成的湘军。正是在这一背景下，左宗棠否极泰来，受到清廷重用，随同曾国藩襄办军务，从幕僚升任朝廷命官，并得以亲率军队、自立门户。

曾国藩纾解困局

左宗棠离开骆秉章幕府后，于1860年（咸丰十年）2月19日与女婿陶桄由长沙起程北上，准备参加当年的恩科会试。他乘船顺湘江而下，两天后抵达岳州。进入湖北后，由于风雪很大，行程极为艰难，至3月中旬他才抵达荆州，随后到达襄阳。他本想去探望胡林翼，但恰逢胡林翼丧母，不便会客，他只好去信说明来意。胡林翼收信后本想约见他，却被夫人劝阻："季高性格偏激，人所共知，此刻他正遭横祸，如果老爷直接出面，必有人怀疑老爷袒护，反而对事情不利。"胡林翼觉得夫人所言有理，便写了一封密信给襄阳的毛鸿宾①，让毛鸿宾将密信

① 毛鸿宾（1811—1867）：字寅庵，又字翊云、寄云，号菊隐，山东历城人。清末大臣，思想较开放，曾和李鸿章一起主持洋务运动。选贤任能，主张用人之长，曾多次上书咸丰皇帝述说任用汉族官员应唯才是举。其功绩多数与镇压太平天国起义有关。

转给左宗棠。左宗棠展信一看，只见胡林翼在信中说官文等人正在设置陷阱，京师的流言蜚语很多，官文早已打点好京师方面，此刻前往无异于自投罗网。左宗棠阅信后十分寒心，北京无论如何是不能去了，但长沙又有自己的仇人，他一时进退两难。

这时，好友王柏心的一封书信给左宗棠指了一条明路。王柏心在信中劝慰他说，自古以来功高难免遭人嫉妒，不应因微言而起消极退隐之心。眼下虽举步维艰，但可以投奔胡林翼或曾国藩处谋划兵事，等到将来克敌成功再告归乡里，到时朝廷自有公论。

左宗棠最后采纳了王柏心的建议，开始考虑栖身军旅，他想到湘军中当个小营官，驰骋疆场，杀敌建功。后来，他在写给郭昆焘的信中这样说："不得已，由大别沿江而下，入涤老[①]营暂栖羁羽，求一营官，杀贼自效。"在他看来，与其死于小人之手，还不如在战场上杀敌丧命来得痛快。即使身逢厄运，他依然不忘申其讨敌之志。

湘军是晚清朝廷对湖南地方军队的称呼，或称湘勇、楚勇，其前身是地方团练。太平天国运动兴起后，官军无力抵御，清廷不得不利用地方武装。1853 年（咸丰三年）初，正值清廷寻求镇压太平天国的有效力量，丁忧在籍的曾国藩经郭嵩焘力劝后，与湖南巡抚张亮基商办团练。曾国藩将湖南各地团练整合成湘军，形成书生加山农式的独特体制，使军队整肃一新，成为镇压太平天国的主要军事力量。

在曾国藩的带领下，湘军在镇压太平军和各地农民起义中迅速成长，而一批由曾国藩发掘举荐的将领人才也在随后的战争中渐次崭露头角。他们在军事、政治等方面的作为，使晚清一度出现中兴局面。时语云"中兴将相十九湖湘"，当时的湘军将领及其幕僚成为清王朝政治、军事舞台上的主角。在整个湘军系统中，位至总督者有 15 人，位至巡抚者 14 人，其他大小文武官员更是数不胜数。湘军的壮大，吸引了全国各地的优秀人才慕名投到曾国藩麾下，使他的幕僚多达三

---

① 涤老：左宗棠对曾国藩的敬称。曾国藩的号为涤生。

四百人。

左宗棠落魄之时，湘军将领正在规划攻取长江中游的战略要地安庆。曾国藩的大营扎在宿松，胡林翼驻军英山，李续宜则屯守青草塥（今安徽桐城市青草镇）。左宗棠怀着颓丧的心情从襄阳乘船顺汉水而下，于5月17日来到曾国藩的湘军大营。曾国藩热情接待了他，并将他留在自己的大营内。

左宗棠在曾国藩的大营里住了二十多天，期间还专程到英山探望老友胡林翼，并与曾国藩、胡林翼等纵论东南大局，谋划补救的办法。在此期间，曾国藩收到咸丰皇帝询问起用左宗棠的谕旨："有人奏左宗棠熟悉形势，运筹决策，所向克敌。惟秉性刚直，嫉恶如仇，以致谣诼沸腾，官文亦惑于浮言，未免有指摘瑕疵之处。左宗棠奉身而退。现在贼势披猖，东南蹂躏，请酌情任用……左宗棠熟习湖南形势，战胜攻取，调度有方。目下贼氛甚炽，两湖亦所必欲甘心，应否令左宗棠仍在湖南襄办团练，抑或调赴该侍郎军营，俾得尽其所长，以收得人之效。"

6月2日，曾国藩上奏朝廷，在奏折中明确评价左宗棠"刚明耐苦，晓畅兵机"，眼下正值朝廷用人之际，可以明降谕旨命左宗棠办理湖南团防，或者派他到地方上担任藩、臬等官职，他一定安心任事，对朝廷忠心不二，这样安排对时局大有好处。

奉命募练楚军

就在左宗棠无所着落之时，国内的军事形势发生了重大变化。1856年（咸丰六年）太平天国发生"天京事变"后，元气大伤。清军抓住这一时机重建江南、江北大营，加紧准备围攻天京，并陆续夺取武昌、九江等长江中上游的战略要地。1859年（咸丰九年），太平天国在屡遭重挫后重建领导核心，试图挽回衰败的局面。1860年（咸丰十年）3

月，忠王李秀成[1]攻占杭州，在清军分兵救援时迅速回师北上，会同各军攻破江南大营。随后，太平军乘胜东进，连克丹阳、常州、无锡等地，并攻占苏州，建立苏福省[2]，开辟了新的根据地。江西、安徽之间的大片区域重被太平军控制。

正是在这种新的形势下，出征六七年仍只是兵部侍郎的曾国藩终于在当年 6 月等来了御赐的兵部尚书衔，署理两江总督。而左宗棠也由被控查办的对象成为清廷欲重用的人才。不过，左宗棠尚不知晓朝廷的意图，而且他在曾国藩军营中收到了儿子左孝威病重的消息，于是匆忙离开宿松兵营，返回湖南。就在同一天，清廷发布谕旨："命兵部郎中左宗棠以四品京堂候补，襄办署两江总督曾国藩军务。"

左宗棠抵达长沙后，获悉曾国藩署理两江总督的消息，并接到了朝廷的谕旨。他喜出望外，没想到自己因祸得福，竟在冤案之后官升数级，还手握统兵之权。他在给友人的信中提及此事："恩遇优渥，实非梦想所期。"同时，他对素无一面之缘、无一字之交而多次上书力保自己的潘祖荫也深表感激，引为知遇之恩。

知悉工作职责的左宗棠立即着手规划，准备募选 2000 多名青壮男子训练备调。不久，他接到曾国藩的命令，让他募练 5000 人奔赴皖南。曾国藩的信任和倚重令他备受鼓舞，他立即回信，表示严格遵行，并在军事全局上向曾国藩提出两条建议：一是先以部分军队原地待命，为将来进一步收回江苏等地做准备；二是大力整顿江西的军务及兵饷事宜。

随后，左宗棠开始在湖南组建部队。他网罗了一批原先在曾国藩手下带兵的将领作为骨干，包括崔大光、李世颜、朱明亮、戴国泰、罗近秋、黄有功等 9 人，然后再由他们招募营勇，规定营勇应朴实、勇敢。

鉴于全国多处招募的兵丁都是湘乡的男丁，以一县之人难以满足数

---

① 李秀成（1823—1864）：初名李以文，广西藤县人。太平天国后期著名将领，"天京事变"后，他与陈玉成、李世贤等力撑危局，中兴了太平天国。封"忠王"，称"万古忠义"。

② 苏福省：太平天国以苏州为省会建立的行政区，辖常熟、江阴、太仓、松江、青浦、昆山、吴江、武进、无锡、丹阳、金坛、溧阳、宜兴等地。

地需求，因此，左宗棠招募的营勇中既有湘勇、郴勇，也有桂勇等，因而取名“楚军”。他还确定了楚军的营制，包括人数规模、军粮配给标准、训练时间等。当地农民听说左宗棠招募兵士，都踊跃报名，他们在校场上日日训练，渐有长进。原王鑫统帅的“老湘营①”旧部 1400 人也被左宗棠接收过来。到 8 月 10 日，选募的官兵陆续到齐，包括火勇、长夫等，共 5800 余人，于是由校场移驻金盆岭，晨夕训练。

楚军的招募、管理、训练等慢慢有了头绪，左宗棠又自任统帅，将楚军分为前、后、左、右、中五营，中营 1280 人，其余各营为 500 人；另设前、后、左、右四个总哨，每个总哨 320 人；亲兵八队，每队 25 人；外加火勇、长夫等。此外，他还聘请王开化总管楚军营务，刘典、杨昌濬②为副手，共同为统帅负责。至此，楚军组建完毕。

左宗棠组建的这支部队，从名称到内部结构、招募对象以及实际战斗力都有别于曾国藩统领的湘军，之所以称为“楚军”，既是为了与曾国藩的嫡系湘军区别，也表明左宗堂有意自辟蹊径，不愿长期受曾国藩制约。当然，它仍是中国近代史上广义的湘军的一部分。

皖赣的“救火队员”

就在左宗棠募练楚军之际，太平军石达开部的余明富、余诚义等数

① 老湘营：早年王鑫与朱孙诒、罗泽南共组湘军雏形，罗泽南统管中营，王鑫统管左营。后曾国藩在籍办团练，接手统领湘军，并倚重王鑫及其部队。但两人在统军过程中因增募军众的数量等问题发生冲突，曾国藩多次毁谤王鑫，并下令将其部众降为 700 人。王鑫不从。此时左宗棠在骆秉章幕中，谓其兵可用，建议骆秉章保留王鑫募练的 3400 人。王鑫随后归湖南巡抚统辖，他即募即练，从军事素质、作战能力、思想精神等方面训练兵卒，并重改勇制。到左宗棠组建楚军时，王鑫已去世，左宗棠重新网罗王鑫旧将，派王鑫族弟王开琳总理老湘军营务，并依旧保留其行军布阵的旧制。这支部队后来跟随左宗棠转战东西，平定浙闽太平军、捻军、陕甘回民起义、阿古柏反动集团等。

② 杨昌濬（1825—1897）：字石泉，号镜涵，别号壶天老人，湘乡县神童乡丰乐三十八都（今湖南娄底市娄星区西阳镇）人。晚清军事将领，追随左宗棠、曾国藩等创办湘军出身，担任过浙江巡抚、甘肃布政使、署理陕甘总督、漕运总督、闽浙总督兼福建巡抚、陕甘总督兼甘肃巡抚、兵部尚书等职。

万人由广西北上贵州，于1860年（咸丰十年）6月中下旬先后攻克永宁、广顺、归化等地。清廷揣测石达开有可能亲率大军从贵州进入四川，连忙筹议四川防务。

6月29日，清廷发布谕旨，拟派左宗棠入川督办四川军务，并特地征询曾国藩、胡林翼等人的意见。曾国藩和胡林翼都认为皖赣地区形势危急，需有左宗棠襄办，而且左宗棠在权衡利弊后，觉得督办四川军务并无把握，且与四川的行政人员都不熟悉，办起事来难免发生龃龉，加上他不愿将自己刚组建起来的楚军拱手送人，因此最终决定随曾国藩"东征"，并明确表示"我志在平吴，不在入蜀矣"。

曾国藩得知左宗棠的决定后，与胡林翼等人联名上奏朝廷，分析了当时的形势，提议让左宗棠率军前去安徽支援。随后，清廷改派骆秉章督办四川军务，左宗棠仍襄助曾国藩。

1860年（咸丰十年）9月22日，楚军在长沙集中训练两个月后，左宗棠率领他们从长沙出发，经醴陵进入江西，开赴皖南，增援曾国藩。对于这次出湘作战，左宗棠踌躇满志，表示此去要尽平生之力，轰轰烈烈地干一番事业。

这时的太平军方面，新任军事统帅忠王李秀成、英王陈玉成①等人都血气方刚、信心满满。他们接连打了几个大胜仗，解除了清军对都城天京的威胁后，决定兵分两路，夹长江南北并进，进行第二次西征。太平军一路声势浩大，在摧毁江南大营后，接着挥师向东，企图解除湘军对军事要地安庆的围困。北路军由陈玉成统率，于9月底自天京渡江北上，西趋武汉。南路军由两个部分组成：李秀成率主力沿长江南岸向西

① 陈玉成（1837—1862）：原姓程，字丕成，洪秀全赐名玉成，广西藤县客家人。太平天国后期主要军事将领，骁勇善战，封"英王"。后被太平天国叛徒"奏王"苗沛霖诱骗，解送清营被杀，终年26岁。

挺进，计划与陈玉成部会师武昌；侍王李世贤①、辅王杨辅清②等部向皖南和赣东北推进，以牵制曾国藩的湘军。9 月 26 日，李世贤、杨辅清部攻克宁国府城（今安徽宣城市宣州区），击毙清军提督周天受，全歼其部 2 万余人。10 月上旬，李世贤部连克徽州、休宁、绩溪，直接威胁曾国藩的祁门大营。这时，曾国藩所率湘军仅 1 万余人，因此，他一面速调鲍超、张运兰两军回援，一面屡次函催左宗棠率部由江西南昌兼程驰援。

左宗棠接到曾国藩的催调函后，率楚军于 10 月 10 日抵达南昌，之后经安仁（今江西鹰潭市余江区）北上，半个多月后抵达乐平，11 月初进抵江西重镇景德镇。11 月 11 日，鲍超、张运兰两军攻克休宁，太平军进入浙江，皖南的危急局势有所缓和。

与此同时，广东会党起义军由韶州北入江西，建昌（今江西抚州市南城县建昌镇）、安仁先后告警。曾国藩按照“安庆决计不撤围，江西决计宜保守”的既定方针，函嘱左宗棠驻扎在景德镇一带，寻找合适的机会进军，以保护湘军主力的饷道，兼防太平军从皖南进入江西。左宗棠排兵布阵，熟练运用战术追剿起义军，并从他们手中抢回被占的城池。

11 月 29 日，左宗棠收到贵溪、安仁警报，立即派王开琳率老湘营前往迎战。12 月 4 日，王开琳部与广东会党起义军在贵溪交战，会党军败走弋阳，撤往德兴。王开琳乘胜追击。左宗棠又派王开化、杨昌濬率四个营主动出击。12 月 12 日，两部合兵一起，一举攻占德兴城。会党军北上攻占婺源。左宗棠令各军星夜追剿，于 12 月 14 日夺取婺源。与此同时，左宗棠于 12 月 8 日专程赶往祁门大营，与曾国藩共商军事大计，并在那里逗留七天，后因牵挂前线战况，于 12 月 15 日起程赶回

① 李世贤（1834—1865）：广西藤县大黎乡人，李秀成的堂弟。太平天国后期名将，封“侍王”。天京失陷后继续领导部分太平军进行反清斗争，后被“康王”汪海洋杀害。

② 杨辅清（？—1874）：本名金生，乳名阿七，人叫七麻子，广西桂平人。太平天国后期将领，封“辅王”。

景德镇驻守。

迎击广东会党起义军是楚军自建成出师以来的初次战斗，并且取得了胜利，左宗棠备感喜悦。他在家书中写道："此次新军南试战事，而十日间连获三捷，克两城，未亡一卒，则训练之效也。将士勇气百倍，若慎以用之，尚有好数仗可打。"不难看出，楚军初战告捷令左宗棠颇为欣慰，而且增强了他和楚军的信心。

广东会党起义军出境后，太平军紧接着又在安徽南部和江西东北地区发起第二次进攻，分别从南、北、东三面合围进攻祁门。曾国藩再次陷入困境，忙令左宗棠悉调各军回防景德镇。此时的景德镇作为"江省前门""祁门后户"，在曾国藩的祁门大营受到太平军三面围困的形势下，独恃景德镇为后援，关系至为紧要。左宗棠惨淡经营，周密部署，在击退分道来攻的太平军后，乘势收复了被太平军攻占的浮梁县城，恢复了祁门大营的粮道及文报。

李秀成率领太平军15000人从天京出发，准备经江西攻取武昌，他本不想与左宗棠的楚军交锋，但在得知驻守石门镇的是绿营参将全克刚后，临时改变主意，想快速攻城夺取粮草。他采用太平军的惯用战术进攻石门，数千面战旗遍地挥舞，同时敲几百面锣鼓，伴随着枪炮声与呐喊声，气势十分雄伟。全克刚登上城头，眼见太平军攻势如此浩大，一面下令死守，一面飞马向景德镇告急，请左宗棠派兵救援。

左宗棠正想找机会与李秀成决战，一展楚军威风。得知石门战况后，他立即派王开化、王开琳率楚军5000人加速奔向石门。这时，副官杨昌濬提醒说，若楚军倾城而出，李秀成有可能乘虚转攻景德镇。左宗棠认为李秀成现在正全力攻打石门，不可能分兵转攻景德镇，而且李秀成并不了解景德镇内的人员分布情况。没想到楚军出城的第二天，景德镇城内的两个太平军侦探便把城内军情密报李秀成，并建议分兵攻打景德镇。李秀成喜出望外，立即命李容发带3000人奔赴景德镇。

左宗棠得知太平军距景德镇只有50里，心里一下子紧张起来，但表面仍镇定如常。他决定效仿诸葛亮，唱一回《空城计》。他一面火速派人传令王开琳带兵救援，一面在城内部署安排，命城楼上的兵士严阵以待，不可表现慌乱。傍晚时分，李容发带兵来到景德镇城下，左宗棠亲自登上城墙指挥作战。李容发看见城楼上号令严肃，井然有序，不敢贸然发起进攻，只吩咐将士赶扎云梯，准备天亮后再发起进攻。第二天清晨，李容发正准备攻城，突闻城上喊声震天，原来王开琳已率楚军赶到，太平军遭到前后夹击，顿时阵脚大乱。李容发急忙率部冲出包围，向石门镇奔去。

经历了这次险情后，左宗棠用兵更加谨慎小心。1861 年 1 月（咸丰十年十一月），堵王黄文金率太平军数万人赶来。左宗棠分兵把守婺源和浮梁，并亲自督军驻守景德镇。经过一番激烈的战斗，终于击败太平军，迫使其退至鄱阳、建德一线。

事后，曾国藩专门为左宗棠请功，称赞他昼夜治兵、“勤劳异常”、调兵神速。半个月后，清廷发布谕旨，着左宗棠以三品京堂候补。

黄文金自景德镇撤退后，仍活动于鄱阳与建德交界的石门、洋塘一带。曾国藩派鲍超入援江西，与左宗棠合兵进击。左宗棠率楚军由右路进扼梅源桥，鲍超则率领“霆军”① 由左路进扼洋塘。

2 月 18 日，黄文金兵分三路由谢家滩渡河，遭到左宗棠阻击，“霆军”乘势渡河大举进攻。黄文金损失惨重，逃往青阳、彭泽两地，退守建德。3 月 7 日，鲍超命皖南镇总兵陈大富在建德外围列兵，以牵制城中的太平军；他本人则率兵分三路齐进，击败太平军，攻陷建德。至此，西路饶州、九江等地的太平军被全部驱逐出境。

黄文金在西路败退之际，东路的李秀成大军自广信（今江西上饶市广信区）进攻抚州、建昌，深入江西腹地；李世贤也从皖南休宁退出，占领婺源，准备进入江西，与左宗棠争夺祁门。眼看形势危急，左宗棠一面派王开琳、罗近秋率兵迎击，一面自统大军赶赴婺源。途中他听说李世贤已进入乐平，急忙回师景德镇。不久，曾国藩派陈大富移防景德

① 霆军：曾国藩以鲍超的字“春霆”命军，称为“霆军”。

镇。左宗棠于是率军进攻鄱阳，与李世贤战于金鱼桥、丹街等地。期间，李世贤分兵从乐平奇袭景德镇，城破后，陈大富投水自尽。

景德镇失守，祁门湘军的生命线也被切断了，曾国藩所率3万人一个月没有军粮供应，人心惶惶，随时都有哗变的可能。曾国藩在绝境中又想到了自杀，他自认为无计逃脱，慌忙写下遗嘱后，准备在官邸庭院的一棵树上吊死，幸好被及时赶来的幕僚救下。

李世贤截断祁门湘军的生命线后，一面派李尚扬驻守景德镇，一面率大军进攻祁门。左宗棠听说景德镇失守，急忙从金鱼桥退守乐平。几天后，李尚扬进攻乐平。为了保住湘军祁门大营，左宗棠果断下令实行牵制作战，拖住李世贤的部队，减轻祁门湘军的压力。他主动迎战，在马家桥、桃岭打败李尚扬的部队。

李世贤闻讯，果然放弃进攻祁门，大举南下。左宗棠率军阻击，逐渐后退。4月21日，李世贤大军攻抵乐平城下。左宗棠一面凭借事先准备好的深壕高垒坚守乐平，伺机反攻；一面引水塞堰，造成大片沼泽，限制太平军骑兵的行动。4月22日，太平军逼近壕墙，左宗棠指挥楚军发射排枪，以密集的火力阻挡太平军前进。双方相持不下。夜间，天气骤变，左宗棠彻夜不眠，考虑再三后，决定利用恶劣天气虚张声势，以攻为守，希望能出奇制胜。

4月23日，王开化、刘典、王开琳奉左宗棠之命，率三路楚军越壕并出，鼓噪冲击。此时风狂雨急，水位骤涨，太平军措手不及，仓促应战，人马践踏，被击杀、溺死、踏亡者达5000多人。左宗棠率军追击，曾国藩又调鲍超前来支援，李世贤狼狈不堪，只得率军折入浙西。

乐平保卫战的胜利，巩固了曾国藩祁门大营的后路，使湘军能移驻东流，增援安庆。曾国藩为此大喜过望，向朝廷禀报并请赏将左宗棠改为帮办军务。他在奏文中陈述了左宗棠自奉旨襄办军务以来在募练楚军、堵截黄文金、击退李世贤等方面的功绩，评价左宗棠“深明将略，度越时贤”。清廷接受了曾国藩的建议，发布谕旨升左宗棠为候补三品京堂、帮办两江总督曾国藩军务，并赏给白玉扳指、火镰、小刀、荷包等物。此次左宗棠率新募的数千名楚军力战十倍于己的太平军，收复景德镇，解祁门之围，声威大震。当士气高昂的楚军得胜路过乐平、浮梁等地时，当地百姓扶老携幼夹道欢迎，并在路边陈设香案、摆放茶果来犒劳军将，景德镇的百姓更是燃放鞭炮欢迎楚军凯旋。

自5月开始，浙江形势日趋紧急。5月初，太平军李世贤率部由江西广信东入浙江，仅用二十余日便连连攻陷数城，宁波、绍兴告急。闽浙总督瑞昌、浙江巡抚王有龄上奏朝廷请求调左宗棠援浙，曾国藩复奏请将左宗棠留在安徽驻防。

考虑到后路空虚，又鉴于婺源为安徽、浙江、江西三省要冲，曾国藩和左宗棠商议分军移驻婺源。随后，左宗棠命王开琳率老湘营留守景德镇，自己则率4000余人驻军婺源。时值酷暑，疾疫纷起，军中将近一半士卒、长夫患上疟疾，死亡人数很多。于是，左宗棠在婺源一面休整队伍，增补营员；一面筹备战守，迎击来攻的太平军。

7月30日，由福建汀州北上的太平军赖裕新部从浙江常山挺进江西德兴的白沙关。次日，前队入驻德兴，距婺源仅40里；8月1日，后队抵达。左宗棠派2500人迎战，于8月2日击败赖裕新部，并乘胜直捣白沙关。太平军伤亡过千，余部返回浙江。继后，李秀成部进攻广信府等地，鲍超率军尾追，左宗棠也从婺源南下追击。李秀成下令兵分两路撤入浙江境内。

在左宗棠驻守婺源时，曾国藩从祁门移营进驻集贤关（位于今安徽安庆市北），加紧了对安庆的围攻。1861年（咸丰十一年）9月5日，太平军坚守了近九年的战略要地、天京上游的“西大门”安庆，被曾国荃[①]等率领的湘军攻陷。此后，湘军主力顺江东下，逐步向天京进逼。10月2日，左宗棠进驻广信，曾国藩奏准徽州、广信防军统归左宗棠辖制，左宗棠在安徽、江西之间策应各方。

---

① 曾国荃（1824—1890）：字沅甫，曾国藩的九弟。湘军主要将领之一，因善于挖壕围城而有“曾铁桶”之称，官至两江总督、太子太保。

此后，江西、安徽趋于平静，战事主要集中在两个区域：北面集中在天京外围，包括太平天国的苏福省；南面则逐步转入浙江境内。左宗棠的活动轨迹及重心也随之转移。

婺源是儒学集大成者、理学大家朱熹的故里，在当时的儒生心中，此地可谓“文化之邦本”。但太平天国定都天京后，八九年间率军往来此地二十余次，百姓被搜刮净尽，书籍典章、文庙碑林等损毁严重，儒生对太平军的罪行恨之入骨。左宗棠坐镇婺源时，派专人负责安抚难民、修补文物，接续文脉，受到当地官府与士民的交口称赞。在婺源驻守期间，正巧赶上左宗棠的50岁生辰，当天有雨，婺源、浮梁、乐平与景德镇的百姓、儒生为表敬意，多冒雨从数十、数百里外赶来祝寿，足见当地士民对左宗棠的拥戴。

第四章　浙闽用兵，肃清残敌

楚军初建便与太平军几度交手，而且战绩可嘉，左宗棠由此声望大增。原浙江巡抚王有龄兵败自尽后，左宗棠被举荐担任浙江巡抚，收拾残局。他在江浙驱遣军队，充分利用太平军的内乱，于1864年（同治三年）占领杭州及余杭。同年，曾国藩的湘军攻下天京。轰轰烈烈的太平天国运动就此宣告失败。左宗棠凭借在镇压太平天国运动中的表现，确立了自己作为晚清名将的地位。

赴浙江督办军务

湘军攻占安庆后不久，北京城内发生了一场宫廷政变。1861年（咸丰十一年）8月22日，咸丰皇帝病逝于承德热河行宫，年仅6岁的皇太子载淳继位，怡亲王载垣[①]、郑亲王端华[②]、协办大学士兼户部尚书肃顺等8人受先皇遗命总摄朝政，定翌年改元“祺祥”。11月1日，

---

① 载垣（1816—1861）：清朝宗室，康熙六世孙，世袭和硕怡亲王爵位，十二家世袭铁帽子王之一。咸丰帝即位后渐受信用，累官左宗正、宗令、领侍卫内大臣。在“辛酉政变”中被捕，赐白绢自尽，年仅46岁。

② 端华（1807—1861）：清朝宗室，郑献亲王济尔哈朗七世孙，袭爵郑亲王。曾任总理行营事务大臣及御前大臣。在“辛酉政变”中被以“专擅跋扈罪”赐死，死后降爵。

载淳的生母慈禧太后回到北京，联络恭亲王奕䜣[①]等人发动政变，解除了8位赞襄政务王大臣的职务，并处死肃顺等人，改年号为“同治”。自此，慈禧太后开始实际执掌清王朝的最高统治权，并大量提拔汉族官员。

朝廷的权力斗争纷乱不休的同时，战争仍在继续。为了确保天京作战的胜利成果，曾国藩决定再派一支军队进入浙江，开辟新的战场，以牵制太平军的兵力。太平军李秀成、李世贤等部大军在浙江境内势如破竹。李世贤部攻取龙游、汤溪和金华等府县后，又接连攻下浦江、义乌、东阳，占领严州（今浙江建德市梅城镇）、萧山，攻克诸暨、绍兴；李秀成部则步步为营，最后占领余杭，并进攻杭州。

就在曾国藩、左宗棠为阻挡太平军进攻而尽力部署时，一个噩耗传来——胡林翼去世了。这个消息像一记重拳砸在两人心上。对于他们来说，胡林翼既是同僚，又是朋友，更是知音。在为清廷效力的这些年，胡林翼多次出手相助，或是照顾、提携曾国藩，或是勉励、规劝左宗棠。彼时的左宗棠正在婺源前线指挥，饱受时疫之苦，听到好友病逝的消息，他当场恸哭不绝，身边亲兵劝之不止。他无法接受与自己同岁的胡林翼竟在壮年撒手西归，抱恨含悲写下《祭胡文忠公文》，读来如泣血泪。

战事无情地推着人们前进。11月中旬，曾国藩奏请朝廷允许左宗棠以浙江巡抚的身份率领楚军处理浙江军务。11月20日，清廷发布谕旨，令钦差大臣、两江总督曾国藩“统辖江苏、安徽、江西三省并浙江全省军务，所有四省巡抚、提督以下各官悉归节制”。同日，清廷根据瑞昌、王有龄的奏请下达谕旨，任命左宗棠“督办浙江军务”，让曾国藩即刻命左宗棠带领楚军火速援浙。

1862年1月（咸丰十一年十一月），浙江的局势更加恶化，浙西仅

① 奕䜣（1833—1898）：道光帝第六子，咸丰帝异母弟。清末政治家、洋务运动主要领导人，清朝十二家铁帽子王之一。“辛酉政变”后被授予议政王之衔。

存杭州、湖州两处城池。因此，清廷命曾国藩催令左宗棠统领部队迅速前进。一切军情由左宗棠自行奏报，并务必星速进剿，设法驰救杭州，然后想方设法收复各城。

但清廷发出的令左宗棠督办浙江军务的谕旨，到1861年（咸丰十一年）12月16日才送到曾国藩手里，曾国藩知会左宗棠时已是12月27日。左宗棠接获谕旨后，立即宣示各营严阵以待。为保证左宗棠在浙江能顺利平定太平军，曾国藩奏请朝廷将驻防于徽州、广信等地的张运兰、屈蟠、王德榜、顾云彩、孙昌国等部统归左宗棠指挥，并指定原先楚军的饷源婺源、浮梁、乐平、景德镇、河口五地的税厘仍由左宗棠派专员经理，以保证赴浙楚军的军粮供应。

就在这时，左宗棠又连获两个消息：一是太平军杨辅清部正由浙西遂安（今浙江淳安县）、开化回攻徽州，从而掩护李秀成、李世贤等部攻取杭州，牵制左宗棠的援浙部队；二是杭州于12月29日被太平军攻克，浙江巡抚王有龄自尽，溃兵纷纷四散。基于此，左宗棠认为不能贸然行事，决定暂缓入浙，一面派兵援救徽州，一面与曾国藩商议筹划如何收复浙江全境。

1862年1月初，左宗棠派刘典督率九个营驰赴婺源，会同留防婺源的四个营迎击入境的太平军。当时，太平军兵分两路，总兵力不下10万。左宗棠担心婺源的楚军寡不敌众，加上婺源地势紧要不容有失，于是率亲兵营、老湘营跟进。1月25日，楚军由江湾越大庸岭，袭击太平军营盘，大获全胜。同日，徽州府的城防军也击败了岩寺（今安徽黄山市岩寺镇）等地的太平军。杨辅清探知左宗棠的援军正陆续赶来，便率部撤回浙江。

在规划如何收复浙江时，左宗棠首先追根溯源，找到浙江军务败坏的原因，并向朝廷提出自己在兵力水平、奖惩机制、人员调募方面的整改措施。他奏请调广西臬司蒋益澧率数千兵勇来浙，充当一路队伍；命前处州镇总兵刘培元返回湖南募集3000名兵勇来衢州，署理衢州镇总兵，兼筹练衢州水师；请朝廷协调贵州、湖北、四川等省巡抚分别精选一到两个营的兵力，贵州提督田兴恕拨出1000名兵勇支援浙江；另外，协调各省为援浙提供军饷。

在用兵策略上，左宗棠坚持深谋远虑、稳扎稳打。他认为，在与太平军对峙时，“拿定主意，宁肯缓进，断不轻退”“一经收复，则必严密防守，务保无虞，庶几得尺得寸，皆为实效”。他结合太平军的作战特点向朝廷上奏应对策略：“逆贼每遇坚城，必取远势包围，待其自困而后陷之。……办贼之法，必避长围，防后路，先为自固之计，然后可以制贼，而不为贼所制。……故决计率亲兵营由婺入浙，先剿开化之贼，以清徽郡后路；饬所部老湘营由白沙关渐进，扼华埠（今浙江衢州市开化县华埠镇）要冲，以保广信而固衢城。”左宗棠后来督军援浙，大体就是按照这个思路进行。

驱逐了杨辅清率领的太平军、扫清援浙的后顾之忧后，1862年（同治元年）2月13日，左宗棠率军由汪口（位于江西婺源县东江湾镇西部）越过大庸岭进入浙江境内。2月15日，他接到授命浙江巡抚的谕旨。受到朝廷接连提拔、任命，他深知自己是临危受命，在感念朝廷重视优待的同时，也承诺将全心诚意、鞠躬尽瘁为国效力、勉力前行，以报恩德。

当时浙江的形势异常危急，可谓“全浙糜烂，列郡沦胥”，仅衢州、温州、湖州及边远少数县份为清廷所有，其余府县皆被太平军所占。温州地处海边，一时鞭长莫及；湖州紧邻太平天国苏福省，存亡未卜。在这种情况下，衢州成为左宗棠收复浙江的唯一基地。加上衢州在地理形势上既是江西、福建的交通枢纽，又是浙江的水陆通途，此地居钱塘江上游，顺流而下便是杭州，因此左宗棠将此地作为向浙东进军、夺取全浙的基地。5月份，李世贤率太平军从东、南、北三面围困衢州，此时仅西路常山有刘培元一军驻扎。左宗棠遂令新到的王德榜、屈蟠两军进击江山，而自率各军由北路进击，于6月8日在云溪击败李世贤部。6月11日，左宗棠又在莲化等地击败太平军的进攻。由于当天大雨如注，溪流暴涨，战事只得暂停。7月3日，左宗棠又督率刘典、杨昌濬等大举进攻，破北路太平军营垒三十余座。7月5日，刘培元、王德榜等军从南路进击，东、南两路太平军相继撤往龙游、兰溪等处，衢州围解。为了坚决守卫衢州，左宗棠在这里设立造船厂，多方调集大炮，建立内河水师，使之成为楚军进攻杭州时的一支重要辅助力量。

左宗棠入浙初期，兵力十分有限，面对李世贤的太平军，他一时无法打开局面。从皖南入援浙江时，他全部兵力只有8000余人，除留防婺源的四个营外，能随同出战的有效兵力不足7000人。为此，他上奏朝廷说：以当前的孤军转战，有守城之兵，就没有“剿贼”之兵；有攻城之兵，就没有截剿“援贼”、断其后路之兵；有攻剿一路之兵，就没有牵制各路“贼势”之兵。兵力单薄成为左宗棠入浙与太平军作战的掣肘。到达衢州后，这种窘况才有所改变。经他再三要求，清廷调拨入浙的军队陆续抵达。4、5月间，浙江布政使李元度被革职，听候左宗棠调遣，李元度先前率领的8000人经左宗棠严加甄别后，撤去十个营，留下五个营。5月底，刘培元率领在湖南招募的3200名勇丁抵达浙江，暂代衢州镇总兵，并造船调炮，习练水师。6、7月，江西防军应调入浙，积极参与了解除衢州重围的战斗；从湖南调派的2000名义军也到达衢州。9月底，广西蒋益澧率8000人马开抵衢州。这样一来，左宗棠的兵力增加到2万六七千人，战局逐步改观。

此时，浙东、浙南的战局开始转向对清军有利的方向。在浙东，仙居（今浙江台州市仙居县）团总[①]吴琮与知县率领团练攻陷县城，攻占临海，逼迫太平军守军撤退。随后几天，黄岩、太平、宁海的太平军也先后弃城出走，台州府全境回到清军和地方团练的掌控中。

宁波府的情况较为特殊。1842年（道光二十二年），英国与清廷签订《南京条约》，要求开放广州、福州、厦门、宁波、上海五处港口，并派设领事、管事等官员入驻。随后，美国、法国也通过不平等条约要求享受英国在中国的一切特权。宁波随即有美国、法国的官员进驻，并

① 团总：指地方武装团防的头目。

有军队建制。1861 年（咸丰十一年）12 月，太平军攻占宁波后，外国领事多次向太平军守将施加压力，要求赔礼道歉，并撤除城上炮台，但遭到拒绝。外国领事转而寻求与清廷合作，合力打击宁波的太平军。次年5 月，当地清军攻陷镇海，向宁波逼近。5 月 10 日，清军水师沿甬江溯流而上进攻宁波，停在甬江上的 4 艘英舰、2 艘法舰待清军水师经过后，一齐向宁波城开炮。城墙被大炮轰塌，清军蜂拥入城，与太平军进行巷战，随后太平军从南门、西门败出，宁波告克。驻守象山的太平军闻讯连夜撤走。5 月 14 日，英法军炮轰慈溪城，太平军守将何文庆退出西走，慈溪收回。

英法军与清军合力攻占宁波后，英国在宁波招募、训练了 1000 余名中国游民，取名“常安军”“定胜军”，因兵士头裹绿巾，又称“绿头勇”。不久，法国人日意格[①]等也招募士兵，因头裹花巾，称“花头勇”，扩充后改名为“常捷军”。中英、中法混合军的加入，大大加强了对太平军的打击。左宗棠十分重视宁波的战略地位，认为浙中饷源全在宁波海口，此处若无人筹划，终无自立之理，因而奏请朝廷派史致谔署理宁绍台道[②]，经理浙东事宜。

在浙南，闽浙总督庆端[③]派闽军总兵林文察[④]进入处州，阻遏太平军由浙入闽的要道；另遣总兵秦如虎屯驻温州。在秦如虎、林文察等军的压迫、夹击下，太平军节节败退，屡失城池。最后，处州被攻克，重新为清军占领。

---

① 日意格（1835—1886）：法国人，在英法发动第二次鸦片战争时随军来华。曾任船政正监督，在福建船政创办及发展过程中做出过重要贡献。

② 宁绍台道：清朝行政区划名，民国初废。1726 年（雍正四年）置，治所在宁波（今浙江宁波市），辖宁波、绍兴、台州三府。1843 年（道光二十三年），增辖定海直隶厅（原属宁波府）。

③ 庆端：字午岩，号正轩，满洲镶黄旗人。清朝官员，历任福建布政使、福建巡抚、闽浙总督兼署福州将军、杭州将军等职。

④ 林文察（1828—1864）：字密卿，台湾彰化县阿罩雾庄（今台中市雾峰乡）人。清朝著名台籍将领，曾协助平定小刀会、戴潮春事件，并在福建、浙江、江西等地领军对抗太平军，最后战死于漳州万松关。

连克坚城

浙东、浙南局势的好转，使左宗棠对收复浙江全境逐渐充满信心。尽管他很清楚“台郡之克，全借民团；宁波之克，半资外国，而官军曾无一旅与之周旋”，但就当时的局势而言，“裹贼中央”，不让他们四处流窜才是浙江战事的转机与关键。从此，他专心筹划北上，攻金华，上严州，进图杭州。

1862 年（同治元年）7 月 7 日，左宗棠属下各军陆续到达龙游对岸。7 月 11 日，太平军李世贤率队由严州南下，前队刚抵达遂安，便遭到清军刘典、王德榜等部和驻防遂安的王文瑞部围攻。7 月 14 日，李世贤兵分两路攻打遂安失利，经寿昌退回金华。左宗棠乘势进军龙游，将支援遂安的各军调回，在离龙游城 15 里的潭石望（今团石湾）扎营。李世贤随即在龙游南北两岸调集大军，试图抵御左宗棠军队的进攻。8 月 11 日，双方在东门桥开战，各有伤亡。左宗棠方面的援军赶到后，李世贤率部撤退。次日，左宗棠军分路进攻油埠（今浙江兰溪市游埠镇），太平军迎战失利。8 月 16 日，双方再次在莲塘相遇，李世贤主动避战。9 月，李世贤先后命陈廷香、李国群、李尚扬、吴明顺等率部攻打刘培元等驻守的清军营垒，但都被击退。随后，李世贤派军由永昌镇北上寿昌，分军出上方岭，胁迫衢州西北一带。此时恰逢蒋益澧率军来到衢州，左宗棠命他与刘典的部队分围裘家堰（位于游埠镇）等地，并派熊建益率 3000 人扼守上方岭一路，总兵高连升率 3000 人驰往寿昌。高连升率军攻陷寿昌县城，打乱了李世贤的部署。

在浙江战场相持不下时，天京方面告急。原来，曾国荃、彭玉麟等率湘军主力于 5 月下旬沿长江水陆并进，直抵天京城下，太平天国的天京保卫战就此拉开了帷幕。天王洪秀全连发诏书，命令正在东线进攻松江、上海的李秀成及在浙江苦战的李世贤等回援天京。寿昌失守后，李世贤紧急部署，在裘家堰增筑营垒，全力防御，命李尚扬、刘政宏、陈廷秀、李国群等率 10 余万人固守金华、龙游等地，以牵制清军，同时亲率三四万人北上回救天京。

李世贤一走，浙南的太平军就像被抽去了主心骨。蒋益澧、刘典合军进攻裘家堰，各垒相继陷落，兰溪西路尽入清军囊中。接着，左宗棠又派蒋益澧进攻龙游南岸的罗埠（今浙江金华市婺城区罗埠镇）、湖镇等地，刘典驻守油埠，作为蒋军后援。三天后，驻守罗埠的太平军守将李世祥叛变，蒋军占领罗埠；驻守湖镇的太平军见势不妙，于当天夜里撤退。在此期间，清军两次发动对龙游县城的攻击，太平军无力反击，只得坚守不出。

10 月 24 日，左宗棠移至距龙游城 5 里的新凉亭扎营，下令修长濠围城；又令蒋益澧率军由罗埠攻打汤溪，刘典防守油埠、湖镇两地，阻止太平军由兰溪、金华前来支援。随后，左宗棠亲自统军加紧了对龙游的进攻。他下令在龙游的西门和南门外开掘长濠，引水灌城，但都失败了。双方多次交战，僵持不下，战事处于胶着状态。11 月 1 日，兰溪太平军守将谭星率军赶往龙游、汤溪驰援，两天后被蒋益澧、刘典击退。从金华赶来支援的太平军也被刘典阻击。

就在龙游、汤溪战事胶着之际，左宗棠派魏喻义统率 2000 人北上攻打严州。太平军守将谭富在离城数十里的地方设立关卡，并在河中安排战船。12 月 28 日，谭富集合桐庐、浦江的太平军进攻魏喻义军，被击退。三天后，他再次率队进攻清军，不料被叛徒出卖，中途遭遇埋伏，大败而归。次日夜半时分，魏喻义率军偷袭，攻破严州府城，谭富率兵卒巷战失利，退往浦江。

金华是太平军在浙南的重要据点。李世贤回援天京后，黄呈忠、范汝增、练业坤率大军在金华集结，连营数十里，与兰溪守将谭星等声势相连。1863 年（同治二年）1 月 11 日，范汝增、练业坤率军试探清军，与蒋益澧等人所率军队战于白龙桥，大败。1 月 14 日，谭星在罗埠附近再次被蒋益澧和刘典的联军击败。1 月 26 日，蒋益澧率军进攻汤溪，遭到守将李尚扬的有力抵抗。1 月 30 日，谭星率军出兰溪西路攻打清军，中埋伏后败退入城。

2 月 8 日，刘典率水陆各营进攻兰溪城垒，谭星部将张成功率 500 人向蒋益澧投降。黄呈忠、范汝增等人率领的太平军援军被隔绝，汤溪、龙游的米粮和弹药无法保障，太平军中人心思变。2 月 26 日，汤溪守将彭禹兰派人向蒋益澧乞降，并协助蒋益澧设计俘虏了李尚扬等人。蒋军乘势攻城，彭禹兰开城引蒋军进入。随后，蒋益澧派高连升①、熊建益率军进攻城东的太平军营垒。黄呈忠等得知李尚扬等被擒、汤溪全失后，仓皇向金华撤退，身后诸地尽为清军占有。

至此，汤溪、兰溪、龙游三城重归清军所有，左宗棠的部署彻底摧毁了太平军的浙西防线。此后，太平军再也无力组织新的有效防线，而左宗棠则势如破竹，连克坚城，捷报频传，收复浙江全境指日可待。彼时，金华、严州两府的大部分区域都没有了太平军的踪迹。左宗棠军队的前锋距杭州仅百余里。

为稳扎稳打，左宗棠令蒋益澧出军义乌、刘典率军沿浦江北上，合攻绍兴府的诸暨。3 月 7 日，蒋、刘两军分别攻占东阳和浦江，随即向诸暨进军。驻守诸暨的太平军主力已在两天前撤退，余部投降。左宗棠令蒋益澧继续带兵北进，以图绍兴。这时，绍兴府的形势也逐渐偏向清军。早在 1 月间，宁绍台道张景渠便会同法国“常捷军”进攻绍兴府城。2 月，张景渠带领“常捷军”，会同英国的“常安军”“定胜军”再次进攻绍兴。2 月 18 日，联军炮轰绍兴城，太平军奋力抵抗。这时，太平军杨应柯遣使向张景渠投降，表示愿为内应。3 月 14 日夜，城内起火，张景渠率军趁机攻城，太平军撤往萧山。次日，张景渠带兵攻占绍兴，20 日又攻克萧山。至此，清军收复浙东。

在蒋益澧北上绍兴的同时，左宗棠命刘培元率水师顺富春江而下，与魏喻义联合攻打桐庐；又命刘典率部由严州前往徽州，“为肃清皖南

---

① 高连升（1832—1869）：号果目，湖南宁乡人。晚清湘军将领，历任广西左江总镇署理、浙江提督简放广东陆路提督、甘肃提督。在甘肃提督任上因兵变被杀。

之计”；他自己则移营兰溪，准备再进严州，就近指挥。3 月 17 日，刘培元的水师与魏喻义的陆军并力进攻，攻下了桐庐。随后，左宗棠移营严州，令蒋益澧全力西渡，其余水陆各军顺流而下，设法夺取富阳、杭州。

随着战事的发展，左宗棠将指挥部节节前移，先从衢州迁到金华，又从金华迁到严州。5 月 5 日，清廷发布上谕补授左宗棠为闽浙总督，兼浙江巡抚，声名日隆，威望日重。左宗棠意气风发，站在指挥部内，仔细察看浙江地貌图，眼下桐庐已在掌握之中，出桐庐往东，地势渐平，富春江、钱塘江江面渐宽，这些都对作战行动有利。阻挡他东进杭州的最大障碍，就是位于富春江江边的富阳城，他决心尽快清除这个障碍。

富阳是杭州上游的门户，背江面山，易守难攻。太平军占领杭州后，在富阳修筑城垒，完善防御。桐庐失守后，太平军撤入富阳，由绍兴败走的太平军也纷纷赶往这里会集。驻守杭州的太平军则乘战船溯江而上，抵挡清军。

此时左宗棠能直接指挥的兵力有 3 万余人，但为了顾及后路，他需要分兵把守各处，能够进攻富阳的兵力实际上只有蒋益澧的 1 万余人。基于此，左宗棠先派水师副将杨政谟、都司罗启勇率师船前去察看形势。3 月 24 日，双方水师交战，太平军数百艘战船被焚，并被夺去 10 余只炮船。杨政谟等在富阳南岸扎营，魏喻义等军陆续从桐庐赶到，左宗棠计划合围富阳。从 4 月份开始，蒋益澧率部向富阳发起进攻，但由于粮饷匮乏、瘟疫流行，士气低落，战争时打时停，直至 9 月份仍没有取得实质性进展。左宗棠自己也不幸染上疟疾，全军陷入一筹莫展的境地。

为了摆脱困境，左宗棠决定求助法国的洋枪队。9 月初，太平军黄文金率部退出江西，刘典率军返回徽州，离浙江渐近，左宗棠便调军驰赴富阳，与蒋益澧合军攻城。这时，法国“常捷军”也带着洋枪洋炮开至富阳。9 月 18 日，清军水师运送徐文秀等率领的陆军到达北岸。9

月 19 日，徐文秀等率军进攻富阳城北的太平军营垒；杨政谟率水师会同“常捷军”登岸，进攻倚城的太平军营垒；刘清亮负责率军出战，牵制太平军兵力。富阳城北的太平军营垒很快被攻陷，倚城各垒坚持抵抗了一昼夜，至 9 月 20 日，富阳城被清军攻破。

稳收浙江全境

攻占富阳后，左宗棠的下一步计划是收复杭州城。他出任浙江巡抚已近两年，升任闽浙总督也已四五个月，因一直忙于击退太平军，至今连浙江巡抚衙门坐落何处都不知道，眼看形势喜人、收复有望，他夺取杭州、收复全浙的心情可想而知。不过，他并没有被胜利冲昏头脑，而是认真分析局势，缜密部署，谨防功亏一篑。

得知左宗棠率领的清军即将进攻杭州，皖南的太平军急速离皖入浙，首先攻占昌化，继而攻下淳安、遂安，打算从后路牵制左宗棠的行动。为此，左宗棠毫不犹豫地从杭州外围抽调大量部队回防严州、金华、衢州、遂安等地，确保后路万无一失。

在蒋益澧率领各军沿江而下直取杭州的同时，左宗棠又派军由富阳赶往余杭；魏喻义则率军夹击，以扼杭州咽喉。10 月 7 日，蒋益澧得知太平军康王汪海洋[①]潜赴余杭，忙令高连升率军进攻十里长街，“常捷军”接应。太平军败退入城。10 月 18 日，邓光明、陈炳文率 1 万余太平军精锐部队从江边分四路出击，都被清军击退。10 月 25 日，太平军在杨家桥扎垒，蒋益澧命徐文秀率军乘夜攻破。11 月 28 日，杭州太平军大举出击，被高连升所率部队及“常捷军”击退。

12 月 10 日，左宗棠进驻富阳，并于20 日赴余杭察看形势，增调朱明亮、黄少春等军增援余杭，与太平军在杭州、余杭一线展开了激烈的

---

① 汪海洋（1830—1866）：安徽全椒人，太平天国晚期著名将领，封“康王”，有太平天国后期“擎天一柱”之誉。刺死侍王李世贤后独领其军，转战于闽、赣、粤边界，后在嘉应州（今广东梅州市）战死。

争夺战。对于夺取杭州，左宗棠很有把握，按照他循序渐进的作战计划，此时杭州的太平军已深陷清军包围之中。而且随着湘军主力对天京的包围和天京保卫战的日趋危急，太平军的军心严重涣散，接连发生了献城投敌事件，战斗力逐日递减。杭州、余杭的太平军孤处重围，援军断绝，内部日益分崩离析，失陷已成定局。在这种形势下，左宗棠决定先以重兵攻打杭州西面的余杭城，最大限度地孤立杭州城内的太平军，然后将其围剿。12 月 27 日，余杭太平军出城迎战，大败而归。双方连日大战，互有死伤。太平军在汪海洋的指挥下，改变战法，在余杭城西北修浚长濠，又在北门外添筑三垒。清军日夜挑战，无奈太平军坚守不出，一时也找不到突破口。

1864 年 1 月（同治二年十一月），张声恒、蒋益澧、黄少春等军分别从西、北两路攻城。左宗棠与蒋益澧商议后，准备分军袭取余姚东北的瓶窑镇，断绝太平军的粮路。蒋益澧奉命切断杭州与余杭间的联系后，察觉到太平军的重心是防守余杭，驻守杭州的兵力并不强，于是在“常捷军”和水师的配合下，直接向杭州发起进攻。左宗棠则进驻距余杭仅数里的横溪头，就近督战。

2 月 3 日，清军分路进攻，被汪海洋设伏击杀 300 余人，左宗棠的表侄余佩玉带伤溺毙，左宗棠深为忧愤。2 月 10 日，皖南太平军南下淳安、遂安，直接威胁到左宗棠的后路。左宗棠立即下令黄少春率八个营进行抵抗，调魏喻义率三个营回守严州，同时令喻德成屯守金华、戴奉聘守衢州，并传檄援皖的王开琳所部老湘营由屯溪下趋淳安，以防太平军趁虚而入。2 月底，王开琳部与黄少春部先后在遂安击败太平军，并将之驱逐出境。此后，左宗棠加紧对各军的督率，强化对杭州、余杭两城的攻势。

3 月 3 日，高连升、刘连升水陆各军会同“常捷军”，攻陷太平军建在杭州望江门外的三座石垒。3 月 28 日，蒋益澧又令高连升、周廷瑞等率军进攻太平军营垒，并派“常捷军”轰击城垣。双方相持不下时，“常捷军”用大炮将门城轰出一个 3 丈余宽的缺口，清军乘势登城。太平军拼死抵抗，清军转攻葛岭（位于杭州西湖之北宝石山西面），攻破两垒。3 月 30 日，蒋益澧派水陆各军分别进攻十里街及武林、钱塘、凤山等门。太平军坚决抵抗，伤亡惨重。入夜后，早有降意的杭州守将、太平天国听王陈炳文率太平军从武林门撤出，清军随后从各门拥入。

3 月 31 日凌晨，太平军据守了两年又三个月的杭州城被清军攻下。正在余杭苦战的汪海洋闻讯，急忙率军出东门退走，余杭也被清军攻陷。

4 月 7 日，左宗棠进驻杭州，在大队亲兵的前呼后拥下来到巡抚衙门。他没有辜负清廷的厚望，率将士艰苦奋战两年多，终于旗开得胜。当然，清廷获知杭州捷报后也不忘重赏这位有功之臣。4 月 17 日，清廷发布上谕，以左宗棠调度有方，“加恩赏加太子少保衔，并赏穿黄马褂”。接着又发布谕旨，赏蒋益澧云骑尉世职，高连升赏穿黄马褂，其余人也各有赏赐。奖赏过后，清廷敦促左宗棠“督率各军乘胜进攻湖州郡县，迅速扫清逆贼，廓清全浙，毋留余孽”。浙江的战斗已进入扫尾阶段。

左宗棠感念朝廷恩赏，上奏表示决心：“自当殚竭心力，慎以图之。贼在浙境则围攻，贼出浙境则追剿，务将积年逋诛剧寇聚而歼旃。”之后，他派杨昌濬、蒋益澧、李耀南、刘明灯等出兵。武康太平军守将叛降，约为内应，4 月 9 日，杨昌濬率军攻陷武康。次日，德清太平军在激战后撤退，高连升率军入城。太平天国诸将率残兵西走安吉、孝丰，进入皖南；杨辅清、黄文金等则重兵坚守湖州。左宗棠又令蒋益澧进攻湖州、杨昌濬各营进驻武康，遂安等地守军伺机围堵。

湖州太平军修筑坚垒，凭险固守，与西北方向的长兴、安吉等处太平军互为犄角。左宗棠令水师开赴德清；蒋益澧属下的高连升、蔡元吉等率军由德清进击湖州西南；刘树元、何培章则率军进攻湖州东南。除此之外，左宗棠还安排“常捷军”从旁协助。

自 4 月 18 日起，清军连续发动进攻，太平军坚决抵抗，战争再度陷入胶着状态。这时，李鸿章派淮军南下，与左宗棠的军队合击湖州。5 月，高连升、蔡元吉率军攻陷菱湖、东林镇等地。李鸿章续派潘鼎新[①]、郭松林[②]、刘秉璋[③]等人率淮军南下驰援。6 月，潘鼎新率淮军攻破吴溇营垒，郭松林则攻陷长兴。太平军退往泗安、梅溪。杨昌濬率各营进铜岭堵截太平军，并令部下率军偷袭孝丰。7 月 7 日，孝丰被攻破，俘虏太平军感王陈荣。至此，浙江大部分府县已收复，只有湖州和安吉还被太平军占据。

太平军在浙江境内节节败退，除了与左宗棠周密的作战计策、李鸿章淮军的支援有关外，还与天京方面的变故有关。此时太平天国的局势进一步恶化。6 月 1 日，天王洪秀全病逝，太平军失去首脑。7 月 19 日，曾国荃率湘军主力攻陷天京，作为太平天国都城 11 年的南京重新归入清廷。国都沦陷，太平天国的统治核心溃散。李秀成保护幼天王洪天贵福[④]出走，但被湘军冲散。7 月 24 日，“干王”洪仁玕[⑤]等护送洪天贵福到达广德，并于 29 日被黄文金等迎入湖州。他们计划将幼天王送往江西，与李世贤、汪海洋的大部队会合后北上再图发展。

8 月 3 日，蒋益澧派军进攻思溪、双福桥；7 日，再派高连升等军进攻荻港，因黄文金率太平军顽强抵抗，清军未能获胜。9 日，清军在外国轮船的协助下攻占荻港。清军与太平军多次交战，清军愈战愈猛，

---

① 潘鼎新（1828—1888）：字琴轩，安徽庐江县广寒乡人。晚清湘军名将，受曾国藩赏识，募勇创立“鼎”字营，参与镇压太平天国运动。中法战争时，率部入越南与法军作战。

② 郭松林（？—1880）：字子美，湖南湘潭人（今株洲县雷打石镇脉湾村）。晚清湘军名将，参与镇压太平天国运动及捻军起义。

③ 刘秉璋（1826—1905）：字仲良，安徽庐江人。晚清重臣、淮军名将，由翰林院编修而入军幕，投笔从戎，平吴剿捻。中法战争期间指挥了著名的“镇海之役”。督蜀十年，勤政廉洁，用竹笼古法维修都江堰水利工程，造福百姓。

④ 洪天贵福（1849—1864）：洪秀全长子，太平天国幼天王。天京失陷后，由李秀成等护送出城，再由洪仁玕等送至安徽，被黄文金等迎入浙江湖州。后被清军俘虏，在南昌被沈葆桢下令处死。

⑤ 洪仁玕（1822—1864）：广东花县人，洪秀全的族弟，曾在香港居住多年，获封为军师、“干王”，一度总理朝政，后在江西被捕杀。他提出的《资政新篇》是具有发展资本主义主张的政治纲领，在当时的中国算是相当先进的思想。

太平军则败多胜少、伤亡惨重、士气低迷。8 月 21 日，双方再度交战，太平军不敌，损兵折将。五天后，南门守将、长超山（位于浙江湖州市南浔区和孚镇北部）守将率部投降，清军收复两地。随后，黄文金、洪仁玕等率军撤退，清军入城，收复湖州。与此同时，杨昌濬、周廷瑞等军分路进攻安吉，太平军守军败出，与湖州败走的黄文金军队会合。这样一来，太平军在浙江的据点全部被攻破，左宗棠终于夺回了浙江全境。

这一年，在曾国荃率领湘军攻克天京后，发生了一个插曲，直接导致曾国藩、曾国荃兄弟与左宗棠决裂。话说曾国荃率领的湘军刚一攻入天京，便大肆抢掠，将城内各王府抢劫一空后再放火烧掉那些拿不走的财物。城内浓烟滚滚，陷入一片火海，妇孺老幼哭号战栗，无处藏匿。此时湘军无论将帅还是士卒，都忙于搜刮财物，将尚在城中的幼天王及其他太平天国首领抛诸脑后，这就给李秀成、洪仁玕等人制造了可乘之机。当晚，1000 多名太平军乔装改扮后，趁乱护送幼天王等偷偷出城。待曾国荃及其部将反应过来，太平军早已不知所踪。曾国荃惊慌失措地向曾国藩报告实情，求兄长补救。为遮掩湘军在天京城内的抢掠行径及放走幼天王的罪行，曾国藩在攻克天京的捷报中谎称幼天王洪天贵福葬身火海，企图瞒天过海。谁料数日后，左宗棠的部下向他详陈了曾国荃攻城不力，致使太平军护送幼天王逃遁，且纵容下属在城内烧杀抢掠的事实。左宗棠向来不满曾国荃倚仗曾国藩在湘军中嚣张跋扈，而且此次曾国荃目无王法、欺君罔上，不待向朝廷请示就放任将士为所欲为，无视军纪，更谎称幼天王已被烧死。是可忍，孰不可忍。于是，他义愤填膺地将所知情况详细报知朝廷，并请朝廷严加查访。曾氏兄弟对此大为光火，曾国荃甚至提出要到浙江和左宗棠当面对质，曾国藩也没想到自己一手举荐的左宗棠竟在这时拔刀相向。为了自证清白，曾国藩向朝廷上奏反驳左宗棠，影射他是虚张声势，为自己邀功请赏。左宗棠听到曾国藩的一番言论后，怒不可遏，再度上奏为自己辩解，并言词激烈地抨击曾国藩虚伪贪功。至此，曾、左二人的关系走向破裂，十几年的交情付诸东流。

1864 年（同治三年）11 月 9 日，清廷发布谕旨称赞左宗棠的功绩：“督师入浙，恢复浙东各郡县，进取浙西，攻克杭州省城及湖州等府县，肃清全浙，并派兵截剿皖南窜贼，荡平巨股，卓著勋猷。”并赐封他为一等伯。左宗棠上书拜辞，不被准许，随后又承同治皇帝赐名“恪靖”。

自 1861 年（咸丰十一年）奉命督办浙江军务以来，三年间，左宗棠一心治理军务，剿灭太平军。如今浙江全省虽已收复，但仍有许多遗留问题亟待解决，其中有两项最为要紧：一是追剿民间的太平军流寇，巩固浙江全省的安定局面；二是重振凋零颓靡、千疮百孔的经济，为即将开赴福建剿灭太平军的部队提供军饷。

左宗棠从帮办浙江军务到接任浙江巡抚，每收复一处府县，都及时开展善后抚民举措。1862 年（同治元年），左宗棠在衢州令每个县设置同善局，乡村根据实际情况设置分局，由当地廉明精干的士绅监管，作为主办救济的机构。同善局主要负责收养 15 岁以下因战争失去家人监护的幼童，收养因战争沦为独身的妇女，恤养孤寡残废，收埋路边未及掩葬的尸骸。同年底，湘军收复严州府城后，左宗棠发布《兵灾善后事宜十二条》，通令各县施行，及早安抚民心。同时还令军士广招邻省农民前往新克复的州县耕垦，由官府提供耕牛与种子。1864 年（同治三年）3 月，湘军收复杭州时，城中百姓已由原先的 81 万人口锐减到十七八万。为尽快安稳民心、局势，左宗棠命人设赈抚局，专门收养杭州难民，招商开市，并刊刻《康济录》一书发放给地方官员，作为救荒赈济的指导方针。他还对楚军下达严令，禁止入城将士强行霸占民财、擅入民宅骚扰，一经发现，严惩不贷。此外，他又奏请朝廷免收浙江全省当年税赋，减少杭州、嘉兴、湖州等地三分之一的漕粮税收，并筹资收购民间的茶、笋、废铁等物，使百姓有收入来源。诸多让浙江百姓休养生息的举措得到了民间的大力支持，左宗棠也受到了百姓的广泛拥戴，甚至有金华府人士要为他建立生祠①，但被左宗棠制止。

左宗棠被清廷补授闽浙总督后，出于全局考虑，他决定亲自前往福建，于是上奏说明浙江情形，推荐蒋益澧为浙江巡抚、杨昌濬为布政使，并详细陈述了浙江急需处理经营的多项事务。事关民生经济和剿匪成败，左宗棠言辞诚恳、考虑周详，希望朝廷采纳自己的建议。他在奏章中写道：

“臣与僚属竭力经营，目前初显头绪，像除匪安良、剔除痼弊、修复水利等大事，尤为重要。臣智虑短浅，加上赴闽时日渐近，未能将计划付诸实施，内心不胜负疚。嘉兴、湖州枪匪一事，实为奸盗之源、风俗之害，臣已命蒋益澧次第拿办，共斩除百余名悍匪，并编立船埠，稽查保甲，勒交船械。近来浙江境内的枪匪日益收敛。……台州靠山面海，历来风气悍戾，当地土匪劣绅动辄结党相攻，无视官长，如今若不尽快处置，必为后患。臣已发文晓谕留浙补用道衔知府刘璈署理台州府知府，由留浙副将谷香山署理台州副将，暂补其缺。两人各带所部勇丁赴任，希望他们能惩除豪恶，保一方之民。……浙江省内的田地分布不均，靠近山的土地偏贫瘠，而靠近水的则比较肥沃。民田征赋较重，因而百姓更加偏向以蚕桑来维持生计。蚕桑之利厚，以浙西为最。百姓种植桑树的栽培灌溉，与耕种水田无异。因此自古善于治理浙江的人，莫不以水利为重。海塘关系着江苏、浙江两省的农田。自太平军祸乱两省以来，海塘坍塌现象十分严重，如果要及时修复，必须花费约百余万两白银。然而战祸初定，两省公私荡尽，财力拮据。臣前向已奏明先备办土塘，暂时防御咸潮，至少需花费二十万两白银；经费及施工一事均交由当地士绅办理，官方不参与。……臣已交卸抚篆，准备起程，但每念及浙江省内百姓的疾苦情形，实在放心不下。幸好眼下任巡抚的蒋益澧

① 生祠：古代民俗信仰，为活着的人立祠庙，进而祭祀，对象多为官员，以表示百姓内心的感戴和钦敬之意。

与臣共事已久，在整军、治民各方面都讲求尽善；署布政使的杨昌濬也与臣相处多年，诚意务实，他们必能补上臣的缺漏，以报皇上恩遇。臣已将应办、未办各事交给他们妥善筹划。正是为治之道，兴利不如除弊，任法不如用人。”

安排好浙江的人事、政策后，左宗棠从杭州出发，取道富阳、建德、龙游等地进入福建。

闽粤剿清“余孽”

天京陷落前后，太平军分五路陆续进入江西境内，这五路军互不统属，势同流窜，加上后有左宗棠浙西、皖南大军的追击，前有江西防军的拦截以及鲍超大军的逼攻，一路损失惨重。

进入 1864 年（同治三年）10 月后，各路太平军进入福建，福建南部出现了一个太平军的临时根据地，主要有两股势力：一是“李世贤据漳州，分党据龙岩、永定、南靖、云霄、平和”，二是“汪海洋掠长汀、连城、上杭列县境，而自踞南阳乡，众合二十余万”。他们互为声援，声势浩大，企图重振太平天国。其间，太平军在武平之战中擒杀福建按察使张运兰，并攻占漳州府城。清廷震惊，忙下旨命左宗棠速派各军入福建剿匪。

左宗棠作为闽浙总督，责无旁贷，他在张运兰被杀后便陆续派出部队开赴福建：林文察率军进攻漳州，遭到李世贤反攻；康国器领兵驰援漳州；黄少春率 4500 人自衢州前往延平（今福建南平市延平区）。此外，左宗棠还命刘典从江西建昌率 8000 余人赶赴汀州，高连升从宁波率 3500 人坐船直趋福州，从外围促使太平军聚于一处，以便集中歼灭。

在兵力的排布上，左宗棠的部署可谓有攻有防。一方面，他以刘典、康国器、高连升等部分别从北面和东面向闽西南进逼，希望在广东清军的配合下，对太平军实行合围，使太平军三面受敌，一面背海，陷入绝境；另一方面，他又在闽中延平布下黄少春的重兵，以扼守闽江上游，防止太平军向闽中和省城福州等地发展。

12月1日，李世贤率太平军主动出击，进攻距漳州20余里的万松关[①]、瑞香亭陆路及镇内水营，林文察遭袭击丧命，太平军大获全胜。署福建水师提督曾玉明率水师前去援救，也被太平军击败，只得退守江东桥，确保泉州门户。此次战败使泉州和厦门颇为震动，这时，左宗棠派出的各军先后抵达。12月5日，高连升率军由福州驰抵泉州，不久进驻万松关、瑞香亭等处，以扼守漳州东路。12月13日，黄少春也率军抵达漳州江东桥，进驻漳州东北10余里的北溪。李世贤率太平军退入漳州城区。

与此同时，康国器率军自永定南下，出雁石，攻龙岩。11月30日，清军进驻距龙岩州城仅8里的铁石洋，与陆顺德、何明亮等率领的太平军连日交战。12月9日，丁太阳率太平军由永定北上，进攻漳平，想截断清军后路，但被清援军击退。西路刘典得知漳平被围，立即分拨部队驰援，并亲率各营进驻杨家坊，攻打汪海洋部太平军。汪海洋大举反攻，分路包抄，大败刘典，斩杀数名清军将领。刘典只得集合败兵，退保连城。

12月14日，左宗棠率亲兵驰抵浦城，得知前方军情紧急，只稍作停留便又督师前进，于25日率军抵达延平。他深感兵力不足，以现有人马实在难以应付太平军20万之众，于是一面请兵调饷，一面加紧调整部署。经与诸将商议，他认为要想打败太平军，必须先取远势，再渐逼渐进，将各处太平军归并一处，而后合力歼之。兵力也要按需分布，不能只关注眼前之效，而要以大局为重。为此，他一面檄令高连升、黄少春“勿攻城，勿浪战，深沟固垒，相机图之”，将太平军引出城，再反客为主，多次打击，创造可乘之机；一面就近联络驻扎在漳州府长泰的军队，防止太平军出走，并保卫泉州、厦门，解除漳州各军的后顾

① 万松关：坐落在福建漳州市龙海市榜山镇梧浦村后岐山与鹤鸣山之间，雄踞于江东桥之西，自六朝以来就是险要关隘。

之忧。

为支持左宗棠在福建剿除太平军，清廷命李鸿章从江苏驻防的淮兵里酌量抽调炮队赴闽支援，且炮队归左宗棠调遣。与此同时，粤军由南向北逼攻太平军，何云章率军驰赴诏安县，进图云霄厅（今福建漳州市云霄县）；方曜率军驻扎在上杭县的蚺蛇渡，进图永定县。此外，还有娄云庆率领的霆军奉命由江西来援，向东追击太平军；淮军将领郭松林率 8000 人从海路到达厦门，向西压制太平军；署浙江巡抚蒋益澧派刘清亮率 3000 人进驻浦城，作为后援部队策应前线。12 月 16 日，何云章率军进击云霄厅，与前来救援的太平军朱兴隆部交战。28 日，何云章攻陷塔子山营垒，朱兴隆逃窜。

1865 年 1 月（同治三年十二月），王德榜驰抵连城，会商刘典属下将领黄有功、张福斋等人，自连城进兵。14 日，李世贤率军出东、北两门，分四路向瑞香亭、北溪等地的清军堡垒进攻，但被高连升、黄少春等击败。于是，李世贤又率军改向长泰县进攻，激战两天后退回漳州。23 日，刘典、王德榜派兵攻破涂坊。25 日，粤军方曜会同闽军守备李仰山等进攻永定县，次日太平军撤退，永定告克。

2 月，李世贤数次率军与高连升、黄少春军交锋，但都失利，于是不再主动出击，只是坚守漳州城和东北、北路的领地。15 日，黄呈忠率太平军进攻漳浦，次日攻克县城。李世贤本来计划敦促汪海洋移驻龙岩，抽出龙岩守军会同丁太阳、林正扬的部队攻打泉州府的安溪县，并调太平军入漳州，原漳州守军则进攻长泰，扰乱清军在泉州的部署，截断高连升、黄少春两军的饷道，从而谋取福州。不料这一计划被泄露了。高连升急忙调派两营兵力驻守长泰，并知会黄少春凭河而守。汪海洋前往龙岩的道路被阻断，龙岩的太平军陷入孤立无援的境地。2 月 17 日，刘典派军进逼汪海洋的大营，汪海洋固守不出。次日，陆顺德等率太平军出龙岩州城，被康国器率军击败。接着，康国器乘胜进攻龙岩州城，陆顺德等率众撤离，逃往漳平。李世贤与汪海洋的联络自此被切断。

在此情况下，左宗棠一面命刘明珍、刘端冕等部去加强漳州的兵力，断绝太平军进攻安溪之路；一面调刘清亮由浦城带3000人经福州出兴化，赶赴泉州、同安，以稳固高连升、黄少春的后路。

2月25日，李世贤率军出漳州，攻破曾玉明的丹州陆营，直趋镇门，击溃清军师船。高连升急率洋枪队及两营兵力驰援，在枪炮齐轰之下，太平军精锐损伤过半。李世贤被清军追捕，途中被迫乘民船逃回漳州。回到漳州后，李世贤念及太平军形势每况愈下，私下写信给厦门的英国领事馆，请求对方为他雇轮船出海。他将写好的信委托亲信陈金龙送到领事馆，谁知陈金龙混淆了领事馆与海关税务司。税务司官员不动声色地将信件内容抄录呈报给地方官府，陈金龙随即被逮捕并斩首。左宗棠将此事奏报朝廷，为海关税务司官员请赏。自此以后，英国、法国领事馆与左宗棠军队的关系更加密切，数次将搜缴的太平军枪械交给左宗棠。李世贤想借外国之力出海的计划再难实现。

2月28日，刘典、王德榜派兵截击汪海洋。3月1日夜，汪海洋主动放弃南阳，撤往上杭，在刘典、王德榜的追击下，汪海洋军大败，又退往永定。与此同时，刘明珍等人率军由漳平进入南路永福里，于3月1日攻破丁太阳坚守的太平军营垒，次日乘胜进攻，丁太阳败退。粤将方曜也率军与汪海洋等战于石碣，太平军再次失利。至此，汀州府全部被清军收回。

随后，汪海洋率军退往南靖、永定、龙岩交界的奎洋、苦竹、梅林等处；李世贤则坚守漳州，分兵驻守云霄厅等地，并在漳州东北一带添筑营垒，以图绕袭清军后路。这时，刘清亮率军驰抵江东桥，进驻北溪；黄少春率军进驻北尾桥；高连升则率军进驻好景山（今福建漳州市东50里），各军互相联络，对李世贤作包抄之势。从3月底到4月初，李世贤多次派兵出击，与清军交战，无一不败。

4月11日，李世贤见南靖援兵抵达，立即率大军出城合击。当时李鸿章派出的苏军十个营正好由福建陆路提督郭松林率领赶到，于是，左宗棠派出五个营与高连升合力迎击太平军；福州海关税务司的美理登也从厦门等地带来开花炮助战。在各路势力的猛烈进攻下，李世贤败退入城。

与此同时，龙岩一带的汪海洋也屡次遭到清军打击。4 月 9 日、10 日，王德榜、刘清亮的部队与太平军交战，攻占吴仓、乌溪及对岸营垒。刘典探知汪海洋所率太平军分别屯驻在奎洋、梅林等处后，命人带兵进军，汪海洋率部退守。

左宗棠分析形势认为，汪海洋可能会率部退往江西，李世贤则“志在入海”。彼时，江西已有近 2 万兵力把守，可以无忧。于是，他命水师严守诏安的铜山、漳浦的碴口，并派李鸿章援助的杨鼎勋一军驻守石码（今福建龙海市石码镇）、海澄，以防李世贤南下漳浦。稍后，他又派福宁镇总兵刘明灯率五个营驰赴安溪、华峰司一带，以保障进攻漳州的各军后路。

5 月 4 日、5 日，刘典率军进攻梅林等地，汪海洋兵败，撤往广东大埔一带。与此同时，郭松林、杨鼎勋等军由南，王德榜、刘清亮等军由北，逼攻漳州。太平军再度失利。5 月 9 日，左宗棠从延平来到福州。

5 月 15 日，高连升见乌门与城东北楼内的营寨成掎角之势，认为若要攻克漳州，必先破楼内的营寨；若要取得楼内，必先破乌门的营垒。于是，他与刘清亮、王德榜、郭松林、杨鼎勋各军明确分工，多路并进。当天恰逢大风，清军顺风纵火，将太平军逼出城。高连升趁机率军入城，李世贤所部太平军拼死巷战，但激战多时仍无取胜希望，李世贤只得率残部从西门撤出，逃往南靖。至此，太平军在闽南的重要根据地漳州被清军收复。

5 月 16 日，南靖也被追击而至的王德榜军会同刘典军攻陷。李世贤只能继续向西撤走，王德榜则由南靖跟踪追击。次日，双方在羊城、林浦两度交战，李世贤部均失利，继续向平和退却。高连升、黄少春、刘清亮率军紧追不舍。眼见清军进逼平和城，李世贤只能绕城而走，结果连人带马坠于桥下，身负重伤；朱兴隆、陆顺德率城内守军自西门撤退，平和城被清军收复。同日，郭松林、杨鼎勋两军攻占漳浦，太平军四散逃逸。

另一方面，汪海洋自5月上旬败退广东后，不久又回军永定。5月14日，汪海洋分兵两路，一路进攻永定，一路围攻距永定35里的射猎凹。太平军奋战两个昼夜，攻克射猎凹，击毙清军总兵，清军8个营的兵力全军覆灭。左宗棠闻讯十分震惊，派刘典军会同康国器军驰援永定。康国器率军抵达湖雷（位于龙岩市永定区）后，汪海洋兵分七路进攻湖雷，但没有成功，次日再攻又告失败。5月21日，清军分3路进攻，汪海洋不敌，率部连夜向永定西北撤退。刘典命部下驰往会攻，刘明珍也率队赶来支援，与康国器军会合追击。这时，李世贤等的太平军援军也纷纷赶到，试图强渡永定河。5月26日，康国器派兵会同王开琳部大败李世贤军，降者达万余人，李世贤带伤连夜乘马逃脱，其军散亡略尽。次日，杨鼎勋等军分路追杀太平军，何春贵等率余部2万余人投降王开琳。陆顺德、林正扬率太平军残部撤入广东境内，于6月2日占领镇平县（今广东梅州市蕉岭县）。至此，闽南太平军只剩下汪海洋一军数万人还在上杭一带活动。

5月28日，左宗棠来到泉州，几天后又移至漳州，就近指挥各军作战。6月8日，高连升、黄少春带兵与汪海洋军大战，刘清亮也率军由湖雷赶到，汪海洋不敌，两天后败走武平。高连升等率军跟踪追击。汪海洋率军于6月14日折回下坝（今福建武平县下坝镇），随后进入广东边境。

1865年（同治四年）夏，福建全省被清军收复。左宗棠运筹帷幄，捷报频传，军众士气激越，锐不可当。在克复漳州时，左宗棠为彰扬自己率军入闽以来的军功，在漳州好景山的松关磨崖上留下书铭："率师徒，徂闽峤，犁山穴，截海徼，龙岩平，漳州复，寇乱息，皇心宁。"从中不难看出此时左宗棠之意气风发及对朝廷的报效之意。

福建境内的太平军被基本肃清后，左宗棠审时度势，开始进一步规划越境追剿事宜和战守全局。他下令康国器等率领5000余名粤勇进入广东，会同广东防军夹击太平军；又命王开琳率老湘营由汀州奔赴江西，防止太平军进入江西；并派刘典的部队由汀州西进南安，截断太平军从江西进入湖南的通路；留高连升、黄少春、刘清亮三军在武平休整，根据太平军的动向相机进取。同时，考虑到北方捻军势头正盛，直隶、山东军务吃紧，左宗棠奏请将李鸿章派来援闽的郭松林、杨鼎勋两军调回江苏，以备曾国藩、李鸿章调度使用。

6 月 11 日，陆顺德放弃镇平县，前往平远。15 日，汪海洋率大军再次占据镇平县。

李世贤自永定溃散之后，余部大多投奔汪海洋，但汪海洋的部队此时也是军心涣散，猜忌不断。为重整军威，7 月 5 日，汪海洋将李世贤的战败归咎于他的叔父李元茂，并将李元茂杀害。7 月 7 日，汪海洋率军进攻嘉应州①，康国器派军支援，汪海洋作战失利后退回镇平县。7 月 30 日，汪海洋会合李远继、李明成、何明亮等军及投奔前来的哗变“霆军”②，再次进攻清军。高连升、黄少春等以逸待劳，伺机反攻。汪海洋等不敌，退回镇平，在城外分筑营垒，为持续作战做准备。

正当左宗棠加紧部署围攻之际，太平军发生了内讧。李世贤在永定兵败后，剃发改装，逃匿山中，然后混迹于难民中，昼伏夜行，历尽周折，终于在 8 月 19 日逃至镇平。汪海洋将他迎入城中。李世贤的旧部见到他后，纷纷向他诉苦，说汪海洋疑忌暴虐，排斥异己。李世贤早就对汪海洋在永定之战中袖手旁观有所不满，听说他杀害了自己的叔父李元茂后，更是怒不可遏。汪海洋惊虑惶恐，担心李世贤要取而代之，便于 23 日夜派心腹将其刺杀，并杀其部将 5 人。此举导致太平军内部混乱不堪，军心更加涣散，失败已成定局。为了活命，不少太平军士兵向清军投诚。8 月 12 日，据守镇平的谭富率 1000 余人向广东布政使李福

---

① 嘉应州：今梅州市，含梅江区、梅县区、大埔县、丰顺县、五华县、平远县、蕉岭县、兴宁市（县级）二区一市五县的绝大部分地区。

② 1865 年（同治四年），“霆军”将领鲍超回四川养病，娄云庆统率万人赴闽增援左宗棠镇压太平军南方余部，宋国永率其余 8000 人北上出征陕甘，走至湖北金口因欠饷哗变，多名将领直接由江西南下投奔太平军。

泰投降，莫恩也率300余人降于康国器。8月28日，康国器兵分三路进攻镇平，胡永祥率太平军相拒，孰料手下有人叛变，以焚营为内应，导致胡永祥大败。

8月30日，汪海洋统军攻打平远县，战事失利。次日，援军到来，汪海洋再次发起攻势，又告失败。9月2日，汪海洋率军进攻镇平和嘉应州之间的程官埠（今蕉岭县高思程官铺），损兵折将。次日，胡永祥、何明亮等再攻程官埠，汪海洋则率兵进攻高思。康国器分军迎击，太平军大败，汪海洋负伤退回镇平，多日不出。

这时，左宗棠上奏朝廷，陈述自己的部署及目的：闽军自入粤以来，处处成尾追之势，就像捕鹿，终是处于被动。考虑到高连升的兵力较为单薄，他已派刘清亮率3000名将士与其合兵一处，且将康国器等人率领的5000名兵丁也统归高连升管理。其作战方向集中在粤东，根据太平军的行踪前进，是为追剿之师。另外，刘典已率军从江西会昌、安远移驻泉州南安，并令黄少春带兵由平远等地前去与刘典军接应，以此巩固江西的防守、扼制湖南关隘，避免太平军回向流窜，是为拦头之师。而在福建得胜的部队中，仅留王德榜的部队驻扎闽境，其余都派去追剿太平军。随后，左宗棠又详细部署，各军有条不紊地展开了追剿。

9月20日，粤军攻克长乐后留守驻扎。同日，高连升、黄少春率军进驻分水坳，汪海洋派军攻屯，次日又会同李远继、何明亮等兵分三路大举出击，计划突破重围，从武平进入江西。高连升、黄少春率军坚拒，汪海洋突围失败，不得不退回镇平。

9月28日，康国器率军急攻镇平县城。高连升、黄少春等军也破除了北路白泥湖的太平军营垒，兵临城下。康国器军由南门，高连升军由北门，黄少春军由东门，三方合力猛攻。汪海洋见战事紧急，率众自西门向平远撤退，镇平告克。

这时，江西巡抚孙长绂[1]上奏请求派重臣进驻粤境，节制闽、粤、赣三省军队，合力铲除太平军余部。10 月 2 日，清廷发布谕旨，指出汪海洋及其所率太平军一日不除，粤境一日不得安宁，并敦促左宗棠合三省兵力围逼夹攻，以图迅速歼灭之；命左宗棠督率高连升等军驰赴广东，调遣三省之军，相机合力攻剿。

左宗棠接到谕旨时已是 10 月 24 日，战局又发生了出乎他意料的波折。

原来，汪海洋率军退出镇平后，撤向平远县，探知清军正由长宁、下坝等地赶来，便避实就虚，折向大柘（今广东梅州市平远县大柘镇）。10 月 2 日，其尾部被清军追上，600 余名太平军投降。次日，汪海洋率大军来到兴宁县黄陂墟（今黄陂镇）一带，联络当地起义民众，设伏待敌。果然，高连升、康国器率军追至此地时中了埋伏，辎重军火均落入太平军之手，损失惨重。经此重挫，高、康两军只得就地休整。这时，粤军已攻陷长乐县城，距兴宁不过百里，但他们迁延观望，没有出兵襄助堵截。汪海洋趁机率领大军摆脱清军尾追，挺进江西南境。10 月 10 日，汪海洋的前队进入瑶田，从 12 日开始，接连三天进攻龙南县，未能得逞。17 日，再攻龙南县，两日未下，又南撤广东。

严防太平军余部西入江西，是左宗棠多次强调的方针，并在兵力上做了相应的部署，但粤军没有认真执行这一部署，以致计划被太平军打破。左宗棠在奏报朝廷时，对粤军的消极应战进行了强烈的谴责。他说，自收复镇平至追剿流窜的“逆贼”，闽军连续六个昼夜没有停止进军，却未曾听说粤军派出一兵一骑参与会剿。此次追踪紧迫，闽军长途奔袭，土匪又凶顽无比，致使末路穷途的“逆贼”余部得以趁机逃跑。粤军未克镇平时，没有会合闽军攻城；攻克镇平后，没有会合闽军追剿。他陈词痛彻愤慨，历数粤军在攻城进剿中的失职。清廷收到奏章

---

① 孙长绂（1823—1868）：字赤诚，号小山，湖北枣阳资山人。清朝官员，历江西布政使，再任巡抚，加头品顶戴，封太子少保。曾是曾国藩幕僚中的一品官员。

后，命他节制三省各军。此后，左宗棠镇压太平军余部的战事进入了最后阶段。

当太平军再次由江西南境折返广东时，左宗棠对兵力进行新的部署：刘典军由江西南康进驻广东南雄；高连升军由广东河源进驻长宁，扼制太平军进攻广东之路；黄少春军由赣州进驻信丰，防止太平军进入江西北境。太平军见前路已断，立即由连平翻山绕入平和、兴宁各境，直扑嘉应州。12 月 8 日，太平军攻据嘉应州城，福建震动。

左宗棠急令游击部队扼守永定，王德榜速率 2500 人由汀州驰往截击，又调黄少春军由江西信丰过安远，以扼守武平；他本人自率亲兵等出守平和琯溪，以保福建。此外，他还筹谋调集大军，围攻嘉应州城。

不久，各路大军陆续开至嘉应外围。左宗棠监督各军渐迫渐进，合围嘉应州城，打算利用这个机会调集三省兵力，一举歼灭太平军。1866 年 1 月（同治四年十一月），嘉应州城东路、东南、东北及北路长围之势渐成，专待鲍超及江西席宝田①等军进扼西北的相公亭和大坪两路，便可并进嘉应，四面锁围。

汪海洋见清军渐逼进扎，于 1 月 28 日率军由东出击，与刘典、高连升、黄少春、王德榜、康国器等军大战于塔子坳、指湖顶、佛子高、双板桥一带。汪海洋在激战中被子弹击中头部，气绝身亡。当夜，降清的太平军不可计数。这以后，“偕王”谭体元领导太平军继续战斗。清军趁机联营进扎，速合长围。谭体元派军进攻粤军和鲍超军，都没有成功。

左宗棠见时机成熟，下令各军统领速合锁围。谭体元见嘉应州城已不可守，便与诸将商议，准备从兴宁、平和撤往广西，但天将胡永祥坚持要从丰顺、潮州一带越过闽粤边界撤往皖南。谭体元无奈，于 2 月 7 日深夜下令开西南门，从黄沙嶂南撤。胡永祥当先开路，谭体元亲自断

---

① 席宝田（1829—1889）：字研芗，湖南东安人。清末湘军将领，累功官至布政使。曾被清廷诰授光禄大夫、头品顶戴，赏戴花翎，赏穿黄马褂，世袭骑都尉兼一云骑尉，追赠太子少保，紫光阁画像，誉为“中兴功臣”。

后。高连升、黄少春、刘清亮等闻讯，当夜率军从东门入城，太平军在江南的最后一个据点嘉应州城被攻陷。随后，高连升、王德榜、康国器、鲍超、刘典、黄少春相继率军追击太平军。

黄沙嶂是嘉应州南部的一处险隘，群峰峻削，道路盘旋曲折。太平军数万之众，仓促之间无法全部通过。刘典所派刘明灯、简桂林等部先行追上，击杀太平军尾队数百人。谭体元在黄沙嶂北受了枪伤，坠马落崖。太平军被高连升、刘清亮、鲍超等军追击，胡永祥率兵奔向北溪，被高连升军将生擒。2 月 8 日夜，王德榜一军追至北溪。这里四围都是高山，清军居高临下，控扼去路，高呼“弃械者免死”诱降。太平军首领曹玉科、杨世如、何玉清等部约 6 万人投降，丢弃的刀矛器械堆积如山。鲍超一军由黄沙嶂左路追至丰顺北溪白沙坝。何明亮、哗变“霆军”领袖黄矮子等率军抵抗，奋战两日，牺牲 8000 余人，余众 2 万余人被迫投降，何明亮、黄矮子等被斩首。康国器军尾追太平军至丰顺县，钟英、谭标、何昌胜等被俘。谭体元受伤坠马落崖后，于 3 月 7 日被黄少春盘获，解往左宗棠松口（今广东梅州市梅县区松口镇）大营。至此，太平军除赖文光①、邱远才②两部仍活动于江北，与捻军联合作战外，江南的太平军余部都被左宗棠尽行镇压。

黄沙嶂决战获胜后，左宗棠于 2 月 10 日从嘉应州城东折回松口，将降众分别办理。随后，他又向江西边境、惠州、嘉应等地部署派兵，巩固交战成果；命鲍超所部及闽军未收队者，继续搜剿太平军残部。

3 月 10 日，眼见局势稍定，左宗棠由潮州经兴化返回福州。为嘉奖左宗棠镇压太平军余部有功，清廷赏他戴双眼花翎，其余各军也有赏赐。

---

① 赖文光（1827—1868）：广西人，原籍广东嘉应州（今梅州市）。捻军统帅，太平天国将领，封“遵王”。天京陷落后，在江北与捻军张宗禹、任化邦等联合，被推为首领，沿用太平天国旗号。

② 邱远才（？—1868）：即邱朝贵，广西人。“英王”陈玉成麾下猛将，封“淮王”。

1863 年（同治二年），已被任命为闽浙总督的左宗棠率军攻取富阳城时遭到太平军的顽强抵抗，不得不依靠法国“常捷军”的火力协助。当时“常捷军”听命于法国人德克碑[①]，而德克碑又与左宗棠有密切关系。早在“常捷军”协助清军平定萧山、德克碑被清廷授以总兵之权后，法方就势提出要另外招募 1000 人壮大队伍，但被左宗棠严词拒绝。而后，德克碑通过胡光墉[②]在严州拜谒了左宗棠。会面时，左宗棠以总督身份接见德克碑，并明令晓谕他既然已接受清廷授予的总兵一职，就应遵守下级官员拜见上峰的礼仪。此外，左宗棠还再次重申对添募人员一事的反对态度，并允许留 1500 名“常捷军”暂时驻守萧山，以待军令。德克碑拜服于左宗棠正直不屈、凛然大气、不怒自威的风范，当即表示愿自立条约，受左宗棠节制，誓死效力清廷。此后，德克碑改穿中国服装，剃去两鬓髭髯，对左宗棠越发恭顺。待左宗棠率军克复富阳、杭州、湖州等地时，“常捷军”均积极响应协助。

在闽浙总督任上，左宗棠除了追剿太平军以外，还剿除匪患、赈济抚恤、整顿吏治、改革厘税、敬教劝学，尽可能将浙江、福建从“糜烂”之局中拯救出来。他目光长远，认识到江南地区人民的反抗是由政治腐败、经济凋敝造成的，因此格外注重改善这几个方面。

自 1864 年（同治三年）冬至 1865 年（同治四年）出师福建扫荡太平军以来，左宗棠每到一处，都十分关注当地的社会治安情况。当时，福建省内如泉州、漳州、兴化等地长期为乌白旗、红白旗、小刀会、千刀会等会党所扰，这些会党不仅侵犯百姓，还经常与太平军勾结，对抗清军。而闽浙海面上则海盗横行，他们不畏国法、凶顽成性、肆意劫掠，渔民、商户深受其害却无力反抗。左宗棠在忙于部署战局的同时，还分派兵勇于各地搜剿会党、海盗，一旦捉拿，严惩不贷。待太

---

① 德克碑（1831—1875）：法国人，曾任“常捷军”头目。官至浙江总兵，授提督衔。“常捷军”解散后，在福州船政局任副监督。后赴陕西、甘肃协助左宗棠镇压回民起义。

② 胡光墉（1823—1885）：即胡雪岩。出生于安徽绩溪，13 岁时移居浙江杭州。中国近代著名红顶商人，徽商代表人物，与左宗棠相交二十余年。

平军在福建境内覆灭之时，土匪、海盗也销声匿迹，民间不再受其搅扰，百姓重归宁静，对左宗棠此举无不感恩戴德。

1864 年（同治三年）攻下杭州后，左宗棠会同蒋益澧等人全面规划赈抚工作，包括：派人设立赈抚局，负责收养难民、掩埋尸首；招商开市；为百姓提供种籽、牛食等，恢复生产；修葺城垣衙署，以工代赈；设立清赋局，招百姓开垦荒地并免减粮税……通过采用多种措施减轻浙江百姓负担，让经历了战乱流离的百姓能够休养生息，保证地方安宁。1865 年（同治四年），左宗棠捐出 8000 两养廉银[①]协助解决福建粮荒问题。此外，他还公布“治闽六禁”，具体是“一禁抗官拒捕，二禁徇庇匪盗，三禁拜会结党，四禁主唆械斗，五禁开场诱赌，六禁抗粮”。这些举措，有助于历经战乱的州城府县尽快恢复元气，保障社会安稳。

1865 年（同治四年）春，左宗棠上奏陈述福建“吏治军政，因循粉饰已久”的困敝情形：“问守令，则朴干者难得数人；察局员，则练达者未能指数”，官府内踏实办事、业务熟练的官员屈指可数；“捐生买票上兑，明符例价，暗得便宜。入仕之始，即怀苟利之心，取息稍丰，又为捐升之本。……其作官俨若经商，其视官一如传舍”，官员晋升多是明码标价，权钱勾结现象严重；“官员不知教养为何事，治本之策已亡；官司不知刑政为何事，治标之策复失”，官员不为百姓谋事，整体水平堪忧。

针对福建军政的种种问题，左宗棠认为归根结底是由贫困引起，故而提出“治闽之要，首在理财；理财之要，在于修明政事”，而“欲修明政事，则必先求治事之才”。为了“求治事之才”，他一方面向朝廷请调周开锡、吴大廷[②]等人入闽，一方面严惩贪官污吏，先后惩办了周

---

① 养廉银：清朝特有的官员俸禄制度，创自 1723 年（雍正元年）。该制度的本意是想借高薪鼓励、培养官员的廉洁习性，避免发生贪污之事，因此名为“养廉”。一般来说，养廉银通常为本薪的 10 ~ 100 倍。

② 吴大廷（1824—1877）：字桐云，湖南沅陵人。清朝官员，先后追随胡林翼、曾国藩、李续宜、左宗棠，曾劝阻胡林翼在临终前弹劾胜保。1866 年（同治五年）奉旨担任按察使衔分巡台湾兵备道，为台湾清治时期的地方统治者，在官能兴利除弊，卒赠太仆寺卿。

式濂、周大健、张铨庆、周揆源等庸才贪吏。

在总督闽浙期间，左宗棠还果断剔除两地的钱粮积弊，裁除各衙门的陋规，为治下的百姓“减负”。1863 年（同治二年），他奏请核减浙东属地的南米浮收；1864 年（同治三年），他奏请革除绍兴地区的一切摊捐及陋规，并核减杭州、湖州等地浮粮；1866 年（同治五年），清理福建“全省赋额，定多寡之程，勒石昭示”，核减全省苛捐杂税，使民困逐步缓解，并开设蚕棉馆，谕令各州县增加储备，以备荒年之需。

左宗棠早年当过多年塾师，对文化事业较为重视，他在巡抚浙江、总督闽浙时，目睹了太平军对儒家道统、文化典籍的毁灭性打击，决定设书局刊刻经典，以求恢复、延续经典一脉。其中影响较大的，在浙江是刊刻了“六经”，在福建是刊刻了《正谊堂全书》。他还在福建漳州芝山书院、福州正谊书院留下联句，足见他对文教的重视。

经始问何年，果然逃墨归儒，天使梵王纳士
筹边曾此地，恰好修文偃武，我从漳海班师

（福建漳州芝山书院联）

青眼高歌，异日应多天下士
华阴回首，当年共读古人书

（福州正谊书院联）

在镇压太平军的四年间，左宗棠从浙江转战福建、广东，扼制了太平军在南方的发展。在帮办浙江军务、任浙江巡抚时，他受曾国藩节制，所率楚军为湘军的偏师。他率军入浙后，开辟了镇压太平天国起义的新战场，牵制并消灭了太平军的一大部分兵力，有力配合了湘军围攻天京的军事行动。攻陷杭州、收复浙江全境，无论是在战略还是稳定军心上，都为湘军攻陷天京、剿灭太平天国起义注入了强心剂。就任闽浙总督后，左宗棠不再受曾国藩管制，独立承担了追剿太平军余部的任务，经过约一年半的迂回追踪、激烈战斗，肃清了以李世贤、汪海洋为首的太平军残余势力。其间发生大小战斗上百次，虽各有胜负，但清军胜多败少，极大地显示出左宗棠作为军事统帅的杰出才能。

洪秀全自 1850 年（道光三十年）在广西金田村起事以来，太平军发展迅疾，连克清军进攻，并数次将曾国藩及其率领的湘军逼入绝境，不可谓不猛。左宗棠 1852 年（咸丰二年）出山，先后入湖南巡抚张亮基、骆秉章幕府，与太平军周旋。起初受限于幕僚身份，他只能在背后出谋划策，为张亮基、骆秉章、江忠源、曾国藩等人建言。后来凭借过人的谋略及他人举荐，从幕后脱颖而出，开始帮办浙江军务，奔赴前线与太平军角逐。十余年的时间，太平军由强到盛继而转衰，直到最后结束于左宗棠之手。为此，刘长佑评价左宗棠为“中兴戡定之功，惟我公发其谋于始，而要其成于终”。

第五章　兴办洋务，自谋船政

南方的太平军余部基本被肃清后，左宗棠并没有得意忘形。一件悬系已久的心事重现在他的脑海中：如果西方列强再度来犯，其攻势将远在太平军之上，国内战乱已久，经济凋敝、民不聊生，如何才能提高清军抵御外侮的作战能力呢？在他看来，英法等国依恃其船坚炮利侵略中国，清廷要想摆脱被动挨打的局面，必须有坚船利炮。自鸦片战争后，他的这一想法日益强烈，如今全闽克复，机会成熟，他决定将自己的施政重心转移到兴办洋务上。

力倡设厂造船

1839 年（道光十九年），林则徐作为钦差大臣前往广州禁烟，并在虎门集中销毁鸦片。次年，英国以此为借口悍然发动鸦片战争。一支约 4000 人的军队跨洋过海，凭借坚船利炮令 80 万清兵心惊胆战，这一悬殊震惊全国。1842 年（道光二十二年），英军攻到南京城下，清廷被迫向英国求和，签订了割地赔款的《南京条约》。

鸦片战争的惨重失败，暴露了中国封建社会的落后和清王朝的腐朽，也促使一部分有识之士开始“睁眼看世界”，寻求救国出路。林则徐、魏源等人提出“师夷长技以制夷”的主张，并刊刻《四洲志》《海国图志》等书，旨在开国人之智，但在当时并未引起足够重视，仅在小范围内得到有识之士的认可和推崇。

1856 年（咸丰六年），第二次鸦片战争爆发。英法联军又一次用炮火轰开了大清帝国的国门，并在中国横行肆虐、为所欲为，此时的清廷才深刻感受到“有海无防”的酸楚和毫无还击之力的屈辱。这次战败极大地震撼了清朝统治阶级和整个中国社会。思想先进的有志之士主张因时变通，采取顺应世变的办法。他们认为，天下事穷则变，变则通，中国不能再闭门不纳，否则只能束手就擒、任人凌辱。冯桂芬[1]在《校邠庐抗议·制洋器议》中说，鸦片战争是“有天地开辟以来未有之奇愤，凡有心知血气，莫不冲冠发上指者，则今日之以广运万里地球中第一大国而受制于小夷也”。他称颂林则徐和魏源提出的“师夷长技以制夷”，主张采西学、制洋器，“以中国之伦常名教为原本，辅以诸国富强之术”，这一指导思想也就是后来广泛流传的“中学为体，西学为用”。在“中体西用”思想的指导下，他认为，只要能“自造、自修、自用”洋器，就可以实现自强，如此，中华民族才能脱离“人为刀俎，我为鱼肉”的不利处境。

1860 年（咸丰十年）12 月，曾国藩在奏折中提到，目前借外国力量助剿、运粮，可减少眼前忧虑；将来学习外国技艺，造炮制船，则可得到永久好处。1862 年（同治元年），李鸿章剿灭上海地区的太平军时，得到外国帮助，之后开始训练洋炮队，设洋炮局。他认为，清军作战人数是外敌的数倍却不能取胜，原因正在于武器落后、枪炮破旧，如能使火器与西洋同等，不仅能够平定内乱，还能抵御外来侵略。

朝廷中，恭亲王奕䜣也支持向外国学习先进技术，他在奏折中说，治国要做到自强，自强以练兵为要，练兵又以制器为先，“我能自强，可以彼此相安”。但也有一部分守旧派人士认为治国的根本在于“尚礼

---

[1] 冯桂芬（1809—1874）：字林一，号景亭，吴县（今属江苏苏州）人，曾师从林则徐。咸丰初年在籍办团练，同治初年入李鸿章幕府，少工骈文，中年后尤重经世致用之学。在上海设广方言馆，培养西学人才。作为改良主义的先驱人物，他最早表达了洋务运动“中体西用”的指导思想。

义不尚权谋”“在人心不在技艺”，在他们看来，“欲求制胜，必求之忠信之人；欲谋自强，必谋之礼义之士”，所谓先进技术，不过是西方的奇技淫巧，不足学之。针对此观点，左宗棠在奏折中对比了中西方文化，将其差异归纳为“中国之睿智运于虚，外国之聪明寄于实。中国以义理为本，艺事为末；外国以艺事为重，义理为轻”。他主张取外国之长补我国之短，但这些提醒并未引起清廷的足够重视，直到太平军的攻势愈加猛烈，官军失去招架之力，慌张向外国购买枪炮后，清廷才意识到兴办洋务的必要性。

1861年（咸丰十一年）年底，太平军攻占宁波、杭州等地，上海岌岌可危。1862年（同治元年），太平军进攻上海。清廷侦察获悉太平军将汇银50万两向美国购买船炮，朝野上下异常震惊。海关代理总税务司、英国人赫德[①]趁机警告清廷说，如果不抓紧购置枪炮，待太平军到达上海用抢先购得的外国枪炮对抗官军时，清廷将无力回天。为了消灭太平军，清廷忙下令筹措购舰款项，限期建成以外国技术武装起来的舰队。

正是在内外因素的交互作用下，清廷中枢的奕䜣、文祥[②]等人和地方督抚中的曾国藩、左宗棠、李鸿章等洋务派，以“自强”“求富”的名义，“采西学”“制洋器”，展开了历时三十多年的洋务运动。当时的洋务派普遍认为，船坚炮利是战争胜败的关键，也是国家强弱的象征。因此，洋务运动的出发点是军事的现代化。

自1861年曾国藩在安庆设立内军械所制造洋枪洋炮以来，洋务派先后创办了江南制造局、福州船政局、轮船招商局、开平矿务局等一批军工企业。这些军工企业引进先进的生产工具，生产各种新式武器，包

---

① 赫德（1835—1911）：英国政治家，担任晚清海关总税务司达半个世纪之久（1861—1911年），在任内创建了税收、统计、浚港、检疫等一整套严格的海关管理制度。他主持的海关还创建了中国的现代邮政系统。

② 文祥（1818—1876）：字博川，号文山，瓜尔佳氏，满洲正红旗人，世居盛京（今辽宁沈阳），晚清名臣，“洋务运动”的主要参与者和领导人之一。历仕道光、咸丰、同治、光绪四朝，“辛酉政变”后受重用，长期担任军机大臣及总理衙门大臣，官至武英殿大学士。

括舰船，用以取代清军传统的弓、枪、刀、箭等武器，使军队朝近代化方向转变。

作为洋务运动的代表人物之一，左宗棠办洋务是从造船开始的。早在第一次鸦片战争爆发时，他就密切关注战局发展，考览以往的海防记载，筹议海防持久之策，把建造炮船、火船作为制敌要策之一。此后，造船一直是他考虑的重要课题，到第二次鸦片战争特别是镇压太平天国起义后，他的这一想法由酝酿逐步进入实践阶段。

1862 年（同治元年）年初，左宗棠领兵入浙，曾借用外国轮船击败太平军，这次经验让他直接感受到了轮船的便利。次年 3 月，他在上书总理衙门时提出了“将来经费有出，当图仿制轮船，庶为海疆长久之计”的主张。

1864 年（同治三年），左宗棠第一次目睹行驶中的外国轮船，当时他正在浙江湖州与太平军作战。看着喷吐浓烟、两轮击水、行驶如飞的外国轮船，他心里很不是滋味。此刻，他眼中的外国轮船好比骏马，而中国的旧式木船则是毛驴，两相比较，高下立判。同年，他在杭州找到一个 60 多岁的工匠，依照宁波船的样式试制了一艘蒸汽船，并于 10 月 16 日在西湖试航。他请来洋人日意格等观看，并询问他们的意见。这次试航虽然未能成功，但从洋人的分析中，他依然感到几分欣慰，坚信中国人有能力造出自己的轮船军舰。这次轮船试航，是左宗棠将造船抵抗外来侵略的思想变为实际行动的一次有益尝试，也是他从事洋务运动、在福州设厂造船的前奏。

此时，左宗棠胸中已经有了一个近代造船业的初步设想。他先后与法国“常捷军”统领德克碑和日意格商谈此事，他们认为左宗棠试造之船在样式上大致不差，只是轮机须从西洋购买，才能行驶轻快。随后，他们向左宗棠展示了法国制船图册，左宗棠看后邀请他们代为监造，将西洋的制造方法传入中国。

1865 年 1 月（同治三年十二月），德克碑奉左宗棠之命回法国购买机器，寻觅技工。恰逢此时太平军余部转入福建漳州，左宗棠奉命督剿，此事只能暂时缓办。2 月，左宗棠在上书总理衙门时谈到自强说，“除修明政事、精练兵勇外，必应仿造轮船”，这样才能“夺彼族之所恃”。他将造船视为自强御侮、摆脱卑躬屈膝劣势的重要手段。他在给宁绍台道史致谔的信中说：“轮舟为海战利器，岛人每以此傲我。将来必须仿制，为防洋缉盗之用。中土智慧，岂逊西人。如果留心仿造，自然愈推愈精。……十年之后，彼人所恃以傲我者，我亦有以应之矣。”而且他还提到了自己的仿制思路：“欲仿制，必先买其船，访得覃思研求之人，一一拆看摹拟。既成，雇洋将驾驶而以华人试学之，乃可冀其有成。”但当时清廷把镇压太平天国起义作为首要任务，他只能在“闽省一律肃清后，方可渐次办理”。

1866 年（同治五年）春，在基本肃清南方的太平军余部后，左宗棠将精力转移到另外两件事情上，一是创设船政局，二是整顿台湾军政。早先萦绕脑中的设厂造船再次成为左宗棠考虑的主要问题。2 月，他在给蒋益澧的一封回信中说：“试造轮船一事，必当合力为之。”这时，德克碑已经从法国购机觅匠回来，将与日意格拟议的造船计划转交左宗棠。但左宗棠认为这个计划尚有多处不明晰的地方，未予同意。

同年 6 月，英国驻上海领事阿礼国试图说服清廷雇用外国轮船缉拿海盗，总理衙门委托李鸿章酌筹购买或先行雇觅。左宗棠力主“借不如雇，雇不如买，买不如自造”，随即向朝廷上《拟购机器雇洋匠试造轮船先陈大概情形折》，详陈利弊：“自海上用兵以来，泰西各国火轮兵船直达天津，藩篱竟成虚设……洋船准载北货行销各口，北地货价腾贵。江浙大商以海船为业者，往北置货，价本愈增，比及回南，费重行迟，不能减价以敌洋商。日久消耗愈甚，不惟亏折资本，浸至歇其旧业。……富商变为窭人，游手驱为人役。并恐海船搁朽，目前江浙海运即有无船之虑，而漕政益难措手。是非设局急造轮船不为功。”左宗棠在这段中详述了外国轮船对沿海地区经济的负面影响，尤其对本土经济及从商人员的重大打击。他还说“轮船成，则漕政兴，军政举，商民之困纾，海关之税旺。一时之费，数世之利也”，直言自造轮船对中国漕运、军政、关税、民间经济等多方面的促进作用。

就在这时，英国驻华公使馆参赞威妥玛[1]与海关总税务司赫德向清廷建议“中国自强，当广求新法于外洋，轮船器械以购雇为便”。清廷将二人提交的《局外旁观论》与《新议略论》抄送各地督抚，令他们就其中提出的“中国文治、武备、财用等事之利弊，并借用外国铸钱、造船、军火、兵法”等建议措施“详慎筹划，不可稍涉疏略”。在这场讨论中，曾国藩、李鸿章、左宗棠等人都清醒地意识到威妥玛和赫德企图以此向中国进行资本输出，扩大在华势力，达到进一步侵略的目的。

6 月 25 日，左宗棠在《复陈洋务事宜折》中指出赫德和威妥玛的建议不仅充满对朝廷的傲慢，还唯利是图，于朝廷无益。他分析了英国人的意图及当时中国面临的严峻形势：“道光十九年海上事起，适火轮兵船已成，英吉利遂用以入犯。厥后寻衅生端，逞其狂悖，瞰我寇事方殷，未遑远略，遂敢大肆猖獗。”待到第二次鸦片战争爆发，外国侵略者贪得无厌的丑恶面目暴露无遗，他们在中国大肆侵吞资源，欲壑难填，“借端要挟，恐所难免；如有决裂，则彼己之形所宜审也。陆地之战，彼之所长皆我所长，有其过之无弗及也。若纵横海上，彼有轮船，我方无之，形无与格，势无与禁，将若之何?”左宗棠认为，论陆战，清军与外国军队不相上下，甚至有过之而无不及；但若论海战，则因为清军无此建制、没有军备而落于人后，难免有落后挨打的危险。针对这一问题，他更倾向于自建自强，即“习造轮船，兼习驾驶”，这是最好的解决办法。

对于如何“习造轮船，兼习驾驶”，左宗棠在早先上呈的《拟购机器雇洋匠试造轮船先陈大概情形折》中已详细说明，其中不仅罗列了建造船厂可能面临的诸多问题，还逐一提出解决方案。在他看来，建船厂造船主要面临七个问题：“一则船厂择地之难也；一则轮船机器购觅之

---

① 威妥玛（1818—1895）：英国外交官、著名汉学家，在中国生活四十余年，曾发明用罗马字母标注汉语的发音系统——威妥玛注音，回到英国后在剑桥大学讲授汉学。

难也；一则外国师匠要约之难也；一则筹集巨款之难也；一则中国之人不习管驾，船成仍须雇用洋人之难也；一则轮船既成，煤炭薪工需费不赀，月需支给，又时须修造之难也；一则非常之举，谤议易兴，创议者一人，任事者一人，旁观者一人，事败垂成，公私均害之难也。”

针对“船厂择地之难”，左宗棠根据洋人的议论和自己的实地考察，建议选在“福建海口罗星塔[①]一带，开槽浚渠，水清土实”，此处优越的地理条件“为粤、浙、江苏所无”。就“轮船机器购觅之难”，他建议先仔细拆解外国轮船机器，了解其原理构造，然后由外国工匠以机器制造机器，积少成多。造成一件轮机，就造成一艘轮船，有了第一艘轮船，便可训练一船的水兵，长此以往，五年后便能在沿海各省布置自造的轮船。但万事开头难，如果一开始难以分辨机器好坏，可以委托洋人购买，“宽给其值，但求其良，则亦非不可必得”。

要解决“外国师匠要约之难”，左宗棠认为雇用外国工匠时可以先与其订立条约，确定薪酬。入厂后，挑选年轻的本国工匠随同学习，“其性慧夙有巧思者，无论官绅士庶，一体入局讲习；拙者、惰者，随时更补”。对于尽心教授技术的外国师匠，可将薪酬全部交付；有藏匿技术不传授者，则罚扣薪俸。

要解决“筹集巨款之难”，左宗棠提出款项先由福建海关支应，不够再从税收中提取。他认为“创始两年，成船少而费极多。迨三、四、五年，则工以熟而速，成船多而费亦渐减。通计五年所费，不过三百余万两”，且他已与浙江巡抚马新贻、新授广东巡抚蒋益澧达成共识，认为“此为必不容缓，愿凑集巨款，以观其成”。

针对“中国之人不习管驾，船成仍须雇用洋人之难”，左宗棠认为在与外国定议雇聘造船人员时，就要先与他们订明“教习造船即兼教习驾驶，船成即令随同出洋，周历各海口”。同时采取不拘一格的用人选

---

① 罗星塔：位于福建福州市马尾区南部的闽江之滨，是国际公认的航标、闽江门户标志，有“中国塔”之誉。

拔办法，只要精通驾驶，无论其出身如何，即授以武职，让他领导水师。如此，“则材技之士争起赴之，将来讲习益精，水师人材固不可胜用矣”。此外，还可以征用江浙等地粗通管驾轮船之人，将其选调入局，船成后即令其管驾，得力更速。

要解决轮船造成后“煤炭薪工”“修造之难”的问题，左宗棠认为可以将新造的轮船用于漕运，完成漕运任务后“听受商雇”，赚取运输费用，以抵修造耗费之资。海疆上设立警备，遇到海盗偷袭，通知轮船前去处置。在工作衔接和分派上，各司其职，轮船要定期进行演习，使水兵“服习风涛，长其筋力，深其阅历”，防止恶劳好逸的不良风气。

至于“修造之难”的解决办法，左宗棠倾向以变通、务实为主，考虑到轮船“废搁不用则朽钝堪虞”的问题，“船成之后，不妨装载商货，借以捕盗而护商，兼可习劳而集费”，可谓一举数得，其中对当时的清廷而言最重要的应是“岁修经费无俟别筹”，解决了巨额维护费用。

最后一个问题，也是令左宗棠最为难的一个问题——“非常之举，谤议易兴……事败垂成，公私均害之难”，他的观点足以证明其深谋远虑及为长治久安计的一片苦心。他非常清楚因建造船厂而引来朝中官员犹疑、毁谤是无可避免的，但人无远虑，必有近忧，他建议朝廷放眼留意西洋各国、俄罗斯、美国，甚至日本对轮船的态度。国内连年战乱使清廷无暇远顾国际形势，导致形成这些国家“彼此同以大海为利，彼有所挟，我独无之”的不利局面。处此劣势之下，左宗棠认为朝廷应坚守原则，即“谓我之长不如外国，借外国导其先，可也；谓我之长不如外国，让外国擅其能，不可也”，可以借助外国之力增长中国技术，但如果外国掌握了主动权，擅自行事，则万万不能接受。至于清廷顾虑的“糜费之多”一事，左宗棠认为“天下事，始有所损者，终必有所益。轮船成，则漕政兴，军政举，商民之困纾，海关之税旺，一时之费，数世之利也”。通过对比阐述，他重申了从长远角度看自造船厂对国家的利害。他的这番言论，也为建立中国近代造船工业和海军奠定了基础。

从这份奏章可知，左宗棠秉持儒家经世致用的传统，逢山开路，遇水叠桥，尽心为国家出谋划策，使之能早日摆脱泥潭。他始终坚信“中土智慧，岂逊西人”，鼓励朝廷要以自强不息的意志、不卑不亢的姿态学习西方先进技术。这份奏章是他多年造船御侮思想的结晶，是最近几年筹划设厂造船的重要成果，是驳斥赫德和威妥玛议略、阐述借新法自强主张的具体化，也是我国第一个近代造船企业的重要历史文献。

左宗棠这份奏折符合清廷自强御侮的要求，加上支持洋务的恭亲王、曾国藩等人也主张建设海军，所以设厂造船的提议很快得到了慈禧太后的首肯。20 天后，即 7 月 14 日，清廷正式批准了左宗棠设厂造船的建议，并在谕旨中明确“中国自强之道，全在振奋精神，破除耳目近习，讲求利用实际。该督现拟于闽省择地设厂，购置机器，募雇洋匠，试造火轮船只，实系当今应办急务”。

当时许多西方人称赞此事，国内的有识之士也纷纷给予肯定，“自海上用兵以来，唯此举为是”。至此，左宗棠奏请创办的中国最早的近代造船企业应运而生——福州船政局。

创办福州船政局

尽管在福州创办船政局的计划得到了批准，但要实现它并非易事，毕竟万事开头难。左宗棠首先做的是为设厂造船争取资金支持。在 6 月 25 日上奏的《拟购机器雇洋匠试造轮船先陈大概情形折》中，他提出酌提福建海关税收，再以福建税金补其缺额。清廷同意了他的请求。经费有了着落后，左宗棠便请日意格、德克碑赶来福州，开始制订具体的建厂造船计划。

选址是建船厂的首要大事。理论上，船厂应邻近良好的港口，既要交通方便，易于供给，又要形势险要，易于防守。通过查看地图、询访部属，左宗棠已心中有数。8 月 19 日，他和日意格从福州出发，通过实地勘察，最后选定马尾为厂址。马尾距福州东南 20 公里，在罗星山北 15 公里，是福州府辖下闽侯县一块依山临水的平地。闽江经过此处入海，距入海口仅 40 公里，江面宽阔，水流量大，万吨火轮可溯江而上，沿途多岛屿滩头，险阻重布，江阔水深，形势险要。此地既可建船厂，又可造船坞；且中间港汊旁通，重山环抱，层层锁钥。当潮水上涨，海口以上岛屿皆浮；潮水退后，洲渚礁沙萦回毕露，成为沿江和省城的天然屏障。加上这里离省城不远，便于就近管理，还能得到福建、台湾的煤炭供应，因此成为左宗棠心中的第一选择。

此前商议建造船厂时，蒋益澧曾向左宗棠推荐马尾，说罗星塔一带地面宽阔，水清上实，开漕筑渠，易于集事，广东、浙江等省都找不出这样的有利地形。经多方考察验证，左宗棠最终决定在马尾建厂。

选好了厂址，下一步便是购买应需器材、设立管理机构、确定人事安排、招募学员等。左宗棠先与日意格等人估计预算，并筹措了白银 13.3 万余两，供订货之用。由于中国当时缺乏兴建近代船厂的技术力量和设备，左宗棠在人事安排上不得不倚重外国人。他根据自己以往与外国人打交道的经验，认为法国人相对可靠，加上日意格、德克碑两人在法国的职业分别是轮船驾驶与造船，因而左宗棠延请他们两人担任船厂的正副监督。此后，左宗棠与日意格就制造、购器、雇匠、驾驶、经费和进程等一系列问题，“由粗而精，由暂而久，尽轮船之长，并通制器之利”，做了多次详细、周密的研究，拟订出具体计划。

他亲自与日意格等人签订合同，明确规定所聘外国员工的权利和义务，要求日意格等人必须服从中方船政大臣的领导，负责从外国采购设备、招募技工，并维护和管理这些设备、技工，切实保证五年之内能让中国工人自己造船。

10 月初，德克碑来到福州，对日意格订立的合同没有异议。当月下旬，他与日意格及中方人员一起到上海拜会法国驻上海总领事，以便取得法国政府的认可。然而，法国政府因内部意见不一致，且面临英国重压，不愿承担风险，因而态度暧昧，既不公开拒绝，也不应允所求，只是说：“想此受托承办之事，如同交易之常情，本国亦不能过问，更无允许保全之条例。”而英国海关总税务局赫德因无法插手船政局之事，挑唆下属、福州税务司美理登散布流言，指责日意格将法国卷入一个有风险的计划中，致使法国方面产生了船厂的冒险会给法国带来麻烦的担忧。日意格为此据理力争，不仅争取到法国海军的理解和支持，还直接上书法国皇帝拿破仑三世，得到皇帝接见，当面说明情况。经过一系列的活动，法国政府改变了对中国办船厂的态度，同意日意格以官方身份参与福州船政局的工作，准予派遣技术人员及出口机器设备。尽管日意格的这些努力是站在维护法国利益的立场上，但从客观上也为新兴的中国造船工业争取到必不可少的外部技术支持。

面对外部的重重阻力，左宗棠坚持推进船政局的建设。10 月 6 日，他接到总理衙门发来的信函，敦促他“无论若何为难，总期志在必信，行则必成”，并说法国既然认为中国建造船厂是冒险之举，中国就更应该极力谋求此事，不能因为外国稍有阻挠就灰心丧气，要“熟商办法，安定常章，并严其考察，课其成功”，这样才能功归实用，不至于白白浪费饷银。可见外国势力的阻挠反而坚定了清廷设厂造船的决心。

10 月 14 日，正当左宗棠为船厂的人事问题反复思虑时，突然接到朝廷的谕令，调任他为陕甘总督，并催促他迅速赴任。船厂刚刚起步，自己却要离开福州，这使左宗棠为船厂的命运担忧起来。他在书信中写道：“西行万里，别无系恋，惟此事未成，又恐此时不能终局，至为焦急耳。”福建官绅各界得知这一消息后，更是惶惶然，认为“创作轮船一事，关系甚巨，非常之功，非他人任”，假如将福州船政局委以他人，极有可能出现“非其人则费不能支而事终于废”的后果，导致“四裔所笑，天下寒心”。因此，谁来接管船政局成为关系设厂造船成败的大事。

左宗棠亦深感兹事体大，在随后的奏折中表达了自己决不半途而废、因离任而影响设厂造船的计划。他在奏折里对船政局的继任者做了几种设想：一是能否由将军、督抚兼管，但他们事务繁多，五年以内通常会有迁移之事，人员交替之际难免出现意外，因此兼管并非良策；二是“请派京员来闽总理船政，以便久司其事，现则请派京员已迫不及待”，远水不解近渴；三是请派原江西巡抚沈葆桢接任。他考虑再三，觉得最关键的是必须选荐一位思想开明、勇于任事的大员出任船政大臣，以完成自己的未竟之业。最后，他看中并举荐了沈葆桢。

沈葆桢是林则徐的女婿、外甥，也是洋务运动的支持者。1864 年（同治三年），他因丁母忧回到福建，在家不问政事。当时不少人视船政为畏途，“咸有戒心”，而且他守节孝，因此“以丁忧人员，不应与闻政事”的理由“具呈固辞”。为此，左宗棠三次登门拜访，晓之以大义，并以林则徐“师夷制夷”的主张加以劝服。沈葆桢最终同意接办船政，但“必须俟明年六月母丧服阕后始敢任事”。

在说服沈葆桢的这段时间，左宗棠密奏朝廷，对委派沈葆桢总理船政做了十分全面的论述，以打消朝廷的疑虑。首先，他强调人员交接的重要性，“轮船一事，势在必行，岂可以去闽在迩，忽为搁置；且设局制造，一切繁难事宜，均臣与洋员议定，若不趁臣在闽定局，不但头绪纷繁，接办之人无从咨访，且恐要约不明，后多民议，臣尤无可诿咎”。因此，他请求多留一个月，以便与洋人确定船政局之事，减少因工作交割造成的信息不全、任事不明等问题，同时加紧确定继任人员，物色务实能干的办事员。其次，他论述了沈葆桢作为理想人选的缘由：前江西巡抚沈葆桢“在官在籍，久负清望，为中外所仰。其虑事详审精密……又乡评素重，更可坚乐事赴功之心”，是个可以让朝廷倚重信任的大员。他还在奏折中提出沈葆桢总理船政局的具体建议，请朝廷“温谕沈葆桢，勉以大义，特命总理船政，由部颁发关防，凡事涉船政，由其专奏请旨，以防牵制；其经费一切，会商将军、督抚臣随时调取，责成署藩司周开锡不得稍有延误；一切工料及延洋匠、雇华工、开艺局，责成胡光墉一手经理”。从中可以看出，左宗棠请朝廷支持沈葆桢接任，并给予他一定的自主管理权限。

此外，左宗棠还留意物色人手，妥善安排闽浙总督任内的未尽事宜。一是秉持“朴谨能事”的原则，为沈葆桢总理船政局招揽了许多熟悉洋务之人，以备将来从旁协助。他评价胡光墉“才长心细，熟谙洋务，为船局断不可少之人，且为洋人所素信”。他还就“所知闽浙官绅中有裨船政人员”，向沈葆桢推荐，以供差遣，如叶文澜“好善急公，熟习洋务，遇有委办事件，均能妥实经理，为人敦朴可恃”；黄维煊“迭次委赴香港、厦门、上海、宁波及福州罗星塔等处测量沙水，访察洋务，并随同胡光墉与日意格、德克碑议拟章程，均能不辞劳瘁”；贝锦泉“向在江浙管带捕盗缉私各轮船，熟习直隶、山东、江苏、闽浙各洋面情形”“朴实勇敢，熟习洋务”；徐文渊“涉猎西洋图书，颇有巧思，现仿制洋炮百余尊，亦均合用”等。沈葆桢接任后，大致按照左宗棠的推荐起用了这些人才，组成船政局管理机构。二是从军事安全的角度，向朝廷举荐吴大廷为台湾道、刘明灯为台湾镇总兵。他在奏章中明确写道：“台湾远隔大洋，声气间隔……赖廉政明干之道员，时以洗冤泽物为心，严操守，勤访治，孜孜奉公，不敢暇逸，庶几惠泽下究，人心固结，乃收长治久安之效也。”而吴大廷、刘明灯二人“皆任事实心，必能绸缪未雨，为东南奠此岩疆”。

12 月 3 日，清廷同意左宗棠的建议，重申由沈葆桢担任船政大臣，并指令福建设厂造船一切应办事宜均由福州将军英桂①、左宗棠、继任闽浙总督吴棠②等与沈葆桢随时会商办理；沈葆桢丁忧结束前，遇有应行陈奏事件，由沈葆桢知会督抚代为具奏；一待服阕，仍着会同督抚联衔奏事，以重事权。

在这段时间里，左宗棠不仅忙于协调船政局的人事安排，还紧密关注设厂造船的计划。11 月 14 日，他在奏折中说：“制造轮船一事，大致已有头绪。”11 月 23 日，他将闽浙总督事务交卸后，出驻福州东门外行营，等候日意格、德克碑等人由上海返回。29 日，胡光墉和日意

① 英桂（1821—1879）：字香岩，赫舍里氏，满洲正蓝旗人。清朝大臣，历任福州将军、闽浙总督。

② 吴棠（1813—1876）：字仲宣，号棣华，安徽盱眙人。同治五年调任闽浙总督，对于刚起步的福州船政局持力反态度，任内借故参劾船政局的要员周开锡、叶文澜等人，使船政局人人自危，受到左宗棠和沈葆桢的批驳。

格、德克碑到达福州，带来经法国驻上海领事“印押担保”的船政事宜、艺局章程、保约、条议、合同规约等文件。左宗棠逐项审议这些文件，认为“均尚妥洽”，于是与日意格、德克碑订约，确定了福州船政局的设厂造船计划。

临行前，左宗棠专折具报福州船政局的章程、购器、募匠、教习等诸多事项。他在奏章中说，在购买机器、轮机等的同时，可开设学堂，即求是堂艺局，“延致熟习中外语言、文字洋师，教习英法两国语言、文字、算法、画法。……挑选本地资性聪颖，粗通文字子弟入局肄习”。他再次强调“权操在我”的必要性，认为“雇买仅济一时之需，自造实擅无穷之利也”，只有独立掌握制造技术，才能尽量避免受制于人的被动局面。在奏章之后，他附上《船政事宜十条》供皇帝亲览。

《船政事宜十条》是福州船政局设厂造船的总纲，主要内容包括确定外国负责人、教练学生及选拔人才之法、确定轮船造船期限及数量、雇用外国工匠及奖励手段、采用科学的方法炼铁、筹备轮船制造的必备之物等。从这些计划的具体内容来看，福州船政局在经费方面，不仅开办费用由福建海关拨用，随后的常年经费也由福建海关按月拨充；所造轮船一律照外洋的兵船式样，建成后拨给沿海各地，以加强海防。

在与日意格、德克碑制订设厂造船计划时，左宗棠的表现中有几个值得称道的地方，也是在同时期的兴办洋务其他官员身上所少见的。

一是造船与驾船并重的全局观念。在规划船政局时，左宗棠既考虑到造船各个流程而兴办铸铁、打铁、模子、水缸、轮机等五个厂（后增加至十三个厂），又设立了制造轮机等件的铁厂、供修建船舶的船槽及为造船培养人才的船政学堂，这一安排使整个造船由原料、制件、造船、维修到人才培养、管理，构成了一个完整的体系，从而保证中方在整个过程中的主导权。

二是造船驾驶“所重在学”的长远观点。左宗棠在制订计划时，特别重视掌握技术，注重教育，培养人才。为此，他专门设立求是堂艺局，并起草《艺局章程八条》作为学员准则。他在《船政事宜》中明确指出，“艺局之设，必习英、法两国语言、文字，精研算学，乃能依书绘图，深明制造之法，并通船主之学，堪任驾驶”；“此项学成制造驾驶之人，为将来水师将才所自出”。在他看来，中国人掌握制造、驾驶轮船的技术，是求长远之利，非雇用、购买轮船取一时便捷可比。

三是在引进技术设备和人员时，坚持以我为主的独立自主原则。左宗棠在拟订设厂造船计划时，十分重视外国机器设备的先进程度和工程技术人员的水平高低。据《船政事宜》等记载，他向法国购买轮机、机器设备、钢铁等共重1700多吨，雇聘工程技术人员37名，是当时引进设备和雇聘外国技术人员最多的企业。这些外国技术人员有的担任正、副监督之职，但均需听命于中方官员。这一安排，不仅给予外国技术人员必要的职权，又坚持以我为主的精神，是福州船政局取得成功的重要原因之一。

12月16日，左宗棠离开福州前往陕甘赴任。临行前，他再三叮嘱沈葆桢等人，一定要建好船厂，造出中国的军舰。他在写给杨昌濬的信中说自己“身虽西行，心犹东注”。清廷似乎也很理解左宗棠的心情，允许他对船政局“一切仍当预闻”，沈葆桢遇有船政事上奏时，“仍列左宗棠之名，以期始终其事”。

12月23日，由左宗棠一手创办的福州船政局在福州马尾正式动工兴建，船政局的求是堂艺局开学。至1868年（同治七年）8月，船厂落成。中国第一个规模较大、设备较好的近代官办军用造船企业诞生了！1869年（同治八年）6月10日，福州船政局制造的第一艘轮船“万年青”号下水。当时正在甘肃与回民起义军作战的左宗棠听到这个消息后，异常兴奋，立刻写信给沈葆桢表示祝贺。特别值得一提的是，1871年（同治十年），求是堂艺局的第一批学生毕业，其中第一名为严宗光，即后来以翻译《天演论》《原富》等书闻名的严复。

后来，福州船政局在经费、人事等方面遇到了新的困难，清廷中的顽固派趁机起哄。最开始是继任闽浙总督吴棠对船政一事不以为然，认为“即有船政，未必有成，虽成亦何益”。这一质疑、旁观的态度直接导致他对福州船政局的诸多事情都不甚支持，如强行命令左宗棠保举的福建布政使兼船政局提调周开锡续请病假，借故向朝廷奏请将延平府知府兼船政局职员李庆霖革职等。1872 年（同治十一年），内阁学士宋晋上奏朝廷，说福州船政局“名为远谋，实同虚耗”，请求停止办理。左宗棠得知后马上加以驳斥，指出设厂造船是为了加强海防，虽有破费，但利远大于弊。他还写信鼓励船政局人员，“事关国家大计”，应迎难而上，坚持造船。他主动向朝廷请求将福建援助陕甘地区的饷银每月减少 2 万两，移拨船政局，作为弥补之资。他对福州船政局真可谓慎始善终。

福州船政局维持了三十三年，到 1907 年（光绪三十三年）关闭时，共制造兵轮 32 艘，包括木质炮艇、铁胁木壳舰和铁甲舰。它不仅是我国第一所大型近代造船企业，为海防近代化做出了重要贡献；而且其船政学堂还是近代工科造船学堂与海军学堂，为我国军事教育的近代化打开了新思路。

1885 年（光绪十一年），左宗棠去世后，福建官绅为左宗棠与沈葆桢建立合祠时，说他们“不辞艰巨，不避劳怨，和衷共济，成此宏规”，还从三个方面详细阐述：一是船厂多年建造的船只分派到各口岸，巩固海防、河防，开办船政局迎合了朝廷讲求防御近代化的需求，可谓“开风气之先”；二是左宗棠、沈葆桢二人均有远见卓识，他们观察、吸取外国先进的科学技术，“共辟中华未有之奇”；三是“福建地瘠民贫，谋生不易，自有船厂，趋工若鹜，仰食者不下万家”，解决了当地民众的生活问题，使“福州士民言之，无不称颂”。

第六章　陕甘剿捻，屡败屡战

担任陕甘总督，是左宗棠政治军事生涯中的一个重要时期。在有捻有回、有陕有甘、有军有政，并须顾及眼前和长远等各方面问题的情况下，他继续抱持老信条——不求旦夕之功，但求最后胜利，对入陕作战做了充分的准备。然而，捻军的运动战让他十分苦恼，部队始终处于尾随却追赶不及的状态，尽管略有小胜，却总是追剿不力，最后被李鸿章抢了头功。

谋定而后动

1862 年（同治元年），陕西、甘肃相继爆发汉回冲突，且呈愈演愈烈之势。此时的清廷正集中兵力与太平军在长江以南地区鏖战，无力分出重兵西上平定内乱。到 1866 年（同治五年），太平天国残余势力被基本荡清，清军转而应对捻军的搅扰，而陕西、甘肃的大部分地区早已深陷于回汉仇杀之苦。为了绥靖甘肃境内汉民与回民的变乱，这年 12 月 16 日，左宗棠带着 3000 名士兵离开福州，取道江西、湖北，前往陕甘赴任。途中，他又接到清廷紧急发来的谕令，敦促他先督剿西捻军，肃清陕西境内的捻军后再处理陕甘的回民起义。为纾解胸怀，他作《崇安道中和同征诸子》两首：

其一

直从瓯海指黄河，万里行程枕席过。
道出中原宸极近，胆寒西贼楚声多。

尖叉斗韵看题壁，竞病联吟更荷戈。
回首四年泥爪迹，明当出峤意如何？

其二

百二旧关河，邮程次第过。
扪碑知字少，怀古觉诗多。
杀贼仍书檄，降羌任倒戈。
安危仗公等，于意定云何。

左宗棠在诗中写自己虽身体抱恙，但对西北战事壮怀不已；生病依然不忘“联吟”，可见将士们从容不迫的神态。他担任闽浙总督四年，追剿太平军、整顿省情、创办船政局，多少做了些实事，不知走出山道进入陕甘的平原地带后，又将创造怎样的战绩。但无论如何，一切安危事务都要仰仗今日共同前往陕甘的列位将士。

一路上，除了福州船政局的事情让左宗棠牵肠挂肚外，55 岁的他身体大不如前，不时地闹腹泻。他很清楚自己这次调任陕甘是临危受命，捻军势头正盛，如果无法剿平捻军，将愧对朝廷的信任。诚如左宗棠所想，清廷对左宗棠这次总督陕甘确实寄予厚望。

捻军是在太平天国起义时期，于 1853 年（咸丰三年）在安徽由捻党联合起来的一支农民起义军。“捻”为淮北方言，也称捻子，意思是“一股、一伙”。捻党原是产生于康熙年间的民间秘密组织，成员主要为农民和手工业者，他们早期活动集中在皖北淝水①和涡河②流域。嘉庆末年，捻子集团逐渐增多，小到数人、数十人，大到一二百人不等。他们经常在安徽亳州、阜阳和河南三河尖、江苏、山东护送私盐，与清

---

① 淝水：又作肥水，源出肥西、寿县之间的将军岭。分为二支：向西北流者，经 200 里，出寿县而入淮河；向东南流者，注入巢湖。

② 涡河：发源于河南尉氏县，东南流经开封、通许、扶沟、太康、鹿邑和安徽亳州、涡阳、蒙城，于蚌埠市怀远县城附近注入淮河。

军发生武装冲突，后因冲突升级，开始起义攻城。1853 年（咸丰三年），捻子在太平天国起义的影响下也发动了大规模起义。从这一年到 1863 年（同治二年）3 月为捻军起义的第一阶段。这一时期的捻军以张乐行[①]为领导，以安徽亳州雉河集（今涡阳县）为根据地，在淮河地区不断打击清军，有力支援了南部的太平天国起义。但这时的捻军组织并不严密，与清军作战时多次失利，力量受到了很大削弱。1863 年（同治二年），张乐行等领袖相继战死，雉河集失守，张宗禹[②]、任化邦[③]等人率领余部突围，活动范围转移至河南、湖北和陕西边区。捻军起义随之进入第二阶段。突围的捻军首领张宗禹、任化邦与太平军的赖文光余部联合作战，采用流动战术，易步为骑，迅速成为一支拥有 10 万余众的武装力量，并且屡次大败清军。

清军方面，1865 年（同治四年）夏，剿捻统帅僧格林沁[④]全军覆没于山东菏泽。清廷旋即命曾国藩为钦差大臣，北上督师剿捻，以李鸿章署理两江总督，负责调兵、筹饷等后勤事宜。因湘军已被裁撤，仅剩水师和一小部分步兵，因此曾国藩北上率领的多为淮军。当时捻军正值势旺，作战快速多变，加上曾国藩无法有效指挥淮军，结果历时一年半却劳而无功，清廷不得不于 1866 年（同治五年）11 月改命李鸿章为钦差大臣，接办剿捻事务。

---

① 张乐行（1810—1863）：字洛行，安徽涡阳人，出身于清末地主家庭，后领导捻军起义，被封为捻军盟主。曾在三河镇战役中与太平军李秀成配合大败湘军。因叛徒出卖，在西阳集被俘，随后被凌迟处死。

② 张宗禹：小名辉，混号“小阎王”，亳州雉河集人，张乐行族侄。清末捻军著名将领、西捻军统帅。西捻军失败后，隐居于河北黄骅县，以行医看风水为生。

③ 任化邦（？—1867）：幼年名柱，安徽蒙城县檀城集人。捻军领袖，太平天国进封“鲁王”。

④ 僧格林沁（1811—1865）：博尔济吉特氏，蒙古科尔沁旗人，晚清名将。贵族出身，善骑射，被清廷称为“国之柱石”，颇得道光、咸丰两帝宠信。咸丰、同治年间，参与对太平天国、英法联军等战争，军功卓著。1862 年（同治元年）按清廷旨意节制调遣直、鲁、豫、鄂、皖五省兵马，率蒙古骑兵和五省兵力多次重创捻军。1865 年（同治四年）被捻军诱至山东曹州（今山东菏泽市）高楼寨，随后陷入重围，冒死突围后在曹州西北中伤坠马，被捻军斩杀，终年 55 岁。

1866 年（同治五年）10 月 23 日，捻军在河南分为东、西两支：赖文光、任化邦率领东捻军转战于湖北、河南、安徽、山东四省之间；张宗禹、张禹爵率领西捻军进入甘肃、陕西，联合回民起义军反抗清军。同月，陕甘的回民起义也乘势发展。清廷最初派满人前去镇压，但屡次作战皆失利。接着，清廷又命湘军将领刘蓉①、杨岳斌等人率部入陕，仍然没有控制回民起义的局势。

为避免形势进一步恶化，清廷决定调派左宗棠带兵入陕，希望他能迅速扭转陕甘战局。左宗棠在回奏的奏章中从战备、粮草、募兵等方面陈述了自己的见解。他提到捻军“蹂躏江北河北，万骑纵横”，而“官马”在数量和质量上都不如“贼骑”，因此要“减步兵而添马队，宜兼用车辆以遏贼冲”。针对甘肃“乏饷银尤乏军食”之患，他认为“屯田之策似应举行”，尽管“置农具，购籽种”花费较多，但比起无粮可征、将士挨饿来说，靠自己耕种终究能有所收获。至于“南方兵丁惮于西征，实缘不耐寒冷、不惯麦食之故”，要解决这一问题，需“变通章程，遴调南方久经征战朴健弁勇，营官百长，酌带亲兵，定其营制，增其薪粮，赴河南、陕西挑选土著散丁入伍，自募自练，练成赴甘听调”。

1867 年 1 月（农历同治五年十二月），西捻军进入陕西华阴、华州（今陕西渭南市华州区）、渭南、临潼（今陕西西安市临潼区）等地。西捻军的进入，使陕甘地区的回民起义军迅速复活。陕西巡抚乔松年②因清军大败，以省城危急向朝廷求援。清廷得知整个陕西几乎成了捻、回起义军的天下，忙于 2 月 5 日谕令左宗棠督办陕甘军务，并要求他“勿令捻东渡黄河”“着即星夜驰赴”。半个月后，清廷再发谕令：“陕省军事孔急，若再贻误，关系匪轻，着即星驰入陕。”同时授命左宗棠

① 刘蓉（1816—1873）：字孟容，号霞仙，湖南湘乡人。晚清湘军将领、桐城派古文家，官至陕西巡抚。

② 乔松年（1815—1875）：字健侯，号鹤侪，山西徐沟县郝村（今清徐县王答乡郝村）人。清朝官员、文学家、书法家、藏书家，历任安徽巡抚、陕西巡抚、两淮盐运使等职。

为钦差大臣，督办陕甘军务，谕令“即就现有兵力，取道入关，妥为筹办，以副期望”。

清廷的催令越急，左宗棠对于将入陕甘作战的准备工作考虑得越谨慎周密。

1867 年 1 月底（同治五年十二月底），左宗棠到达武昌，将大营设在汉口后湖，等待从湖南招募的 3000 名楚军旧部到汉口集合。其间他收到了旧日好友王柏心的书信。王柏心做过林则徐和罗文俊[①]的幕客，曾遍游陕甘各郡县，对回族、蒙古族、藏族的习俗性情熟稔于心。他学问深邃，见识超群，对历代的兴亡、成败、得失均有独到见解。当时，左宗棠的一些好友听说他要进军关陇，无不为他捏一把汗，只有王柏心不这样认为。他不仅鼓励左宗棠西进剿捻，还积极为他出谋划策。针对清廷本次剿捻，他建议左宗棠分轻重缓急，首先集中兵力对付“飘忽驰突，兼善用骑”的西捻军。王柏心的建议与左宗棠的计划不谋而合，他将远征战略概括为“先捻后回”“先秦后陇”。这是一个比较符合客观实际的战略方针，因为捻军游动性强、战斗力高，与回民军相比，它对清朝的威胁更大、更急。而且从地理上考虑，只有先攻取陕西，消灭活动于陕西的西捻军，才能进一步西取甘肃，镇压以甘肃为主要基地的回民军。反之，粮饷和后援都会发生危机。所以，清廷很快批准了左宗棠的战略方针。

不过，要在西北旷野作战，而且是以捻军为作战对象，楚军过去与太平军在湖乡水泽作战的老战法已不再适用。左宗棠准备入陕时，西捻军基本上已是骑兵装备。捻军骑兵在北方平原上游刃有余，常以快速的运动战疲敌、误敌和歼敌，其盘旋打圈、声东击西、设伏围裹等战术令清军步兵难以抵挡。有鉴于此，左宗棠决计改设车营，且发展骑兵，调整步兵的战术。

---

① 罗文俊（1789—1850）：字泰瞻，号萝村，广东佛山市南庄镇人。清朝大臣，曾担任陕甘学政。

1867 年（同治六年）2 月，受明朝大将戚继光车营战术思想的启发，左宗棠在原来步营的基础上编练车营。营、哨、队的规模不变，但原来的抬枪队、小枪队、刀矛队等一律被改为车队。当时共计改编了十五个车营，每营配有 38 辆战车。这种车营部队实际上就是一支炮营部队。左宗棠很欣赏这支车营部队，认为“车与炮合”，车粗重而炮灵便，可以击远；行则成营，止则成阵，可以阻挡捻军骑兵的冲锋。这种易枪为炮、炮与车合的做法，顺应了近代陆军武器装备和兵种的发展趋势，与西方近代炮兵发展的思路也基本相似，因而具有相当的新意。但是，由于技术手段欠佳，炮车的火力虽强，但却过于笨重，机动性能差，不适合与擅长运动战的捻军作战，以致半途夭折。车营曾在西上陕西途中，与捻军在湖北随州、枣阳作战，捻军见后“皆不战狂奔”；到了关中后，还一度在凤翔与回民军作战时运用，但效果不佳。

左宗棠在编练车营的同时，也开始着手组建马队，提高部队在北方平原旷野的作战能力。之前与太平军作战，他喜欢用湖南勇丁，但这次却将南方兵勇拒于马队之外。他认为南方人善用船、善爬山而不善驭马，骑兵还是以满洲人为佳，于是决定从察哈尔购买 3000 匹战马，从吉林猎户中招募骑兵 2500 人，准备组建十个马队营。但这个计划最终未能实现，一是北方正值严冬，3000 匹战马大半病死途中，只有 1000 匹到达陕西；二是招募的 2500 名骑兵良莠不齐，真正的吉林猎户仅 400 多人。眼看花费甚巨，且惊动沿途各省，效果却不尽如人意，左宗棠在感叹之余只得改变计划，勉强编立四个马队营。

此前，左宗棠的夫人周诒端于头年夏季在长子左孝威的陪同下，带领家人到福建看望左宗棠。当月，周诒端与家人从福州返回，又在汉口遇到了准备北上的左宗棠。当时官场的惯例是上级官员及其家属行经某地，地方官要负责一切供应。周夫人及家人途经江西南昌，江西巡抚刘坤一[①]派人专门照料，却被左孝威婉拒。后来刘坤一在写给左宗棠的信中专门提及此事，说左孝威奉家父之命，尽量不给地方添麻烦，不浪费地方一分钱。他不好强人所难，只能悉听尊便。

这次重逢让夫妻二人十分感慨。对周夫人来说，陕甘在她印象中是穷山恶水的苦厄之地。想起福州相聚时，夫妻灯下垂泪对坐，积攒了多少年的心里话竟不知从何说起。本以为经年分别即将画上句号，谁知眼前竟是遥遥无期的远征和分离。年轻时，两人相约晚年要携手回归田园，共享农家之乐，此番丈夫远行，从前的约定随之化为泡影，怎能不心伤呢？如今丈夫已 55 岁，出仕十多年，每日思虑过甚，早已不复当年的神采，目前为陕甘之事焦心，腹泻不止，更是神情憔悴、形容枯槁。这样下去，怎能经受得住长时间的车马劳顿呢？他能安然无恙地到达总督任所吗？她心里十分心疼，每次见他都不由自主地流泪，不知下次全家团聚是何年何月。左宗棠准备率军北上的前一夜，设宴为家人饯行。他见夫人难抑悲伤，忙安慰她不久便能结束战事，到时全家再团聚。周夫人神色凄楚又双目含情地望着他，个中情愫尽在不言中。后来，左宗棠在《亡妻周夫人墓志铭》中提及此事，字里行间流露出对周夫人的牵念。自 1832 年（道光十二年）两人结为夫妇以来，携手三十余载，相濡以沫，琴瑟合鸣，伉俪情深，没想到这次分别竟成了两人的永诀。

仲兄左宗植也从长沙赶到汉口会面。左宗棠在《〈慎盦诗文钞〉序》中提到了这次相聚："同治六年，余由闽浙移督秦陇，兄携子浑，视余汉上，相持而泣。时兄病嗽久，肌肤锐减，饮馔量腹而后进，余则诵兄所作诗文，侑酌娱之。"左宗棠与兄长久别共处，异常珍惜这次相聚，他暂时将剿捻的苦恼放置一边，与兄长叙谈家事、抚今忆昔。一家

---

① 刘坤一（1830—1902）：字岘庄，湖南新宁人，晚清军事家、政治家，湘军宿将，曾随湘军征讨太平天国起义，历任两江总督、两广总督兼南洋通商大臣，晚年受命帮办海军事务。中日甲午战争时，支持对日作战，并任湘军统帅指挥湘军出关与日军交战。1901 年，与张之洞连上三疏，请求变法，提出兴学育才、整顿朝政、兼采西法等主张，多为清廷采纳。

人共处几日后，依依惜别，各自上路。

1867 年（同治六年）3 月下旬，左宗棠督率所部从汉口出发，正式踏上远征陕甘的路途。28 日，左宗棠从武昌动身前往黄陂（今湖北武汉市黄陂区），在那里与特意从湖南赶来送行的王柏心见面，王柏心建议他采取“缓进速战”的策略，对陕甘用兵持慎重态度。5 月初，左宗棠率军离开黄陂，经随州到襄阳后，穿过河南于 7 月 19 日到达潼关（今陕西渭南市潼关县北）。从福州到潼关，左宗棠行进了七个多月，主要做了两个方面的准备：

一是募军筹饷。左宗棠从福州动身时，自带亲兵 3000 人，并奏请朝廷调派刘典为甘肃按察使，帮办陕甘军务，并选 3000 名湖南旧部，主要是营哨官，以便将来在陕西带队。同时，根据捻军多马队、飘忽难制的特点，左宗棠认为“西征大局，非增马队、讲求车营，别无胜算”，但到达湖北后，他又发现此计不妥。捻军在湖北、河南频繁活动，仅靠这 6000 人根本无法与西捻军作战，更何况到达陕西后，募练新兵缓不济急。于是，他急令刘典在湖南加募 6000 人，又奏调本不计划动用的高连升部 4000 人火速从广东北上。同时，他在奏折里向朝廷汇报说，原打算制贼的步队、马队、车营，没有一个能够运用自如，假若仓促出征，必然空留后悔，只好谨慎处之。

与筹募军队相比，筹措军粮、军饷、运输等更是左宗棠要面临的挑战。他说，原计划在陕甘地区平定回民起义，如今连带剿捻任务，兵力增加，粮饷也随之增加，但除了甘肃原先的饷银外，只有福建、广东、浙江每月拨出 10 万两给予支持，且无法保证按期如数送达。陕甘地区本是著名的贫瘠省区，遇到战乱，财政更是入不敷出。而左宗棠一军仅年饷就要花去二三百万两白银，每年的军火、军装、转运费用也需一百数十万两白银。捉襟见肘的经济状况，使左宗棠被迫建议朝廷向洋人借款。4 月，他向朝廷奏请准许胡光墉在上海向洋商借银 120 万两，使他能“一意经理，尽瘁驰驱，冀收薄效”。之后，他加紧与各省函商增加协款，并于 9 月 23 日“以甘肃筹饷筹粮之难甲于天下”奏请朝廷准予设局收捐，“以广招徕，而裨粮饷”。四川自古以来就是产粮的“天府之国”，又与陕甘毗邻，左宗棠遂写信给四川总督骆秉章，恳切述说了关陇筹饷难于筹兵、筹米难于筹饷的困境，希望“老上级”能伸出援手，准允在四川广元等地采米万石，经宁强（今陕西汉中市宁强县）、略阳（今陕西汉中市略阳县）运往甘肃。他希望骆秉章能顾全大局，以秦陇为忧，以秦陇为急，速筹以拯救秦陇。就当时的运输情况而言，从南方将粮草、军装、武器等物资转运到陕甘可谓难上加难。左宗棠为此大费周章。他在上海设立转运局，在汉口设立陕甘后路总粮台，在湖北襄阳设水陆转运总局，于荆紫关、潼关设分局。在上海采买的武器、军装以及东南各省的饷银，经长江运至汉口，再经汉水运到襄阳。到了襄阳，分成两路，一路由樊城陆运，经潼关到西安；一路仍由汉水西上过老河口，折入丹江，在荆紫关登岸再陆运至西安。由此一事牵涉的人力、物力不可胜数。

二是制定用兵战略。左宗棠在 2 月 14 日向朝廷提出的《敬陈筹办情形折》中说：“方今所患者，捻军、回军耳。以地形论，中原为重，关陇为轻；以平贼论，剿捻为急，剿回宜缓；以用兵次第论，欲靖西陲，必先清腹地，然后客军无后顾之忧，饷道免中梗之患。”为此，他采取了三项措施：其一，采买战马，训练马队，以适应平原作战。其二，开设屯田总局，选择秦陇紧接要隘、有水草可耕种放牧的地方开设屯田，一方面缓解军粮短缺的问题，一方面驻守要隘，保证军粮通道的畅通。其三，精简陕甘各营，淘汰衰弱无能者。被淘汰的官兵愿留屯田者，编入册籍，指地屯牧；不愿留者，给钱遣返本籍，严禁其逗留滋生祸患。屯田举措的施行，使军粮供应慢慢松缓下来，军心逐渐稳固。

对于甘肃，左宗棠认为兰州虽是省会，但形势孑然孤立，必须以重兵把守。但因为自东分剿各路逆贼导致分兵而势单力薄，无法做到集中全力，一举扫平兰州回族起义军，因此他计划将来进兵甘肃应先分为两大支，由东路廓清各路，分别剿抚。大局已定后，再合兵入驻省城。据此，他认为：“进兵陕西，必先清关外之贼；进兵甘肃，必先清陕西之贼；驻兵兰州，必先清各路之贼。然后饷道常通，师行无梗，得以一意进剿，可免牵制之虞。”这种分阶段、循序渐进的战术，不仅稳扎稳打，使已收复的地区不再受捻军侵扰，进战时也能预收善后之效，使民心安定、兵力充足。至于他的“缓进”，左宗棠向朝廷解释为“认真审视彼长己短之形，饥饱劳逸之势”，如果仅凭掌握的片面信息就主观臆断、下发指令，很可能造成不必要的损伤。再者，他多年转战东南，不曾经历西北战事，部下都是南方健卒，毫不熟悉捻军、回民军的作战方式，倘若不谨慎对待，到时局势将不堪设想。综合考虑了外部条件和军队人员等诸多要素后，他请求朝廷给予便宜行事之权，宽限时日，待到兵力、马队、屯务、车营等渐入正轨后，再大举剿捻。

到了潼关，左宗棠根据陕甘地区捻军、回军“勾结作恶”的实际情况，最终确定了“先捻后回”的作战方针。这样做，一是因为捻军战斗力强于回军，平定捻军能够极大地震慑回军，破坏其合作；二是捻军在陕西仅是陕西之患，若流窜到河南将成为中原之患，两害相权，陕西为轻，故应先剿平陕西的捻军，以防其为祸中原。

值得一提的是，在陕西的捻军听闻左宗棠正在部署剿捻行动后，颇为震骇。其中一部分捻军因畏罪惧诛，从大股捻军脱离后藏匿在道旁草窠中，以求逃过一死。左宗棠得知此事后下令各将，若捻军能归顺投诚，可以适当宽赦。他还因此上奏朝廷“宽其既往，许其悔罪”，可见“战抚两用”的政策已基本形成。

疲困的剿捻行动

1867 年（同治六年）3 月底，当左宗棠率军到达湖北黄陂时，超过 10 万东捻军正在江西德安、湖北安陆之间活动，他们从河南加紧突入湖北，准备西上联合西捻军建立川陕根据地。湖北清军迎战失利，鲍超率“霆军”援鄂未至，使东捻军进一步向黄陂、孝感、云梦一带发展，追剿东捻军的淮军和湘军曾国荃部均感吃紧。面对如此紧张的局势，左宗棠不能坐视不理，于是抱持着“进兵陕西，必先清关外之贼”的主张，绕道前往孝感、云梦镇压东捻军，阻止东、西捻军会合。直到李鸿章的淮军和鲍超的“霆军”对东捻军形成包围之势后，左宗棠才率军前往陕甘。

在行军过程中，左宗棠实施了他的三路入陕计划：他自率主力7000人由樊城大路直进潼关，作为北路；刘典率5000人由樊城过荆紫关[①]，出陕西商州龙驹寨（今丹凤县城）以抵达蓝田，作为中路；高连升率4000余人从樊城溯汉水而西，出陕西洵阳蜀河[②]口，作为南路。但这个计划执行得并不顺利。北路和中路于6月中旬从樊城出发，刘典的中路军于7月中旬顺利到达蓝田。左宗棠的北路军在7月中旬通过函谷关时突遇山洪，炮车、辎重漂失过半；到潼关后，兵士又感染时疫，病死者数以千计。

左宗棠抵达潼关前夕，在上奏朝廷的奏折中对西捻军在渭河[③]南岸东西驰骋的去向进行了预测分析。他说，陇西异常荒瘠，北山屡遭蹂躏，这里不是逆贼途经的地方。此外，“臣军出潼关，可扼河南之路；刘典一军出荆紫关，可把东南窜豫窜鄂之路。一惟南山各山峪口，可窜兴（安）、汉（中）以入蜀”。进入湖北的山路虽然狭窄，但骡马可以通行，捻军若铤而走险，应有所布防。因此，左宗棠派高连升率军到陨阳（今湖北十堰市郧阳区）后溯汉江而上，由郧阳赴洵阳以达西安，“如贼窜入兴安（今陕西安康市）、汉中，高连升一军可以迎剿”。他满怀信心地表示：“就目前局势而论，张捻自经刘松山、郭宝昌、黄鼎剿败，势颇衰蹙。臣军三路并进，足乘其敝，当不致任其窜出，与任（化

---

① 荆紫关：隶属于河南南阳市淅川县，位于淅川县西北部，地处豫、鄂、陕三省结合部，素有“一脚踏三省”“鸡鸣三省荆紫关”之称。丹江穿境而过，是“南水北调”的水源地。

② 蜀河：即古之育（又作淯）溪，源于湖北省郧西县胡家岩，属汉江一级支流，流经湖北郧西县、陕西旬阳县境，于蜀河镇汇入汉江。

③ 渭河：古称渭水，是黄河的最大支流。发源于甘肃定西市渭源县鸟鼠山，主要流经今甘肃天水、陕西关中平原的宝鸡、咸阳、西安、渭南等地，至渭南市潼关县汇入黄河。

邦）、赖（文光）等股复合。”在他看来，经过充分的准备与详尽的部署，在陕西剿平西捻军势在必得，随后剿平回军也是轻而易举。然而，西捻军的行动大大出乎他的预料。

1867 年（同治六年）7 月，左宗棠到潼关后酝酿了“兜剿”西捻军的战役计划。当时捻军正在西安以北的富平一带活动。富平南有渭河，东有洛水[①]、黄河，西有泾水[②]，北是北山[③]，自成一个不规则的长方形天然封闭圈。左宗棠想利用这一地形，派兵四面封堵，将西捻军围困于狭长地带，然后一举歼灭。计划确定后，他马上调兵遣将：山西按察使陈湜负责封锁北自山西归绥（今内蒙古呼和浩特市）、南至潼关、东至黄河垣曲段的防务；刘松山、郭宝昌二部从富平移师蒲城，以防堵捻军东渡洛水、黄河；杨贵华扼守华州，刘端冕和刘典驻守临潼，高连升屯驻咸阳，刘效忠则驻守泾水西岸。

从左宗棠的兵力部署来看，他重在“扼渭水杜其偷渡”，设防重点在黄河、洛水东线和渭水南线，泾水西线和北山北线是其防御的薄弱环节。他认为北山多为山地，又无粮草，按常理，捻军骑兵不会北进；捻军虽有可能渡到泾水以西，但泾河水涨，难以西渡；只有向东或由南转东才是捻军的突击重点。

8 月 1 日，西捻军在蒲城东北受到刘松山、郭宝昌、黄鼎三路夹击，20 日又在渭南受到刘松山等军追剿，被迫西走临潼。8 月 26 日，西捻军利用左宗棠兵力部署中的这个薄弱环节，轻松从泾阳渡过泾水，西进咸阳、兴平，然后北上乾州（今乾县）、醴泉（今礼泉县），后又迅速回走，于 9 月 3 日由临泾一带渡泾水而东。

9 月 8 日，左宗棠命各军在泾水西岸聚齐，然后向三原、富平分三

---

① 洛水：渭河支流，位于陕西省，黄河右岸重要支流。也作北洛河，用于区分位于河南省流经洛阳的南洛河（伊洛河）。

② 泾水：即泾河，黄河支流渭河的一级支流，发源于宁夏六盘山东麓。

③ 北山：即陕西关中地区北部山系，从东向西依次为桥山山脉、黄龙山脉、子午岭山脉、陇山山脉，是陕北黄土高原与关中渭河平原的分界岭，北部是沟壑纵横的黄土高原，南部是一马平川的关中平原。

路横排并进。但因水涨难渡，清军被迫延期，最终未能在渭河两岸围困西捻军。9月24日，西捻军由三原、富平南走高陵、临潼、渭南各县北岸。

10月8日，左宗棠渡渭水亲赴泾西，召集刘典、刘松山、郭宝昌、高连升、黄鼎等将领商讨进兵办法，决定以黄鼎率蜀军十四个营防守泾水西岸；以刘效忠扼守耀州（今陕西铜川市耀州区）山口，防止捻军北上；刘典、高连升二军出高陵，刘松山、郭宝昌二军出富平，为进攻主力。左宗棠计划缩小包围圈，就地消灭西捻军，但这个计划仍然存在漏洞，即北山一线的防守兵力过于单薄。西捻军西走富平，于10月24日由蒲城（今陕西渭南市蒲城县）东南一带过白水（今陕西渭南市白水县），突破左宗棠的包围圈进入北山。

11月上旬，西捻军的一支部队北过鄜州（今陕西延安市富县），东折宜川；另一支部队西趋，联合陇东（今甘肃庆阳市）回军猛攻同官（今陕西铜川市）、耀州。左宗棠的围歼计划再度失效，只得重新部署攻防：高连升、刘典、黄鼎三军分驻醴泉、乾州、耀州、同官、三水（今陕西咸阳市旬邑县），专防西线；刘松山、郭宝昌、刘厚基三军共计1.6万余人深入陕北，追击捻军。

新的作战命令虽已下达，但左宗棠心里明白短期内不可能取得大的战果了。因为他的军队以步兵为主，即使日夜兼程也难以追上捻军，更何况沿途还不时遭到回民军的阻击牵制。

此时的捻军受官军进逼，铤而走险进入北山，也失去了速度迅疾的优势。这对官军似乎是有利条件。但经过纷繁的战乱后，陕西的储备已经用尽，无粮可带，加上北山异常荒瘠，无法就地征粮，各军入山追剿，必须先在山外采储，以供携取。这一困难显然对官军十分不利。

对于西捻军的走向，左宗棠分析认为不外乎向北、向西两条路：向西必于三水、邠州（今属陕西咸阳市彬州市）、泾州一带折而南奔，其患在于四川和湖北；向北则必由延川、绥德、榆林一带折而东趋，其患在于山西。假如他们窥渡黄河，刘松山、郭宝昌将马上渡河入山西，助晋军截剿；刘厚基仍留在黄河西岸，巩固秦地防守。

11月中旬，刘松山、郭宝昌率军渡洛河行抵洛川，但捻军已经占领延川，北攻清涧、绥德了。左宗棠十分苦恼，写信给山西按察使陈湜说自己昼夜筹调军粮，须发皆白，但对大局却无能为力，愁恨怎消？11月24日，左宗棠收到朝廷谕令，要他就地歼除捻军，不可以驱逐出陕西境就算了事。如果西捻军东渡闯入山西境内，将唯他是问。

左宗棠在给友人的信中，诉说了自己“步步皆落贼后”的苦恼，他又急又气，但实在找不出更好的剿捻方案。12月3日，他向朝廷诉苦，首先陈述了西捻军和回民军在陕甘两地活动区域广泛，而清兵数量有限，以不足山东剿捻军三分之一的兵力应对陕西境内的西捻军，首尾无法兼顾，力不能及；其次在追剿捻军之外，“兼以剿回，又须兼顾甘肃之饷，剿甘肃之贼”，他要处理多项棘手的难题，加上天灾、时疫的恶劣影响，深感力不从心，因此他主动奏请朝廷：“将臣交部严加议处，以示惩警。”

这时，被逼入北山的西捻军再次出乎左宗棠的意料，既不西走，也未北上。12月上旬，西捻军首领张宗禹在陕北接到东捻军首领赖文光的求援信，决定立刻离开陕北，援救战友。他率捻军从绥德南下，于12月17日由宜川县东踏冰渡过黄河，进入山西，然后北上定州。清廷闻讯大震。左宗棠得知西捻军东渡黄河后，忧愤交加。自领兵作战以来，他从未经历过如此挫折，不仅劳师糜饷，还让“瓮中之鳖”从旁溜走。这位一向作战稳健的将军第一次因战败而深感羞耻，他常自比诸葛亮，却在这一次败得如此丢脸。

12月25日，左宗棠上奏朝廷，除催促刘松山、郭宝昌两军兼程前进，由山西东路兜剿而西，不得在捻军后面尾追外，还表示将马上亲率士卒入晋督剿，并请朝廷将自己先行从重治罪，以整军威。清廷乘机惩戒了左宗棠，在一通严厉的申斥后，将他交部严加议处。

1868年1月（同治六年十二月），左宗棠把陕西军务委托给刘典、高连升办理，自己统兵5000人从临潼出发，赶往山西追剿西捻军。

西捻军用声东击西的办法将左宗棠的追击部队甩开，然后快速翻越中条山[①]进入河南济源，再经修武、临漳渡过漳河，于1月底抵达直隶南部的磁州（今河北邯郸市磁县）。左宗棠命刘松山、郭宝昌二军寻踪追击，但始终望尘莫及。待他们赶到磁州时，捻军早已渡过滹沱河[②]，进至保定、满城（今河北保定市满城区）一带。

捻军突至，京师告急。华北各省军政大员纷纷举兵“勤王”，包括山东巡抚丁宝桢[③]、河南巡抚李鹤年[④]、直隶总督官文，还有李鸿章的淮军、安徽的皖军、圆明园的马队等，加上左宗棠、刘松山、郭宝昌的部队，总计10万人以上。清廷切责了左宗棠后，仍不得不借重他的才略，于2月19日发布谕令，“将现到直隶之各省官军归左宗棠总统”。

2月22日，左宗棠抵达保定开始督师。他决定分兵三路，由北向南对西捻军实施攻击。西捻军并不积极应战，南走献县（今属河北沧州市）、饶阳（今河北衡水市饶阳县）等地。左宗棠尾追南下，并命淮军、皖军、豫军配合作战，企图将西捻军包围，就地歼灭。他在奏折中向朝廷汇报部署情形，准备让已到直隶的各路官军“在贼之北者向南压剿，在贼之东者自东北向西南进剿，在贼之西者自西北向东南进剿”。

2月28日，得知捻军在蠡县（今属河北保定市）、高阳（今河北保定市高阳县）一带活动，左宗棠又上奏折阐述协剿西捻军的看法及准备采取的措施。他在奏折中分析了捻军与清军的特点，提到捻军的惯用伎俩是驰骋迅疾，避实就虚。临阵时，步兵下马、挺矛钻刺，骑兵则分抄清军之后，趁清军出队收队、行军未及成列之时发起偷袭。遇清军坚不

---

① 中条山：位于山西南部，黄河、涑水河间，横跨临汾、运城、晋城三地，居太行山及华山之间，山势狭长，故名中条。

② 滹沱河：俗称糊涂河，是海河水系子牙河的上游支流之一，发源于山西省繁峙县泰戏山桥儿沟村一带。

③ 丁宝桢（1820—1886）：字稚璜，贵州平远（今贵州毕节市织金县）牛场镇人。晚清名臣，历任翰林院庶吉士、编修，岳州知府、长沙知府，山东巡抚、四川总督。为官勇于担当、清廉刚正，一生致力于报国爱民。

④ 李鹤年（1827—1890）：字子和，号雪樵，奉天义州（今辽宁义县）人。清朝官员，历任御史、给事中、直隶布政使、河南巡抚、闽浙总督。

可撼时，便望风而逃；待清军追赶上去，他们又盘折回旋，屡次进犯以疲清军。他们骑马而清军步行，彼轻捷而清军重负；捻军恣意抢掠而逃，而清军必待粮而走；捻军专用长矛，清军则兼用枪炮；捻军的辎重少，清军的辎重多。种种差别之下，捻军行动迅捷而清军迟缓，尾追之战多而迎击之战少，盘绕之日多而相持之日少。

剖析了捻军和清军的特点后，左宗棠估测当时“诸贼妄图北犯，暂无南窜之意”。为堵截捻军北上，他把涿州、固安视为西南和南路的总汇，派劲旅驻扎，为近防军；以保定、河间（今属河北沧州市）、天津三地为屏蔽，驻军且防且剿，随时听候调度，“不可并聚一方，亦不可悉数南下”。另外，他又组建一支专门进剿的军队，“视贼所向并力攻剿”。比起专防而不能剿、专剿而无防，这样的部署似乎更周全。他准备按此设想，将各地军队分别调拨，追剿西捻军。

这时，东捻军已于1868 年1 月（同治六年十二月）在扬州被剿平，李鸿章率淮军北上，于3 月 10 日到达直隶景州（今河北衡水市景县）督师。此外，山东、河南、安徽各军云集。清廷命恭亲王节制各军，加大对西捻军的围剿力度。3 月 16 日，淮军和皖军大败西捻军于饶阳东北。

正当左宗棠准备采取新的作战行动时，3 月 18 日，西捻军又出奇招，他们没有北走，而是由晋州（今属河北石家庄市）西南涉浅水渡滹沱河南，然后又渡漳河到河南彰德（今河南安阳市），驰骋于新乡、延津、滑县一带。西捻军南下虽缓解了京畿的紧张局势，但清廷担心捻军“蔓延肆窜”，忙命左宗棠和李鸿章速督各军进剿。连日来，左宗棠不分昼夜地颠簸在马背上，风餐露宿，劳顿万状。眼下战事棘手，朝廷申斥，舆论责难，同僚拆台，加上内心无比愧怍，内外交困的现状压得他喘不过气来。

此次清廷任命恭亲王为大将军，总统剿捻各军，左宗棠、李鸿章都是其属下的参赞官。左宗棠兵权被削，执掌的兵力仅剩下从陕西带出的1.9 万余人。他深以为耻，唯有尽心竭诚、委曲求全，率军从定州、正定往南追，于4月2日到达彰德。李鸿章率淮军移驻大名（今河北邯郸市大名县）。捻军在河南稍事休整，将步兵全部改为骑兵。4月初，湘、淮各军于封丘、滑县被捻军打败。接着，西捻军由滑县进入直隶，并于4月17日到山东莘县渡运河到东昌（今山东聊城市）。4月20日，又进入直隶吴桥，然后北上直达天津。

西捻军这一行动，再次令清廷深陷危机。清廷连忙谕令左宗棠和李鸿章督军围追，合力同心，认真剿办，限于一个月内将其全数歼灭，否则治以重罪。面对这一形势及朝廷的安排，左宗棠不狡辩，不推诿，甘心从主力位置上退至二线。

为了对付西捻军的运动战，李鸿章主张吸取镇压东捻军的经验，采用“设长围以困之”的“就地圈制”法。根据当时西捻军的活动情况，他提出西以运河为防线，北以减河[①]为防线，南以黄河为防线，东则以大海为天然防线，将西捻军圈进这个河海包围圈。左宗棠早先的多个计划都是“圈制”西捻军，但都因种种外界因素而宣告失败。如今李鸿章提出“圈制”之法，他即使心有不满也只能表示同意，且向朝廷表明态度，分析此次“圈制”比以往“圈制”的有利之处：一是参加这次“圈制”的清军将领及人数多达十几万，还有大量的民团协防，比关中“圈制”西捻军时兵力雄厚多了；二是直鲁平原正值雨季，大雨过后，千里泥泽，西捻军的骑兵威力大打折扣。

5月17日，清廷以西捻军距李鸿章行营较近，将前敌诸军改由李鸿章总统，而左宗棠作为剿办西捻军统帅，仅在直隶统率5000名亲兵“就近檄剿”。这一安排实际是间接剥夺了左宗棠的统兵大权。尽管从总督变为了偏将，左宗棠在心有委屈的同时仍然忠心耿耿，他想尽力挽回局势，为自己争口气，于是一再向朝廷提出建议。他率亲兵扼守运河西部时曾上奏朝廷，认为捻军在南边受挫后势必北回，若等他们到了北

---

① 减河：利用天然河道或人工开辟的新河道分泄江河超额洪水的防洪工程措施，海河流域的一些分洪道被称为减河。

边再防守，必然落后于捻军。他建议朝廷重用自己与刘松山、金运昌等人的军队，变尾追之军为拦头横截，使清军变被动为主动。7月20日，他在奏折里向朝廷建议疏散投诚人员，根据“贼无不灭之理，亦断无尽杀之理”的原则，对投降人员给予免死护照遣返原籍，如果能够改过自新且别无违犯，地方官不得牵引旧案；至于兵团的盘查应该从严，但绝对禁止擅自杀戮。8月14日，左宗棠在先后收抚的7000余人中挑选健壮者作为迎战部队，“疲困者暂留老营编入队伍”，被掳的孩童在问明籍贯后出资送其返回原籍。他还刊印护照、路票，护照发给临阵投降人员，路票则发给被裹带的老幼难民。在遣散时，他先遣送老弱疲乏者，健壮者则等战事平定后审编明白再资遣回籍，避免被捻军掳为兵源。

当左宗棠在后方忙于遣散降抚人员时，李鸿章统领清军积极围剿，西捻军左冲右突，但始终无法跳出包围圈。7月中旬，淮军周盛波等部在直隶吴桥击败西捻军，西捻军伤亡千余人。7月下旬，淮军郭松林、潘鼎新及豫军宋庆[①]等部又在山东商河、济阳（今济南市济阳区）等地接连大败西捻军。7月底，李鸿章督军将西捻军围困于茌平（今山东聊城市茌平区）。8月1日，西捻军首领张宗禹投河后不知所踪。剿捻战事至此结束。

平定西捻军后，清廷论功行赏，李鸿章获镇压西捻军首功，赏加太子太保衔，授湖广总督、协办大学士；左宗棠名列第二，只赏加太子太保衔，与丁宝桢、英翰[②]一起交部照一等军功议叙。

其他人领赏都高兴万分，唯独左宗棠像一块重石压在心里郁闷不快。攻剿西捻军本是清廷交给他的任务，如今竟让李鸿章抢了头功，真是窝囊！9月1日，他在《恳收回成命折》中向朝廷反省己过：让捻军走冰桥由陕西进入山西境内，是自己“疏于筹虑，咎无可辞”；尾追到

---

① 宋庆（1820—1902）：字祝三，山东蓬莱人。清朝将领，曾参与镇压太平天国、捻军以及平定陕甘回乱、甲午战争、庚子之变等。累官至湖南提督，加封太子少保。

② 英翰（1828—1876）：字西林，萨尔图氏，满洲正红旗人。清朝官员，曾任安徽巡抚、两广总督、乌鲁木齐都统，是晚清历史上因镇压太平天国、捻军起义而成名的督抚之一。

山西、河南交界一带，行动迟缓，未成功堵截；待捻军窜入山东，直逼天津、京畿，虽采取“且防且剿”的策略，依旧没能在限期内剿灭“捻寇”。造成众多失误的根本原因是“臣之调度无方”，因而他恳请朝廷收回成命。

左宗棠这个奏折虽有自歉之意，但更多的是在向朝廷“吐苦水”。他心中郁抑不平之气无处发泄，自己出了大力，最后却哪里都不讨好，连战果也被李鸿章及其淮军抢去。从他奉命镇压西捻军以来，由陕西到山西，由山西至直隶、河南，再到山东，北达天津、直沽（今天津市狮子林桥西），每次他对西捻军动向的估量都不够准确，始终处于尾随追赶的状态，正如他在《与李少荃宫保书》中说：“惟向来追贼，均是一线紧凑，衔尾继进。故虽能及贼，而未能制贼。各军虽均与贼接仗，然在后者仍不过随同行走。不及接仗，而贼已远扬。”其中虽有小胜，但总的来说追剿不力，他在理智上承认李鸿章总统各军的功劳，但在情感上却很不愿接受自己的失败而屈居李鸿章之下。

第七章　且剿且抚，平息回乱

镇压了捻军后，清廷又把视线锁定在陕甘地区的回民起义上，左宗棠奉旨前往陕甘镇压回民起义并处理善后安抚事宜。经过深入了解和研究，他认识到回民起义的根本原因是长期的剥削压迫和朝廷制定的“以汉制回，护汉抑回”的政策，于是本着“汉回番民，同属国人”的民族思想，遵循“不论汉回，只辨良匪”的原则，对陕甘回民起义采取“剿抚兼施”的政策。

“威先抚后”之计

陕甘回民起义是在太平天国运动、云南回民起义①的影响及推动下爆发的。它是清朝统治者“以汉制回，护汉抑回”政策的产物，是对回民残酷压迫和剥削的必然结果，因而起义一开始就为民族仇杀的阴云所笼罩，斗争的锋芒并未对准整个封建统治阶级。

1861年（咸丰十一年）至1862年（同治元年），回民起义者在陕西、甘肃到处采取激烈行动，战火沿着渭河迅速蔓延，回民大起义随后

---

① 云南回民起义：19世纪50—70年代，云南地区的回民在太平天国起义影响下掀起的大规模反清运动。1856年（咸丰六年），在清朝地方官的挑拨下，回、汉人民为争夺南安石羊银矿发生冲突，杜文秀率众起事。回民一度占领昆明、大理等地，1873年（同治十二年），清军统帅岑毓英率军兵临大理城下，杜文秀服毒后出城议和被杀，云南回民起义宣告失败。

爆发。起义军杀死民兵首领，包围了西安，白彦虎[1]等人成为起义的首领。1862 年（同治元年）秋，他们与太平军建立联系，整个西北的回民迅速响应起义，陕西巡抚瑛棨[2]请求朝廷援助。清廷欲派多隆阿[3]驰援，但多隆阿当时正在应对太平军，于是改派胜保[4]负责陕西军务。胜保因未能取胜，于 1863 年（同治二年）初又被多隆阿取代。多隆阿发动了一次猛烈的袭击，占领了许多回民军据点。太平天国派去帮助回民军的指挥官，有两个被杀，其余的向清军投降。

但清军的胜利是暂时的。1864 年（同治三年），多隆阿兵败身亡，起义迅速发展。伊斯兰教白山派，即新教的主要领袖马化龙控制了从宁夏到秦安（今甘肃天水市秦安县）一带，其中包括平凉和他的出生地金积堡（今宁夏回族自治区吴忠市金积镇）。此外，往西有马占鳌、马桂源、马文禄等人。几年间，起义军占领了宁夏府（今宁夏回族自治区北部）、肃州（今甘肃酒泉市肃州区）、兰州和许多小城市，形势日益恶化。

当时陕甘各回民武装集团的领导权掌握在回族封建主和宗教头目的手中，他们不仅提不出明确的反封建主张，相反还有意识地模糊阶级界限，热衷于煽动民族仇恨，把带有盲目性、自发性的起义变成他们统治、愚弄普通民众，从而达到割据一方目的的工具。

左宗棠于 1866 年（同治五年）受命担任陕甘总督后，根据“进兵

---

① 白彦虎（1830—1882）：经名穆罕默德·阿尤布，陕西泾阳人（一说大荔人）。早年投效清军，1862 年（同治元年）利用陕甘回变起事。他善于设伏，曾多次击败清军，沿途常对汉民村庄烧杀抢掠，在陕西、甘肃造成极大破坏。后在左宗棠的讨伐下率余部逃入俄罗斯统治的中亚境内，死于俄罗斯，终年 53 岁。他及其部众的后代成为东干人。

② 瑛棨（？—1878）：原姓郑，名瑛桂，号兰坡居士，汉军正白旗人。清朝官员，历任河南巡抚、陕西按察使、陕西巡抚、山西按察使等职。

③ 多隆阿（1817—1864）：字礼堂，呼尔拉特氏，达斡尔族，满洲正白旗人。清朝著名将领，擅长指挥马队，在同治中兴时期与湘军第一名将鲍超齐名而过之，有“多龙鲍虎”之誉。

④ 胜保（？—1863）：字克斋，苏完瓜尔佳氏，满洲镶白旗人。清朝将领，曾以内阁学士会办军务，参与围攻太平天国北伐军。因屡遭败绩，被称为“败保”。在赴陕西镇压回民暴动时，因“讳败为胜”被责令自杀。

甘肃，必先清陕西之贼”的计划，将主要精力放在剿平西捻军上，他镇压回民起义的计划直到 1868 年（同治七年）9 月才被批准。

9 月 25 日，左宗棠受召抵达北京，被赐准许在紫禁城骑马。自出仕以来，这是他首次进京觐见。9 月 30 日，隔着珠帘，慈安、慈禧两宫太后召见了左宗棠。刚一照面，慈禧太后便询问了她最关心的西北回民事件，并叮嘱左宗棠进兵一定要由东而西，竭力布防阻拦，杜绝其东来侵扰。随后，她又像闲话家常一般问了许多家中、军中的事情。就在左宗棠逐渐放松下来时，她又话锋一转，询问何时能平定陕甘。鉴于“陕甘之事，筹饷难于筹兵，筹粮难于筹饷，筹转运尤难于筹粮”的窘境，早有准备的左宗棠给出了五年期限。慈禧又说了些勉励的话语，左宗棠谢恩告退。

翌日，左宗棠上奏折详述陕甘“饷事艰难”，请求朝廷指拨实饷，还请求将各省自留的厘金移作西征军饷。他在奏疏中提到自己立意仿效西汉赵充国[①]，开展屯田，节省转运费用，“抚辑以业灾民，且防且剿，且战且耕，不专恃军威为戡定之计”。清廷将他的意见下发讨论。主管财政的户部决定从各海关六成洋税项下，指拨陕甘军饷 100 万两。

10 月 4 日，左宗棠离开北京，返回陕西。23 日，他率领亲兵取道景州来到河南彰德。11 月 11 日，于孟津渡过黄河，26 日抵达西安。随征的刘松山率领 8000 名老湘营士卒在河南洛阳抓紧休整，准备西行。

在进入陕甘前，左宗棠对两地的回民情况和回汉纠纷做了一番详尽考察。清朝是一个多民族国家，在以往的历史上，各族和睦相处、互助合作、自然融合是主流。回族虽有自己的文字，但他们同时也使用汉语，只是在宗教信仰、风俗习惯上与汉族有一些区别。在清代，回民也可以参加科举考试，也有人做官；回、汉两族在短暂的时间和局部地区

① 赵充国（公元前 137—前 52）：字翁孙，原为陇西上邽（今甘肃天水）人，后移居湟中（今青海西宁地区）。西汉著名将领，为人有勇略，熟悉匈奴和氐（dī）羌的习性。汉宣帝神爵元年（公元前 61 年），计定羌人叛乱，赵充国建议汉宣帝开展屯田，解决兵卒温饱问题，此法“顺天时，因地利，以待可胜之虏”，并详细列出十二条便利，为后世武将作战提供了新的思路。

内发生过矛盾和纷争，但未曾扩大。直到1862年（同治元年）至1864年（同治三年）间，陕甘一带的回、汉矛盾逐步激化，回民、汉民互相仇杀，清朝官员挑拨回、汉关系，以致酿成回民起义。1862年（同治元年），狄道州（今甘肃临洮县）发生汉民屠杀回民事件，地主武装烧毁城内礼拜寺和500余户回民房屋，并屠杀回民男女老幼；同年，回民军攻破陕西长安县（今西安市长安区）六村堡。1863年（同治二年），回民军攻破平凉，占领宁夏府城，汉民遭到残酷屠杀。

1868年（同治七年）年初，左宗棠亲自率军赴山西追剿西捻军离开陕西时，奏准副手刘典署理陕西巡抚，负责指挥对陕西回民军的作战。陕西回民军的势力在这一年被有效遏制，但仍不可小觑。他们以甘肃东部宁州（今宁县）境内的董志原[①]为活动基地，陇东南河州（今甘肃临夏市）、狄道等地有以马彦龙、马占鳌为首的起义军；陇东北灵州（今宁夏回族自治区灵武市）、金积堡等地有以马化龙为首的起义军；陇中西宁等地有以马桂源为首的起义军；陇西肃州有以马文禄为首的起义军。这几支起义军控制了甘肃的大部分地区。此外，陕甘还有董福祥[②]等人领导的数十万饥民武装，频繁活动于甘肃庆阳、陕西延安等地，也是一支实力猛健的反清势力。甘肃清军中有数支部队倒戈反清，他们本是从湖南等省调来的善战之师，到甘肃打了几次胜仗后，因粮饷不继而哗变，以致陕甘总督杨岳斌在兰州一筹莫展。

左宗棠到达西安后，针对陕甘清军名目繁多、营制纷歧、缺额过多的情况，严令各路将领淘汰疲弱，一律按楚军编制加以整顿，统归其指挥。同时，他还在陕甘就地招募新兵。在他看来，自古在西北用兵，人

---

① 董志原：属黄土高原、陇东高原的一部分，是甘肃省庆阳市第一大原，也是黄土高原最大的一块原面，号称“天下黄土第一原”。是汉民族的发源地之一，先周时期公刘在此教民稼穑。

② 董福祥（1840—1908）：字星五，甘肃环县（当时属宁夏固原）人。曾组织汉民民团反清，后在陕北被左宗棠击败，投降清军，所部改编为“董”字三营，先后从刘松山、刘锦棠平定陕西、甘肃、西宁等处回民起义。官至太子少保、甘肃提督、随扈大臣，赐号“阿尔杭阿巴图鲁”。

数不能太多，最好只用最少的精兵。兵数少，消耗就少，军饷、军粮、运输等也容易解决。

对于陕甘回民军，历来有剿、抚两策。此前的几位陕甘大员，先是因为没有足够的兵力，主张安抚，安抚无效后，又转而主张剿杀；剿杀不成后，又重新安抚。如此反复，陕甘的回民起义问题始终无法解决，反而越闹越大。左宗棠这次兵权在握，早在殿前召对时就向朝廷保证要彻底解决这个问题。1867 年（同治六年）6 月，他在前往陕西途中，向同治皇帝上奏提出处理回汉纠纷的意见和策略："此时若专言剿，无论诛不胜诛，后患仍无了日。且回民自唐以来，杂处中国，繁衍孳息千数百年，久已别成气类，岂有一旦诛夷，不留夷种之理?"他从现实与历史两个角度说明现在不宜采用"只剿不抚"的策略：如果一味剿杀，将激起更大范围的民变，国家永无宁日；再者，回民进入中国年代久远，经过千百年的交流融合，与汉民早已是你中有我、我中有你，怎能因一时起义而生出灭种尽杀之心？为此，他明确自己的策略是"不论汉回，只辨良匪，以期解纷释怨，共乐升平"。他还在发布的告示中写道："汉回仇杀，事起细微，汉祸既惨，回亦无归。帝曰汉回，皆吾民也，匪人必诛，宥其良者。使者用兵，仁义节制，用剿用抚，何威何惠!"意思是说，汉族和回民的仇杀事件本源于微末之事，却引发一系列仇杀，导致汉民境遇凄惨，回民也深受其害。我朝圣明的皇帝说无论汉、回皆是清朝子民，那些聚众作乱、怀有异心的人必将伏法被诛，而那些无辜被牵涉其中的良民将被宽恕。朝廷派出的王师秉持仁义，节制用兵，剿杀作乱之人，何等威武；抚慰无辜良善之民，又是何等惠泽！从布告可以看出左宗棠是主张先对回民军示威的，他要用枪杆子说话。当然，威先抚后，并不排斥用抚的办法，但必须谨慎从事，只有当回民起义军诚心受招安时，用"抚"才能收到实效。

但是，左宗棠"剿抚兼施"的策略很快就遭到了各方反对。一是陕西士绅和部分地方官员中的"剿"派势力，他们认为朝廷派左宗棠率大军来陕甘征剿，是帮助他们镇压回民。左宗棠对陕西士绅这种不辨是非的“民族仇恨”和畸变心理深为厌恶，坚决反对胡子眉毛一把抓。在他看来，与捻军勾结的回民军屡次遭到清军重创，但不思悔改，仍然与清军为敌，“凶焰尤炽，非痛与剿洗不可”。可见，左宗棠很明确“剿抚兼施”策略中“剿”所针对的群体对象。陕西士绅中的“剿”派却认为左宗棠态度暧昧，他们十分失望，经常暗地里阻挠。二是满洲贵族高级官员中的“抚”派，如甘肃布政使恩麟①、宁夏将军庆瑞、西宁办事大臣玉通以及后来署陕甘总督的穆图善②等，他们都是满洲贵族，既胆小怕事，又不懂用兵之道，加之甘肃是个穷省，无兵可用、无饷可筹，因此他们怀着苟且偷安的心理，接受回民军首领的贿赂，只主张安抚，但因为没有安抚的实力，导致安抚从未成功，而局势却越来越坏。三是朝廷内部有很大一部分人指责左宗棠穷尽东南数省的民脂民膏当作西征军饷，年复一年花费巨款，岂能长久支持下去？他们质问左宗棠，在西北穷兵黩武，拿什么向朝廷交代？

面对三股势力的声势压迫，以及恶劣的自然条件、军饷军粮的不足，左宗棠岿然不动，没有退缩，依旧坚持“贰则讨之，服则怀之”的“分别剿抚”策略。

剿抚兼施，各个击破

与捻军相比，回民军的战斗力要差得多，他们的武器多是自制的镰刀、柴刀、竹竿之类，尤其是他们的战马数量有限，不可能像捻军那样发起运动战。相比之下，左宗棠的部队更适宜与回民军作战，以前在浙江、福建等地与太平军野战和攻坚的战法再次发挥了作用。他反复察看地图，多方搜集情报，根据回民军自成派系、各有地盘、互不统属的特

---

① 恩麟：字君锡，蒙古正黄旗人。清朝官员，历任甘肃布政使、驻藏帮办大臣、驻藏办事大臣、正黄旗副都统等职。

② 穆图善（？—1887）：字春岩，那拉搭氏，世居黑龙江齐齐哈尔，满洲镶黄旗人。清朝官员，历官西安右翼副都统，荆州、宁夏将军，署陕甘总督。中法战争时任福州将军，击败法军于长门。

点，决定在战略上执行各个击破的方针。此前与好友王柏心研究平回策略时，他已确定以董福祥为平回的突破口。

董福祥出生于固原县（今宁夏回族自治区固原市原州区）王朝山的一个贫苦家庭，他的父亲董世猷不事农业，嗜赌，是当地哥老会①的首领。董福祥身体强壮、性情粗暴，青少年时期便经常跟随父亲活动于帮会和赌场中，深受江湖蛮勇之气和钩心斗角的习染。1861 年（咸丰十一年），太平天国得胜于南方，反清的捻军纵横于中原，不甘受迫的回族先后于陕、甘起事。时年 23 岁的董福祥与父亲利用哥老会和赌友的关系，在地方暗自串联，号召民众奋起自卫，公开与官府对抗。到 1866 年（同治五年），董福祥已拥有数万随众，武器装备也从刀矛棍棒转为土炮洋枪，部队既有步队也有马队，实力不容小觑。

1868 年（同治七年）12 月上旬，左宗棠在西安召开作战会议。代理陕西巡抚刘典，甘肃提督高连升，署汉中镇总兵李辉武，道员黄鼎、魏光焘等出席了会议。左宗棠在会上通报了自己的作战方针，计划将参战清军分为三路：北路由刘松山率 8000 人由陕北绥德西进，金运昌②部“卓胜军”驻延长（今陕西延安市延长县），张曜③部“嵩武军”进榆林，刘厚基、成定康二部屯绥德；南路由李耀南、吴士迈率部由陇州（今陕西宝鸡市陇县）、宝鸡西进，黄鼎部蜀军屯邠州（今陕西彬县），李辉武部屯宝鸡，张岳龄部驻陇州，喻步莲部驻汧阳（今陕西宝鸡市千阳县）；中路由魏光焘率部从鄜州（今陕西富县）西进，高连升部屯宜

① 哥老会：起源于湖南和湖北，是近代中国活跃于长江流域，声势和影响都很大的秘密结社组织，四川和重庆的哥老会被称为袍哥。哥老会在川军和湘军中影响巨大，对清朝末年的革命有着巨大的影响。

② 金运昌（？—1886）：字景亭，安徽盱眙县河梢桥（今盱眙县河桥镇）人。清朝将领，以军功历任守备、游击、总兵、提督等职。在剿捻过程中，参加义兄郭宝昌领导的淮军“卓胜军”，以守河防立功，被赐“勉勇巴图鲁”封号。后随左宗棠赴西北平定回民起义，镇压阿古柏叛乱，收复新疆，战功卓著。

③ 张曜（1832—1891）：字朗斋，号亮臣，浙江钱塘（今杭州）人。晚清名臣、将领，军政才略突出，曾参与镇压太平天国和捻军，创建“嵩武军”，又随左宗棠赴西北镇压回民起义军。后来在山东巡抚任上也多有建树。

君西，刘端冕部驻鄜州、甘泉（今陕西延安市甘泉县）。总的来说，这三路清军的进兵部署是由东向西，先北后南，即左宗棠提出的“全局必须从东北入手，先平土匪，然后合力剿回，乃无他虑”。

1869 年（同治八年）春，左宗棠命榆林、绥德、延长的清军严加防范，阻止董福祥东渡黄河；刘松山、成定康二军从绥德向西发展进攻，目标直指董福祥的根据地镇靖堡（今陕西靖边县东北 80 里）。刘松山等首先攻克了小理川、大理川等陕北饥民武装的据点，破垒 100 多座。1 月下旬，大军行至安定，离镇靖堡还有 200 里，因军粮不继，只得宰骡马充饥，且战且进。月底，刘松山一面向镇靖堡发起进攻，一面设法收买董福祥的父亲和弟弟，诱使董福祥投降。1 月 30 日，董福祥的父亲和弟弟在镇靖堡“跪乞投诚”，左宗棠念其强弩之末、无家可归、“其罪尤可恕”，奏请免其死罪。董福祥闻讯，自知败势已定，也投降了刘松山。刘松山收其部众 10 万人，从中挑选精壮之士组编成营，这就是后来赫赫有名的“甘军”的最初家底。董福祥的投降，不仅使回民军失去了重要同盟，还直接威胁到金积堡和董志原的安全。

顺利平定榆林、绥德后，军中的两起突发事件让左宗棠又陷入舆论的旋涡中。一件是高连升营中的亲兵丁玉龙趁夜勾结回民起义军戕害高连升及 10 余名部将；另一件是刘松山老湘营中的哥老会首领与新招降人员勾结，借抢夺粮饷发生哗变。两起事件几乎同时发生，朝中多名官员趁机奏劾左宗棠及楚军，有些甚至直言朝廷应弃用湘军而改用淮军。而左宗棠得知这两起事件后，也十分震惊。为避免叛乱人员与董志原的陕西回民军勾结流窜，他火速派人前去平息，所幸五日内动乱便被平息。事后，左宗棠令北路刘松山等部进行休整，南路黄鼎等则开始进攻董志原的回民军。

董志原位于陇东马莲河[①]西岸，地据秦陇腰膂，北通灵州，南达陕疆，自古便是战略重地。这一片土地广阔肥沃，可耕可牧，当地有民谚

① 马莲河：泾河的最大支流，主要流经甘肃庆阳市境内。

称赞它说，“八百里的秦川，还不敌董志原的边边”。1864年（同治三年）以后，陕西回民军以董志原为根据地，按原来的村寨或教坊关系择地而居，一个大的居住区即是一营。营既是生产单位，又是作战组织，每营人数为几千、数万不等。陕西回民军在董志原共有十八个营，曾攻克庆阳、宁州、镇原、平凉等城和500余座堡寨。

就在左宗棠采取行动的同时，1869年（同治八年）春，董志原的回民军数万人分道出击，北面抵达定边，东北面抵达甘泉和延川，东线则袭击宜君、洛川、韩城与澄城，西南面则突进汧阳与陇州。各地驻防清军分路驰击，连日与回民军交战不歇。

3月中旬，回民军屯踞于正宁，准备南攻陕西邠州，然后直下秦川。左宗棠命黄鼎等部迎击。黄鼎派总兵徐占彪率领2000人扼守牛家堡，自己率领全军跟踪回民军。3月19日，回民军前锋开到牛家堡，遇到埋伏后惊慌撤退。当晚，黄鼎率部渡过泾河，进军上世店。回民军的几千名骑兵骤然杀到，黄鼎部稍整队形迎战，回民军反身而走。黄鼎部追到白吉原（今陕西彬县北极镇），回民军首领余彦禄、马正和等人率主力分十路迎击，黄鼎令部队分头接战，从四面会合，结为方阵，向前推进，枪炮齐发。回民军遭到重创，渐渐撤退。黄鼎副将刘治均驰入回民军阵内，斩杀将领。回民军失势溃逃，退回董志原。清军乘势追剿，回民军将十八个营并为四个大营，边战边退，准备撤往陇东北的金积堡。左宗棠又令南路各军备足粮草，分三路追击回民军，连占董志原、镇原（今陕西庆阳市镇原县）、庆阳等地。此次作战，回民军战死、饿死以及坠崖而死者，多达3万余人。

攻取金积堡

攻占董志原为左宗棠下一步进攻金积堡打开了通路，创造了条件。此后，他开始全力对付甘肃境内的几个回民军集团。4月，他将大本营移到乾州（今陕西咸阳市乾县），以便指挥各军西进，准备展开以攻取金积堡为主要目标的行动。金积堡背倚黄河，面临吴忠、灵武，秦渠[①]、汉渠环其东，青铜峡扼其南，西南以中卫、中宁为后卫，东、北以横城堡[②]、阳和堡为屏障，有回民堡寨数百处，鳞次错落，环堡而居，形势雄伟，为宁夏各城堡之冠。

在甘肃的四支回民军中，以马化龙集团的实力最强，影响最大。马化龙及其父都是西北地区伊斯兰教白山派（即新教）的教主，他一面以金积堡为根据地，控制灵州及附近州县，自称“两河大总戎”，称霸诸回，割据一方；一面又接受清廷“招抚”而任副将。马化龙精通伊斯兰教义，且口才了得，常以智术笼络教徒。他给教徒所传口唤[③]又往往灵验，因而远近教徒皆信奉如神明，共推他为总大阿訇[④]。马化龙凭借宗教威信大敛钱财，并顺势侵占汉民产业、妇女，灵州一带方圆数百里的财富都被他搜刮一空。马化龙的长子马耀邦善于经商，智谋出众，足迹遍布东北、西南以至东南各大都市。马化龙后来在金积堡筑有城堡，名为“保生寨”，堡内有碉楼，建造宏伟，城郭坚固。此举引起了地方官府的怀疑，地方官随即向朝廷申奏说马化龙有“叛君自主，封土开疆之举”。清廷遣使实地视察，发现果属实事，从此更加防范马化龙。而马耀邦曾纳捐游击，成为宁夏回民起义军的卓越指挥者。他早期在宁夏川区以办团练为名，组织训练了3000名能攻善守、枪马娴熟的精兵，后来作为屡抗清军的主力，是宁夏回民起义军中的一支劲旅。

对于马化龙这个实力强劲的对手，左宗棠认为，西征战事的关键全在于金积堡，擒贼先擒王，“此关一开，则威震全陇，乃收全功”。经过一番深思熟虑，他决计进攻金积堡。

6月，左宗棠同时向三路大军发出进攻命令：北路刘松山率军自镇靖堡西进，以进攻花马池（今宁夏回族自治区盐池县）为名，实际上

---

① 秦渠：位于宁夏平原黄河以东，相传因始凿于秦而得名。渠口在青铜峡北，引黄河水向东北流经吴忠市到灵武市。

② 横城堡：是宁夏明长城河东段的西起点，在今陕西灵武市临河乡横城（黄河东岸）。

③ 口唤：出自《古兰经》，伊斯兰教用语，这里指教中指示前途的预言。

④ 阿訇：波斯语，意为老师或学者，回族教徒对主持清真寺宗教事务人员的称呼。

指向金积堡；南路李耀南、吴士迈分别由陕西陇州、宝鸡西趋秦州；中路左宗棠、刘典率军自乾州经邠州、长武（今陕西咸阳市长武县）赴甘肃泾州（今甘肃平凉市泾川县）。三路之中，以北路为主要进攻方向；南路暂取守势，旨在牵制河州、狄道的回民军，切断其与金积堡的联系，并为下一步的河州之战做准备；中路以协助北路进攻为主，照顾南路行动为辅。

马化龙见势不妙，一面以朝廷官员的身份致书左宗棠，代逃至宁夏的陕西回民军乞抚；一面“掘秦渠之水以自固”。同时，他还部署回民军攻占灵州，再次打出反清旗号。这一系列行动，让左宗棠意识到当前的敌人异常阴狠诡诈，绝不能掉以轻心。再者，马化龙在此地根基深厚，情报来源众多，非短时间内可解决。左宗棠为此迅速调整部署，加强进攻力量，命中路清军由固原、平凉（今甘肃平凉市）北进，又命金顺、张曜两部清军由北而南，直趋石嘴山，对金积堡形成大包围态势。他也率军由泾州进驻平凉，接过陕甘总督大印。回民军见金积堡危在旦夕，均奋起抗击，刘松山部被阻于吴忠堡（今宁夏回族自治区吴忠市）一带，灵州失陷，清军的后方运输线受到了威胁。

马化龙佯装受抚而后又公开反清，为一部分满族官员攻讦左宗棠提供了“证据”。绥远城（今内蒙古呼和浩特市）将军定安急奏朝廷，认为灵州城陷乃刘松山“轻进滥杀激变”，指责他手段暴虐，“不分良莠，肆行杀戮，以致降回疑惧，陷城掠粮”。即将卸任、曾招抚马化龙的代理陕甘总督穆图善也就此事上奏，说马化龙深明大义，实际上已经受抚从良，只因刘松山激化事端，才使马化龙铤而走险，甘肃的兵祸也因此连绵不绝。他强烈怀疑左宗棠的“剿而后抚”策略能否坚定回民的信心。

对于这种攻讦，左宗棠十分恼火。作为当事人，他看清了马化龙的狡诈面目，知道他阳奉阴违的面具之下实际上是狼子野心。彼时，马占鳌、马桂源等都在名义上受抚，实际上却“阴据其地”。董志原的回民军早先与马化龙通商，马化龙帮助他们攻进陕西，并收取他们掠夺来的财物，又暗中命手下劫掠蒙古藩部。穆图善代理陕甘总督时，马化龙为掩其丑行公开输送银米，表示归诚，穆图善便委任他从事招抚。马化龙借着官府认可的身份增修堡寨、购买马匹、制造武器，与陕西的回民军遥相呼应。陕西回民军被清军打败时，他又在暗地里资助粮食、武器和战马，被左宗棠部下察觉。左宗棠将此事告知穆图善，但穆图善始终信任马化龙，甚至多次奏请朝廷对他加赏。此时左宗棠的部队攻克董志原，马化龙又暗中招募回勇，同时代陕西回民军请求招抚，以探察左宗棠的态度。

左宗棠“久察其奸”而不为所动，在写给陕西按察使陈湜的信中，他明确态度为“仍以前年分别剿抚之谕示之”，且“只分良匪，不分汉回”。他坚持认为马化龙是个两面三刀的野心家，并十分恼恨穆图善等被马化龙虚伪表象所惑的官员。为尽快攻下金积堡，他还指示刘松山到花马池后，察看马化龙“抚局虚实及陕回离合踪迹，再定进止”。7 月 4 日，左宗棠自长武进驻泾州城。8 月 19 日，刘松山在平息了内部兵变带来的余波后，率军由陕北清涧进驻镇靖堡，于 8 月下旬进入花马池。9 月 6 日，老湘军进至灵州东面的磁窑堡，并转战抵达灵州城北 2 里。经侦察得知陕西的回民军都窜入灵州境内，与甘肃回民军杂处。城中的清军内应向清军报告陕西回民军占据当地百姓的宅院，当地百姓慑于其威势，不敢计较。刘松山于是告知马化龙向各堡寨传达他的命令：清军只剿杀有罪的陕西回民军，不会惊动已受降的甘肃回民。第二天，回民军集中七八千人与清军激战，清军分路追击，平定了二十多处回民庄寨，并一直追到吴忠堡才返回，屯扎于下桥，扼守秦渠、汉渠会流入河的永宁洞。北路清军在刘松山的率领下逼近金积堡。

马化龙本以为金积堡固若金汤，不会遭到清军攻击，但眼看左宗棠一意要剿平甘肃回民军，于是向清廷及穆图善等满洲官员求救。左宗棠据理力争，向朝廷澄清马化龙“阳为归顺，阴纵党与滋扰变乱”的真实面目，但穆图善等人力保马化龙，反对左宗棠。在这种情形下，清廷只能申斥左宗棠节制刘松山，并派穆图善查明秉奏。

11 月，刘松山发动新的攻势，再占灵州城，平毁板桥、蔡家桥一带回民庄寨三十余处。中路清军在预望城遭到回民军的猛烈阻击。经过一番激战，清军攻克预望城、黑城子，打开了金积堡的南面门户。

11 月中旬，中路清军进至金积堡西南秦渠一带，距金积堡仅 10 余里。这样一来，清军便完成了对金积堡的包围。

11 月 26 日，刘松山攻破马家寨等堡，搜获马化龙于 10 月 17 日写给参领马重山、吴天德等人抗击清军的信札。马化龙在信中自称“统理宁郡两河等处地方军机事务大总戎马”，并刻有钤印。至此，“其狂悖之状，阴狡之谋，业经败露”。清廷得知这一情况后，终于发出了“迅图扫荡，不得轻率收抚，转遂奸谋”的上谕。

12 月，南北各路清军会攻金积堡，在金积堡外围与回民军展开激战。清军步步为营，相继占领了吴忠堡周围和金积堡北面的寨堡。回民军在清军的炮火攻击下，人马伤亡惨重，只能收缩战线，集中兵力，步兵依托秦、汉二渠进行坚固防御，骑兵则寻机出击，忽东忽西，使清军难以应付。

金积堡有两处险要：一是西面的峡口，它既是黄河青铜峡口，又是秦、汉二渠的渠口；二是东面的永宁洞，秦、汉二渠在此会合，向北流入黄河。峡口控制着进水口，永宁洞则控制出水口，两口都关系到金积堡的安危。左宗棠在部署作战时便意识到这两处的重要性，命令主将奋力夺取，以占领主动。因此，清军一到金积堡，便抢占了这两个要地。

1870 年（同治九年）2 月，回民军夺回峡口，清军立即组织反击，与回民军激战数日，伤亡惨重。左宗棠接到奏报后，急令黄鼎率部支援，但也被回民军击败，溃不成军。与此同时，回民军在永宁洞一带也与清军展开了争夺战。刘松山率部往战，未能取胜，随后前往马王寨与回民军议抚，结果被愤怒的回民军以飞炮打成重伤，留下“汝等杀贼报国，我不死矣”的遗言后不久丧命。刘松山部下将士大受刺激，异常愤怒，“争执火丸，冒炮石梯登，遂拔其寨，擒回酋马五”。

刘松山是北路军统帅，他的死对战局影响很大，尤其是对马化龙来说，他在实际作战中最有力的对手去世了，这给他提供了突如其来的便利条件。他抓紧时机向东猛烈反扑，将北路官军截为两段。马朝元、马正刚分别攻入陕西，韩城、郃阳（今陕西渭南市合阳县）告急。与马化龙有联系的河州、狄道回民军也攻占渭源（今甘肃定西市渭源县），直逼巩昌（治今甘肃定西市陇西县）。甘肃战局顿时发生了倾斜。

鉴于局势不利，左宗棠正式奏请朝廷由刘松山之侄刘锦棠[1]接任老湘军统帅，并给予三品卿衔，以黄万友为副；又指示刘锦棠收缩兵力，集中各营于吴忠堡，先图自固，并严扼下桥、永宁洞等要地。同时命刘端冕、李耀武两军回援陕西。鉴于情势紧急，左宗棠做好了全面撤退的最坏打算。他在书信中指示刘锦棠假如支撑不下去，不得不退军，必须做通盘筹划，分先后、分去留，不可一起行动，给回民军留下可乘之机。

幸运的是，回民军因为缺乏统一的领导和指挥，各自为战，不能有力配合，以致未能进一步推进大好形势，左宗棠很快便稳住了局面。3月，回民军反攻吴忠堡，袭击灵州城，均未得手。入陕回民军也无功而返。马化龙见形势于己不利，再次卑辞求“抚”，但左宗棠坚持马化龙及其部众必须悉数上缴马匹、兵械后才能受降，马化龙拒不接受。5月，金积堡的回民军出击抢粮，没有成功。7月，左宗棠派黄鼎率中路军设法夺取峡口。马化龙立即派手下守住峡口南面的屏障张恩堡，并从金积堡派出援兵。9月，刘锦棠等人攻破东关，从东、南两面直逼金积堡。

10月，清军终于完成了对金积堡的合围。左宗棠学习当年曾国荃围攻太平天国安庆城的办法，下令在金积堡周围掘长壕两道，内壕防金积堡内的回民军突围，外壕防堡外的回民军来援。他一面让清军分段守壕，死死围住金积堡；一面命部下严密监视河州等地的回民军，防止他们前来支援。10月28日，南路清军攻下汉伯堡。此时，金积堡外的570多座堡寨只有5座尚未被清军攻破。11月，马家滩、王洪寨回民军

---

① 刘锦棠（1844—1894）：字毅斋，湖南湘乡人。晚清名将，曾参与镇压太平军和捻军、同治回民起义、新疆阿古柏势力，有“飞将军”之称。后随左宗棠推动新疆建省并担任新疆首任巡抚。官至太子太保，一等男爵。

投降清军。左宗棠围城打援的战法获得了成功。

1871 年 1 月（同治九年十一月），马化龙感到力竭势穷，无法再战，便上书刘锦棠，愿以一人之死赎万众无罪之生，决定以自己的投降换得堡中将士与百姓的生命。他反绑自己，只身出堡到清军大营中请罪，清军阖营愤慨，“将士咸欲诛以雪愤”。刘锦棠令他速缴马械，数日后，他的儿子马耀邦亲赴刘锦棠大营请降，并交出大量枪炮。

左宗棠知道，除了老湘军将士与马化龙不共戴天外，清廷也不会宽恕马化龙。但考虑到甘肃的局势仍应以“抚”为重，河州马占鳌早有就抚之意，西宁马桂源也可能就抚，现在杀马化龙将对随后的安抚产生不利影响。于是，他向朝廷密奏，请求暂缓处死马化龙及其党羽，待收复所有据点后再根据罪恶轻重处置，“重者诛夷，轻者迁徙”。清廷同意了他的请求，但同时也指出，以后即使马化龙在招抚方面立了功，也不许左宗棠代为乞恩减罪。

1871 年（同治十年）3 月初，刘锦棠从各个回民村堡中挑选 1800 名壮丁作为义勇，分派到各营，逐步编造回民军余部的户口。当时，马耀邦已将马匹武器呈缴完毕，但清军仍在堡中搜出 1000 多支藏匿的洋枪，于是提审马化龙父子，要他们交代传教与勾结外国人的秘密活动。马化龙父子二人坚决不肯承认。3 月 2 日，刘锦棠提出将马化龙父子及其亲属 13 人以匿藏枪械的罪名处以极刑，同时处死回民军中有官职者 80 多人，将堡城夷为平地，堡中 1.2 万名老弱妇幼送到固原州安插，外来人口及被胁迫的甘肃回民则迁移到平凉。

战乱中，许多普通的陕甘回民向清军投降，接受安抚。左宗棠必须照顾这些降众，但又拿不准他们会不会再次起事，会不会再次发生汉、回仇杀的恶性事件。他只能尝试将他们与汉民隔离，甘肃此时有许多荒废的土地，他便在村庄里安置回民，引导他们开垦土地，取得了相当的成功。针对这个问题，他向朝廷上奏说：“臣维解散安抚，实办回不可少之着。因于经理屯垦之余，划出荒绝地亩稍成片段者，以处求抚之陕回。现在平凉大岔沟等处，收抚陕回老弱妇女及务农丁壮约数千人，均给以赈粮、牲畜、籽种，课其耕作，与赈抚各属灾黎，招辑屯垦，一律办理，以广皇仁。”安排受抚的回民垦荒耕种、畜牧养殖，不仅是响应清廷剿抚兼施策略的手段，传播朝廷宽仁，更是安顺回民、稳定一方的有效措施。

1869 年（同治八年），陕西回民军退出董志原后，北上的回民军如陈林、阎兴春等人一再向左宗棠求抚。1870 年（同治九年）底，陈林、阎兴春等人率 8000 多名老弱妇女在金积堡向清军求抚，河西亦有 1000 多名回民前来求抚，左宗棠将这 1 万余人分三批安插在平凉。由于当时平凉已有数千名陕西回民，左宗棠便将目的地选在化平川（今甘肃化平县），那里有“窑洞三百余，兼有破屋，土沃水甘，人迹断绝，可安插万余丁口”。他事先安排身强体壮的回民前去修整，等到受抚的回民抵达后，“量地居之，给以赈粮、种籽、牛驴、农器，督其耕垦”。此外，他还在固原州附城等地安插受抚回民。

1871 年（同治十年）3 月 22 日，清廷发布谕旨对左宗棠所部将士论功行赏，称左宗棠运筹决胜、调度有方，着赏加一骑都尉世职。左宗棠上疏请求将对自己的封赏追封刘松山，但没有得到同意。早在上一年刘锦棠扶柩送刘松山的遗体回乡时，左宗棠就给曾国藩去信，希望他能为刘松山撰写祭文和墓志铭。彼时，曾国藩、左宗棠二人已数年不通音信，此番左宗棠特为刘松山祭文一事请求曾国藩，足见他对刘松山的重视与感念。刘松山本是曾国藩麾下将领，左宗棠改任陕甘总督时，曾、左嫌隙益深，曾国藩属下将领都不愿受左宗棠指挥，只有刘松山站出来说：“帅不同，而杀贼捍国，则同也。”后来一路跟随左宗棠转战陕甘，谨遵左宗棠帅令，立下卓越战功，是左宗棠麾下勇谋兼备的良将。

艰难进剿河州

金积堡战役结束前后，左宗棠将下一步的作战目标锁定为河州回民军。陕甘总督驻地兰州的东、西、南三面均与河州相连，因而河州回民军对甘肃省城的威胁很大。1862 年（同治元年），河州回民响应陕西回民发动起义，于次年 9 月攻占狄道城。1864 年（同治三年），回民军在马占鳌的领导下占领河州城，使之逐渐成为甘肃四大回民起义的基地之一。

在进攻马化龙的起义军时，左宗棠已为河州之战做了多方面的准备。1869 年（同治八年）夏，他派遣李耀南、吴士迈的南路军由陕西前往甘肃秦州，指向狄道、河州。同年底，他又派周开锡以翼长名义总统南路军，并派兵进占巩昌，败回民军于宁远、礼县之间，乘胜占领渭源。1871 年（同治十年）夏，周开锡在军营中病故，南路诸军由陈湜统帅。左宗棠令他抓紧准备渡河船只和架桥器材，以便进攻河州时克服洮河①天险。同时又命部下整修道路，以利部队调动和转运军需；并积极筹集粮秣，以备部队在进攻途中通过渭源的荒芜区。

1871 年（同治十年）3 月，河州回民军 1000 多人趁清军攻打马化龙叛军之际，从安定出兵，袭击通渭、秦安、清水等地，结果被杨世俊、张仲春部击败。固原东西两山的绿林军与回民军残部暗中勾结，伺机袭击。魏光焘、周绍濂各部日夜追赶，屡有斩获。但当楚军合兵攻击时，他们便分散隐身到山谷中；待楚军回营，他们又出来袭扰，形成规律。这些游击部队还与河州的回民军会合，袭击南路，于 4 月影响到徽县和秦安等地，另一支部队则奔向宁远和伏羌（今甘肃甘谷县）。李辉武、杨世俊和田连考率军分路拦击，回民军从通渭溃退到会宁（今甘肃白银市会宁县）。5 月，金顺、张曜率军攻破纳家寨，周开锡派兵击败阶州（今甘肃陇南市武都区）的游击部队。

7 月底，左宗棠在备足三个月的粮草后，调集各军向河州发起总攻。其中，中路以凉州镇总兵傅先宗率鄂军由狄道进军，一半西渡洮河修建壁垒，一半驻洮河东岸；左路由记名提督杨世俊、提督张仲春及宗岳部，取道南关坪进峡城（今甘肃定西市渭源县峡城乡）；右路为刘明

---

① 洮河：位于甘肃省南部，是黄河上游第一大支流，流经甘南、定西、临夏等地，现在临夏州永靖县境内的刘家峡水库大坝上游汇入黄河。

灯从马盘监进红土窑，再入安定县，以扼守康家岩，徐文秀率楚军从静宁州取道会宁继进。待中路军建成洮河西岸的壁垒后，左、右两路渡洮河前进。另外还将黄鼎所率步兵分为八个营及副将桂锡桢的马队三个营交徐占彪率领，由中卫（今宁夏回族自治区中卫市）南下靖远（今甘肃白银市靖远县），平定会宁、安定两地的游击部队，以防回民军骚扰兰州。

8 月，各军分道而进。左宗棠于 9 月中旬由平凉经静安抵达安定，察看地形后，他认为河州形势以太子寺、大东乡为总汇，以三甲集[①]为门户，随即与徐文秀、刘明灯等商议，决定先攻取洮河东岸的康家崖，作为攻取河州的前沿。

此时清军既占狄道，左宗棠便命右路清军于 9 月中旬攻占康家崖，迫使河州回民军全部退守洮河以西的三甲集等地。10 月上旬，左宗棠下达渡河作战命令。中、左两路清军于狄道搭造浮桥，6000 名官兵过河抢占有利地形，构筑营垒工事，在洮河西岸取得了立足点。随后，在中、左两路清军的掩护下，右路清军在康家崖强渡洮河，回民军凭借事先构筑的壕垒顽强抗击，使清军几次强渡都未成功。

11 月中旬，王德榜等人率军渡过狄道浮桥，配合中、左两路过河清军猛攻回民军的黑山头阵地，右路清军乘机在康家崖等地渡过洮河。渡河成功后，清军于 11 月下旬分路进攻河州第一重门户——三甲集。回民军损失几千人，退守太子寺。太子寺距河州东 50 余里，是河州的重要关隘。回民军在此重点设防，掘有一道长壕，并在险要处设置了许多垒卡。

1872 年 1 月（同治十年十一月），清军从东、北两面进攻太子寺，但几次进攻均未奏效，损失惨重。后来，清军转而从南面进攻，四十余个营密布于太子寺南 20 余里的新路坡。2 月 12 日，回民军利用夜色潜

---

① 三甲集：即甘肃广河县三甲集镇，号称“西北第一集”，在明朝就有“茶马互市码头”的称誉，是古河州的东大门、古丝绸之路南道的重镇。

入新路坡，并构筑起三座坚垒，堵塞了清军的狄道运粮线路。次日，傅先宗部进攻坚垒，未能攻克，随后又会同杨世俊部分三路进击，摧毁回民军的木栅。回民军枪炮并发，击伤大批清军，傅先宗一马当先，被炮击中，当即阵亡。回民军乘势反攻，杨世俊率军拼死抵抗，撤出战场。2 月 15 日，徐文秀率部驰援，将回民军打退。傅先宗部因失去统帅，后撤照顾粮道，仅剩杨世俊率部驻扎石梁坡，势单力孤。回民军乘机加紧攻势，杨世俊难以支撑，只好率军撤退扎营。

2 月 19 日，大风扬沙，回民军乘势攻打傅先宗余部，被徐文秀击败。黄昏，回民军主力开到，清军溃败，一发不可收拾。徐文秀恼愤至极，独自率 300 人拼死抵抗，身上多处负伤，直到战死。左宗棠接到败报后大为震惊，飞马传令让沈玉遂接收徐文秀的指挥权、王德榜统领傅先宗余部，并斩杀傅先宗部队中最先溃退的 6 名将官，令各部推进扎营。

在与清军激战的过程中，回民军伤亡也很惨重。马占鳌听说左宗棠痛失数名爱将后异常悲愤，正调动军队络绎赶来，加上西宁等地的回民起义军都已归顺，他自知官军不可力抗，自己去路已绝，于是派人到三甲集向清军求抚。

左宗棠接到奏报后，结合当时清军艰难进剿的战局状况，提出指示：办回之道，不外剿抚兼施，如果回民军诚意投降，应网开一面；但如果反复无常，就要细细查问。他派出已就抚的陕西回民首领陈林、马桂源等人详细查探，直到马占鳌头顶《古兰经》发誓不反复后，才命人收缴马占鳌部队的兵马枪械。马占鳌还派出自己的子弟前往安定向左宗棠献马，实际上是送去人质表示投诚的决心，左宗棠让他们回去搜缴河州回民军的马械。他认为借马占鳌投诚缴兵械之机，正好开展回民的安抚工作，但一定不能重蹈金积堡的覆辙。因此，他仍将马占鳌投诚的部队隔离安插，及时送到屯垦之地耕种生产。就安抚一事，他认为若想数十百年之内相安无事，就不能求速，应从容应对、循序渐进。首先派人到乡民间查验兵械是否已完全上缴；其次向投诚的回民发门牌，以十家百家为最小管辖单位，小范围内回民自治，但大的掌控权仍应由清军执掌，通过这个散党收权的方式，谋划西北回族管理的久远之计。此外，他还指示“河州从教之民，宜勒令改汉，将来即以兵屯之地与之”，从而削弱新教对回民的精神控制，更便于朝廷管制。

克复西宁

河州之战结束后，左宗棠于 1872 年 8 月中旬进驻甘肃省城兰州，开始准备剿平盘踞西宁的回民军。

西宁在兰州西面，是当时甘肃省的一个府治。1860 年（咸丰十年），阿訇马文义因不堪忍受地方官府的民族压迫、宗教歧视和地主团练的欺凌，率领回民教众起义，切断了兰州至西宁的交通。后来，循化（今青海循化县）回绅马桂源成为这支起义军的首领。1863 年（同治二年），马文义率回民围攻西宁府城等处，西宁办事大臣玉通无力镇压，与马文义、马桂源达成“抚议”，解散团练，保举马桂源为循化厅同知。1865 年（同治四年），富亮借口回民起事，调集兵勇团练大杀城内回民，马文义组织反攻，起义声势扩大，西宁府属地区大部分被起义军控制。玉通被迫再作让步，报请朝廷分别任命马桂源、马本源兄弟为西宁知府和护西宁镇兵篆，起义者实际上掌握了西宁的军政大权。随后，在马桂源的保护下，马文义率回民军攻打各处。1869 年（同治八年），回民军进攻威远堡（今青海互助县威远镇）等地，占据平戎驿（今青海海东市平安镇），又派数千骑应援马化龙领导的回民起义，与河州、肃州起义军互相支援，与新疆回民起义亦有联系。1871 年（同治十年），马化龙率领的回民起义被镇压后，陕西回民军首领白彦虎率众西进至西宁，驻扎在大、小南川一带，与西宁回民军联合。

左宗棠在金积堡战斗结束后，指示刘锦棠裁遣部分老湘军，在湖南重新募补数营。新募之勇个个身强力壮、诚朴耐战，战斗力进一步提升。1872 年（同治十一年）7 月，刘锦棠率新募湘军回到甘肃，左宗棠立即召他到兰州面商军机。9 月初，刘锦棠受命率军进至碾伯（今青海海东市乐都区），西宁之战正式拉开了帷幕。

碾伯和西宁同在黄河上游的支流湟水[①]之上，相距约 80 余里，湟水两岸高山耸峙，中间仅有一条数尺宽的小道通行。回民军在该处山上筑有坚垒，并派兵防守。清军自碾伯进攻西宁，必须首先攻克这一障碍。此次刘锦棠出碾伯，左宗棠嘱咐他以进剿陕回、在此路过的理由作为掩护，等待时机再行动，不可操之过急。不料刘锦棠刚出碾伯不远，便遭到回民军的迎头痛击。马桂源果然以官军激变为由，调遣各路回民军进行抵抗。左宗棠斥责了马桂源的做法，并进行严正交涉：如果因为清军进剿陕回而当地回民发生暴动，那就是当地回民自取灭亡，之前的求抚也并非发自真心。无论官军是否有激起民变的举动，当地回民军一旦与陕回勾结应和，将坚决采取武力行动，绝不姑息！

11 月，双方发生激烈战斗，伤亡惨重。刘锦棠在湟水北岸增建堡垒，并在对战中乘势夺据高处的回民营垒，击毙回民军 2000 余人。左宗棠调兵增援，命刘明灯率骑兵驻扎碾伯西南，保护粮路运输，使刘锦棠在前线能专心作战；杨世俊等率十一个马步营归刘锦棠指挥，以加强进攻力量。刘锦棠得此生力军后，指挥部下用开花大炮猛轰回民军的堡垒。回民军力不能支，分两路迅速撤退，峡内的各个军营顿时瓦解，丢弃的马匹、骡子和武器堆积成山。小峡南北的关隘逐渐失守。

11 月 19 日，刘锦棠率军势如破竹，进至西宁，回民军首领纷纷投降，部众随即瓦解。次日，西宁城内的数万名难民迎接刘锦棠大军入城。当时城内尚存 1000 多名回民，刘锦棠令他们全部在原地安居，于是，附城的回民也纷纷出城请求安抚。追随马桂源的回民也陆续逃回，接受安抚。唯有不肯降清的白彦虎、马桂源各率一队人马，分别北走大通、下巴燕戎格（今青海化隆回族自治县巴燕镇）。

---

① 湟水：黄河上游重要支流，位于青海东部，发源于青海海晏县境内的包呼图山，流经青海、甘肃，在甘肃永靖县和青海民和县之间注入黄河。

左宗棠闻讯，一面命刘锦棠全力北进大通，追击白彦虎；一面檄调陈湜、沈玉遂从河州率清军西进巴燕戎格，堵截马桂源。1873 年（同治十二年）2 月初，刘锦棠率军围攻大通，城内回民为了自保，将与马桂源勾结的马寿等人捆绑献出。清军与白彦虎在大通南面的向阳堡激战，数十名提督、总兵、副将战死，伤亡惨重，艰难地攻克了大通。但白彦虎仍拒不投降，率领 2000 人投奔肃州回民军而去。巴燕戎格方面，陈湜、沈玉遂等人配合刘锦棠包围并擒住马桂源等人的妻子，引诱其出降。清军软硬兼施，既派人劝降，又陈兵示威。最后，马桂源的部众多数降清，他自己也被押解到兰州。陈湜连占巴燕戎格、循化二城，西宁之战胜利结束。

肃州攻坚战

西宁回民军被击败后，肃州成为陕甘回民军的最后一个基地。左宗棠在进军河州时曾派军攻打肃州。肃州位于河西走廊[1]西段，是内地连接新疆通道上的一座重镇。1865 年（同治四年），马文禄领导肃州回民起义，占据肃州城和嘉峪关，后来虽然受抚，但仍保留了很大程度的独立性。

1871 年（同治十年）7 月，俄国出兵侵占新疆伊犁地区，声言要“代收”乌鲁木齐，新疆形势危急。清廷在急令乌鲁木齐提督成禄西出嘉峪关的同时，又命左宗棠派兵驻防肃州。左宗棠听到沙俄入侵的消息，大为惊讶，立即调派原驻靖远的徐占彪率 6000 人向肃州进发，扼守嘉峪关。

12 月中旬，徐占彪一军经过艰难跋涉，行抵凉州（今甘肃武威市），进入河西走廊。1872 年（同治十一年）年初，徐占彪军行抵高

① 河西走廊：是中国内地通往西域的要道，夹在祁连山与合黎山、龙首山等山脉之间，狭长且直，形如走廊，又因地处黄河之西，被称为“河西走廊”。

台，离肃州300里。马文禄听说大队清军前来，决定率回民军进行抵抗。徐占彪向左宗棠提议先进军肃州以南的红水坝，遏止马文禄率起义军南下支援。3月，徐占彪率军抵达红水坝，与马文禄的回民部队交战，击退了几千名据险防守的回民军。4月底，肃州的回民军埋伏在城濠内，出兵抵抗。徐占彪率军在距城10里处迎战，佯装战败，回民军出动全部兵力追杀。半路上清军伏兵杀出，拦截马文禄，但失手未将其抓获。此后马文禄避战不出，只是下令加强守备。

6月11日，关外3000名缠头回民入关增援肃州，他们在城西南塔尔湾增修壁垒，连接黄草埽，以阻挡清军。6月23日，徐占彪派归化（即呼和浩特市旧城）的回民军引诱城内回民军出战，将之重创。与此同时，徐占彪率部攻打塔尔湾，攻破十几座堡垒，并多次打击增援的回民军，斩杀其首领。不过，清军依旧未能攻入肃州城。

7月11日，城内回民军出动数千兵力，着白衣，戴白巾，从南门排列阵式，向清军步步逼压推进。徐占彪令各营戒备，待回民军气尽力竭后挥兵纵击。回民军推进的速度很快，但在他们到达距清军兵营几丈处时，西边忽然飘来大片黑云，回民军阵列上空雷雹交作，将其火器全部淋湿。在徐占彪的指挥下，清军一鼓作气，奋勇杀出，回民军全线溃退。7月22日，徐占彪率部乘胜攻打肃州城东北的回民军堡垒，并将其全部扫平。接着，又围攻朱家堡，攻克堡垒。至此，回民军环城修筑的防御堡垒大部分被拔除。

马文禄见肃州回民军节节败退，忙向陕西回民军和白彦虎等部求援，但陕回与白彦虎均持观望态度，未做实际支持。这时，左宗棠又派刘锦棠率兵驰援徐占彪，清军实力大增。8月，马文禄出城求抚，徐占彪认为他并非诚心归降，予以拒绝，并分兵环城驻扎，但因兵力不够，无法合围，只得向左宗棠请求增援。左宗棠苦于西宁之战正值关键时刻，不敢轻易抽兵。直到12月，西宁之战已近尾声，左宗棠才令陶生林等率3000人往援助攻。

1873年（同治十二年）2月，金顺、陶生林等军抵达肃州城外，帮助徐占彪完成了对肃州城的合围。清军在肃州城外挖壕筑墙，墙外复置木栅，又在几个要点上修建炮台，完全控制了肃州城的出入通道。4月，从西宁败走的白彦虎率回民军抵达肃州外围，计划与肃州城内的回民军夹击清军。清军凭垒而战，严密防守，使回民军无法会师，白彦虎再次出走，西入新疆。肃州回民军被隔绝在城内，成为一支孤军。

然而，面对固若金汤的坚城，清军一筹莫展。左宗棠认为自古攻坚就没有善策，只得不断增兵，与回民军耗时间，试图将其拖垮。6月25日，清军开始用大炮攻城，徐占彪率军越壕登城，攻占东关。8月初，左宗棠派人携新式大炮前往肃州城外。此时清军对肃州已围攻一年半，始终劳师无功。关外局势又日趋紧张，急需援军，于是清廷发出上谕，限令左宗棠、金顺“克期攻拔，以安边圉”。

9月10日，左宗棠由兰州出发，亲往肃州督师。抵达肃州后，他巡视城外各军，调整布防，约期会攻。10月5日，马文禄派人出城乞降，左宗棠觉察到这只是马文禄的缓兵之策，目的是使清军放松戒备，便未予批复，只是让他张贴告示晓谕城内的回民百姓：老幼妇女免死，诚心投降者可赴营听遣。马文禄见诡计被识破，又担心城内回民出城投降，便决定不张贴告示。

10月6日，清军开始攻城，遭到城内回民军顽强抵抗，清军束手无策，还损失了奇捷营统领杨世俊。左宗棠分析认为，马文禄如今只剩一座孤城，即使负隅顽抗也坚持不了多少时日；官军应调整进攻策略，避免因敌上我下的现状造成人员伤亡，可以在城外架设大炮对准城中轰击，并增挖地道。与此同时，他还使用心理瓦解战术，命人每天在肃州城下向城内叫阵：告诉马文禄，他的死期将至，好自为之。

10月30日，刘锦棠率老湘营五个营的兵力及部分收编的回民军赶至肃州。马文禄自知生路已绝，哀恳出城乞抚，于11月4日亲自到左宗棠大营投降。11月12日，左宗棠审讯了马文禄等回民军首领后将其诛杀。当晚，清军入城纵火，除900余名老弱妇女残留性命外，其余4000余名回民皆葬身火海，其中大部分是手无寸铁或放下武器的回民。

这一屠城行为也令左宗棠备受争议。

平定河州后，左宗棠在给朝廷的奏章中写到自己的安抚思路及善后工作，“以抚局论，分起安置，涣其群，孤其势……觅水草不乏、川原相间、荒绝无主、各地自成片段者，以便安置”；同时，他还根据时令发给种子，令回民下种耕种，而“所需农器及各器具必不可少者，一律酌给”。他的这些做法得到了汉民、回民的拥戴。除此以外，他还在奏章中提到了当时正在办理的善后事务，“如清厘地亩，编审保甲，分给门牌，安设驿站，修葺城垣、关隘各事宜”。俗话说“民以食为天”，被安插的回民得到耕地后，温饱问题基本得到解决，加上西北地区当年“春夏之交，雨泽早降”，粮食收成颇丰，其作乱之心逐渐平息。

左宗棠与回民军作战花了整整五年时间，恰好与他当初对慈禧太后的承诺相吻合。奔波操劳的戎马生活本已使花甲之年的他力不从心，加上这一时期湖南家中频遭变故，至亲相继离世，多重悲痛无情地啃噬着他的内心。

1870年（同治九年）正月，左宗棠年仅33岁的小女左孝瑸殉夫离世。十天后，他的夫人周诒端在湖南家中病逝，享年59岁。左宗棠与夫人相濡以沫，情感至深，他在给友人的信中写到自己丧妻后的悲恸心情：“春间复抱亡妻之戚，忍哀割痛，以就王事，形未瘁而神已伤。计西事粗定，亦将辞尘界而同归大暮矣。”爱女、发妻的亡故，让他生出厌世之感，但皇命在身，他只能强忍悲痛，继续领兵作战，唯一能做的只是写一篇饱含深情哀痛的墓志铭寄回老家，以表自己对亡妻的一片深情。他曾在家书中向诸子详细询问周夫人的墓穴情况，并感慨自己“未知何日事定还山，一践同穴夙约”。现将铭文摘录于此，供读者体味。

珍禽双飞失其俪，绕树悲鸣凄以厉。人不如鸟翔空际，侧身南望徒侘傺。往事重寻泪盈袂，不获凭棺俯幽竁。人生尘界无百岁，百岁过半非早逝，况有名德垂世食。玉池山旁汩之澨，冈陵膴膴堪久憩。敕儿卜壤容双槥，虚穴迟我他年瘗。①

1871 年（同治十年）十一月，左宗棠迎来了自己的 60 生辰。尽管清廷降旨赏赐，同治皇帝亲手御书“旂常懋绩”的赞语，并赐尚方宝剑，但于公而言，左宗棠此时正忙于指挥平定西宁回民起义，还要兼顾军饷、善后等事宜，战场形势十分紧张；于私而言，上年痛失爱女贤妻，身体长期遭受腹泻困扰，来自多方面的打击使他的 60 寿辰过得颇为惨淡。次子左孝宽为了给父亲庆祝 60 寿辰，在未禀告左宗棠的情况下于长沙住所后加盖房舍。身在甘肃的左宗棠得知后十分生气，在写给左孝威的家书中严厉申斥了这一做法：“贫寒家儿，忽染脑满肠肥习气，令人笑骂，惹我恼恨。”在他看来，左孝宽“但求观美，不顾事理”地加盖房屋，确实出乎他意料之外，这一“养口体，不养心志”之举实则并非“仰承亲训，默体亲心”，但凡思虑周全，想到父亲在数千里外的黄沙远塞间长征未归，就不至于唐突鲁莽至此。因而，他在家书最后严肃警告诸子：到他生日当天，不准大摆筵宴，如果有亲朋好友前去祝寿，以平常酒饭接待即可，坚决不能向人下帖。唯一令他感到欣慰的是，长子左孝威前来甘肃驻地探亲。父子相聚，在军务之余和儿子拉拉家常，说说族人情况，聊聊孙子们读书学习的事情，使他心中稍有慰藉。

1872 年（同治十一年）3 月，左宗棠得知曾国藩在两江总督任上去世的消息，心中泛起无限辛酸与愧悔。这位只比他大一岁的故交，曾对自己有知遇引荐之恩。想当年，他险些因樊燮构陷风波送命，是曾国藩、胡林翼、郭嵩焘这些挚友帮他左右逢源、上下打点，最后谋得仕途。那几年，这些至交相互扶持提携，在两江、闽浙一带镇压太平天国起义。但因为军饷、战术、部队调动等问题，彼此的矛盾逐渐浮出水

① 侘傺（chàchì）：失意而神情恍惚的样子。窿（cuì）：墓穴。澨（shì）：水边。膴膴（wǔ）：膏腴、肥沃。槥（huì）：粗陋的小棺材。瘗（yì）：掩埋，埋葬。

面。待湘军攻克南京，他因狷介狂傲，对湘军所为愤愤不平，便借幼天王洪天贵福窜逃、争饷等事赌气与曾国藩断交。后来奉命西征剿捻平回，曾国藩不仅安排得力干将刘松山率老湘营佐助，还按时保量地发送协饷、粮草，不因过往龃龉而设法牵制推诿。断交后，他经常不分场合地大骂曾国藩，但从旁人口中却得知曾国藩对自己抱着认可体谅的态度。曾有人欲借断交一事离间他们，但曾国藩毅然维护，声言二人所争的是军国大计，而非官场争权夺势。宦海沉浮数十年后，渐知天命的左宗棠依稀体味到，人在其位多有身不由己之处，能守本持贞、正心诚意、实心为国民办事，便是尽了为人臣的本分。回望过去，当年自己对曾国藩确有过分苛难之处，而今想到他处理“天津教案”[①]“刺马案”[②]时的艰难，更多了一些理解。随着故人西归，曾国藩公忠磊落的形象也在左宗棠心间渐次明朗起来。为了表达对曾国藩的缅怀，左宗棠寄送一副挽联：“谋国之忠，知人之明，自愧不如元辅；同心若金，攻错若石，相期无负平生。”他在挽联中既高度评价了曾国藩在辅政、用人等方面的杰出成就，也从朋友相交的角度重新界定了二人关系，多年芥蒂终于消解。

1872 年（同治十一年）夏初，左宗棠正忙于安置投诚的回民军，仲兄左宗植在家中去世。收到诸子寄来的家书，他痛不欲生，在回信中说自己与兄长自汉口一别，今生再无与兄长会面之日，同胞兄弟就此缘

---

① 天津教案：1870 年（同治九年）发生在天津的一场震惊中外的教案。当时，法国天主教会在驻华领事馆的武力庇护下肆行宣教活动，并放任教民欺压当地民众。为反对教会特权，天津民众攻击天主教堂并造成数十人被杀。教案发生后，法、英、美、俄、普、比、西七国联合向清廷提出“抗议”，并调集军舰至大沽口武力威胁。清廷派曾国藩处理此事，而曾国藩对外妥协的处理方式在当时引起了很大争议，他也被舆论蔑称为“卖国贼”。经过多次协商，清廷妥协决定斩杀 16 人、缓刑 4 人、流放 25 人，将最初办理此事的天津知府张光藻、知县刘杰革职充军，并派三口通商大臣崇厚专程前往法国“谢罪”，向各国赔银 50 余万两。对于这个结果，曾国藩深受打击，他在致友人的信中说“外惭清议，内疚神明”。

② 刺马案：1870 年（同治九年），两江总督马新贻在校场阅兵完毕返回督署的路上，为刺客张汶祥所杀。事后，朝野震惊，慈禧太后命曾国藩主理此案。案件疑点重重，经过一年多的审理，曾国藩以“漏网发逆”“复通海盗”的罪名上奏清廷，将张汶祥处决。但朝野、民间对此事议论纷纷，且对曾国藩多有指摘。

尽，想起曾经兄友弟恭的天伦之乐，如今怎能不悲伤？为了缅怀兄长，他嘱咐诸子将左宗植的遗文稿件录副本寄来，他将亲自编次。

接连失去亲友的左宗棠劝诫自己不能在悲痛中沉浸太久，很快又将注意力转移到回民起义军上。他明白仅靠军队的镇压，不可能彻底解决问题。就秦陇大局而言，最终必归于安抚。而安抚的前提是解决流离难民的生存困境，因而他采取适宜的户籍政策、土地安置措施，并设置近代企业，意在提升陕甘地区的经济发展水平，既减轻朝廷的压力，又能促进当地安宁。

第八章　高瞻远瞩，寸土必争

就在陕甘地区日渐稳定之时，边疆的烽火已断断续续燃烧了十余年，俄国出兵侵占新疆伊犁地区，并欲东侵，新疆形势危急。此时的左宗棠已是花甲老人，本该解甲归田、颐养天年，但为了从叛军和沙俄手中收复新疆，他不顾自己年老体弱，毅然投入一场拯救新疆山河的顽强斗争中。

伊犁危机

新疆古称西域，分为南北两部。北部在天山以北，又名北疆，清朝初期为蒙古人所占，称准噶尔部；南部在天山以南，也称南疆，居民以回民为主。康熙、雍正、乾隆三朝都曾派兵征服此地，1755 年（乾隆二十年）和 1759 年（乾隆二十四年），乾隆皇帝在维吾尔等民族的支持下，先后平定了准噶尔贵族和大小和卓①的叛乱，并宣示中外，将西域改称新疆，设立伊犁将军②管理此地。此后新疆完全归入中国版图，但因政治不良，官吏多贪暴，人心未能全部收服。

---

① 大小和卓：和卓是波斯语的译音，本是穆斯林对伊斯兰教始祖穆罕默德后裔和伊斯兰教学者的尊称。新疆伊斯兰教封建上层人物也自称“和卓”。大小和卓叛乱中的大小和卓是指天山南路维吾尔族封建主玛罕木特的两个儿子波罗尼都和霍集占。

② 伊犁将军：清朝在新疆设立的最高军事长官，兼管行政。

新疆是多民族聚居的地区，维吾尔、哈萨克和汉族等各族群众聚居于此。和内地一样，他们饱受满族贵族的剥削与压迫，又由于地处西部边陲，外有俄国、英国和浩罕汗国[①]觊觎已久，内有各族王公伯克[②]的无尽压榨，一些落后的社会制度、少数复辟势力也掺杂其中，加上宗教因素，造成阶级矛盾与民族矛盾、外来侵略与内部复辟、统治镇压与群众反抗等问题错综复杂。

两次鸦片战争给中国社会带来的深重灾难，也波及新疆地区。尤其是太平天国运动，不仅波及江宁至武昌的长江流域，也推动捻军的东西奔驰和陕甘各地回民军的起事，新疆很多回民也闻风而动。

1859 年（咸丰九年），塔城城墙上出现了太平天国告示。1864 年（同治三年），新疆库车、伊犁等地的维吾尔族、回族民众起义，他们打出“官逼民反”的旗帜，声言要伸“百万种冤屈”，以求生存。这次起义遍及天山南北，之后新疆出现了伊犁、库车、乌鲁木齐、喀什噶尔、和阗（今和田）等五个政权并存的封建割据局面，不仅没有给各族群众带来丝毫益处，反而为外来入侵者制造了可乘之机。

1864 年（同治三年），喀什噶尔回族封建主出于战争需要，派人到中亚浩罕汗国请求援助。浩罕自成立汗国以来，便不时向新疆边境骚扰扩张，成为大小和卓后裔伺机复辟的基地。如今机会来了，浩罕统治者乘机派出在政治斗争中反复无常、投机善变的阿古柏及随匿浩

---

① 浩罕汗国：1514 年到1876 年活跃于中亚地区的封建国家。核心地区在费尔干纳盆地，主要城市有浩罕、安集延、马尔吉兰、纳曼干等。居民主要是乌兹别克人，其次为塔吉克人、吉尔吉斯人和哈萨克人。版图包括今日的哈萨克斯坦南部部分地区、乌兹别克斯坦东部以及塔吉克斯坦与吉尔吉斯斯坦部分领土。

② 伯克：为突厥语音译，意为“首领、管理者”等，初见于8 世纪的突厥文碑铭，为显贵和统治者的尊称。古代维吾尔族中有“伯克”这一名称的官职，世袭制。1759 年（乾隆二十四年），清朝平定大小和卓叛乱后，废除伯克的世袭制，将其作为统治新疆地区的基层行政制度。1884 年（光绪十年），新疆改建行省，以州县制代替伯克制度，但仍保留伯克的品级。

罕的新疆和卓后裔张格尔[①]之子布素鲁克入侵新疆。浩罕任命布素鲁克为喀什噶尔汗，一切行政权均由阿古柏执掌，他人不得干预。1865 年（同治四年）1 月，阿古柏秉承浩罕的旨意，打着民族和宗教的旗号，率军侵入我国新疆境内。1867 年（同治六年），阿古柏悍然宣布成立“哲德沙尔汗国”，自封为“洪福之王”。此后，阿古柏用两年多时间镇压了被侵占地区的群众反抗，以去麦加朝觐为名将布素鲁克逐出新疆，同时不断向北疆扩展势力。1870 年（同治九年）9 月，阿古柏攻占吐鲁番，11 月又越过天山侵占乌鲁木齐地区。1873 年（同治十二年），拒不受抚的陕西回民军首领白彦虎率部逃至新疆，投靠阿古柏，为虎作伥，阿古柏更加猖狂起来。

侵占喀什噶尔等地后，阿古柏安插亲信，使其掌握军政大权，对新疆各族人民进行极端野蛮残暴的压榨与统治。他每侵占一地，就大肆屠杀群众。侵占和阗后，抢劫、屠杀了五天五夜，5 万多人丧命于此。第二次侵占乌鲁木齐时，更有 20 多万回民死于阿古柏的屠刀之下。他于各城征收地税，令回、汉易服，效其国俗，任用间谍特务，恢复奴隶买卖，强迫非伊斯兰教徒改信伊斯兰教，横征暴敛，巧取豪夺，强征土地。在阿古柏的一系列高压统治政策下，新疆陷入风声鹤唳的绝境，平民百姓愈加贫困，流离失所者众多。

新疆地处中亚东部，与中亚地区及印度接壤，一直以来都是俄国、英国争夺的重要目标。在阿古柏入侵新疆的同时，俄国、英国也在积极推行殖民扩张政策。为了执行“南下”国策、抢占有利市场，俄国早就想控制新疆，与英国争雄。

当时，英国竭力从印度和波斯湾北上，一方面向中亚渗透，另一方

---

① 张格尔（1790—1828）：新疆伊斯兰教白山派首领，大和卓波罗尼都之孙，出生于浩罕汗国。素有政治野心，意图恢复祖先阿帕克和卓时代的神权统治。从 1820 年（嘉庆二十五年）到 1831 年（道光十一年），张格尔利用南疆各族人民的反清情绪及其宗教影响，集万余人发动叛乱，企图复辟。1828 年（道光八年）初，张格尔逃至喀尔铁盖山（今喀拉铁克山），被清军擒获，解至北京处死。

面极力阻止俄国通过中亚向南扩张。而且新疆的喀什噶尔等地是英国倾销商品和印度货物的潜在大市场，也是通向伊犁等市场的门路。因此，英国于1868年（同治七年）派使者向阿古柏赠送武器，双方相互勾结。俄国比英国更积极、更疯狂，一方面大肆吞并中亚土地，一方面从中亚南下，直叩印度大门，将浩罕视为侵略新疆的重要过渡。俄国也与阿古柏联系，企图将他作为侵略新疆的工具。1866年（同治五年），俄驻纳伦（位于吉尔吉斯共和国）边防司令与阿古柏达成互不干涉彼此行动的协议后，双方来往日益频繁。特别是在1870年（同治九年）后，俄国资本主义迅速发展，资产阶级需要兼并更多的领土来扩展市场，于是把喀什噶尔视为俄国纺织品天然的销售市场，甚至竭力想把新疆从中国的版图中分割出去，作为与英国的缓冲国。为了达到这一目的，俄国在利用阿古柏侵略扩张的同时，又积极策划出兵侵占新疆伊犁，使新疆危机更为严重。

伊犁是我国西北边疆重镇，战略地位十分重要。曾任驻俄大使、与俄国谈判收回伊犁事宜的曾纪泽[①]曾说，伊犁虽小，却不仅仅是西域的门户，也是中国的腹地。但就西域来说，英法两国都认为伊犁是中国镇守新疆的一大炮台。正因为伊犁具有如此重要的地理位置，临近的俄国对它垂涎已久。早在19世纪20年代，俄国就将侵略的魔爪伸向伊犁地区。鸦片战争后，俄国“不遵旧章，妄行侵越”，于1851年（咸丰元年）强迫清廷签订不平等的《中俄伊犁塔尔巴哈台通商章程》，取得在伊犁、塔城设置领事的特权。第二次鸦片战争后，又通过《中俄北京条约》《中俄勘分西北界约记》强制分割了中国西北部巴尔喀什湖以东、以南44万多平方公里的领土。伊犁此后更加暴露在外国侵略者的魔爪面前。

俄国统治者认为，只要侵占了伊犁，将来吞并新疆，侵略西北乃至北京便易如反掌。所以，俄国在强迫清廷签订《中俄勘分西北界约记》后，便设法把俄国的边界向东推移，深入中国准噶尔地区，使之全部纳

---

① 曾纪泽（1839—1890）：字劼刚，号梦瞻，曾国藩次子，中国近代史上第二位驻外公使，与郭嵩焘并称“郭曾”。曾出任驻英、法大臣，后兼驻俄大使。死后追赠太子少保，谥号“惠敏”。

入俄国版图。为了达到这一目的，1867 年（同治六年），俄国借伊犁起义向清廷提出：“西疆情形，本国急欲早就平定……绝无坐视之理。”可见俄国早已对伊犁地区居心不良，只因受浩罕汗国及镇压多地民众反抗掣肘，才放缓东侵伊犁的步伐。但速度变慢并不影响俄国加紧准备入侵伊犁，沙皇政府制订了侵略伊犁的详细计划，并在伊犁沿线加派兵力，寻衅滋事，以期挑起事端。

1870 年（同治九年），俄国将侵占伊犁的计划逐步转为实际行动。当时，俄国国内出现了永久占领伊犁地区作为殖民地的公开言论；同时，俄国已镇压了中亚的民众反抗。8 月，俄国派兵侵占木札尔特山口，这是伊犁和喀什噶尔之间的唯一通道。11 月，俄国派少数精兵潜入伊犁，窥测地形，刺探军政情报。

1871 年（同治十年）春，俄国增派军队，在靠近伊犁的地区蠢蠢欲动，借口新疆局势混乱，妨碍其边境安全，直接出兵侵占了伊犁。随后，俄国对伊犁进行残酷的殖民统治，并以此为据点向东扩张，甚至大放厥词“代取乌鲁木齐”。侵占伊犁两个月后，即 1871 年（同治十年）9 月，俄国授意其驻华公使倭良嘎里向清朝总理衙门上报俄国军队于 7 月“克复”伊犁城池，请定如何处置，并以“本国愿将所得伊犁地面交还贵国”的惺惺作态来掩盖其久欲窃据伊犁的侵略野心。

清廷得知伊犁被侵占的消息后，立即采取措施。外交上，除与驻京俄国公使交涉外，还派荣全署理伊犁将军前往伊犁，与入侵伊犁的科尔帕科夫斯基谈判收回伊犁。军事上，因“闻俄人尚欲带兵收复乌鲁木齐”，清廷令乌鲁木齐都统景廉带兵相机收复，并敦促在甘肃高台的乌鲁木齐提督成禄立即统兵出关，与景廉会合，共同进兵收复。此外，清廷还谕令淮军刘铭传[①]向西行军，绕兰州北面，由甘肃、凉州、肃州一带出关前进，力图收复新疆各城。对于左宗棠，清廷除了命他全力平定肃州

---

① 刘铭传（1836—1896）：字省三，自号大潜山人，因排行第六、脸上有麻点，人称刘六麻子，安徽合肥（今肥西大潜山麓）人。清朝名臣，著名淮军将领，系台湾省首任巡抚、洋务派骨干之一。

回民之乱，还根据陕甘总督的职责命他统筹全局，兼治新疆之乱。因形势紧迫，清廷对左宗棠寄予厚望，在谕令中体现为“当此事机紧迫，谅该大臣必能力任其难，以纾朝廷廑系”。面对慌张的朝廷，左宗棠客观分析当时的陕甘局势后上奏说：他原计划先设法夺取河湟地区，然后专心西进；现在他认为“强邻觊觎狡然思逞”，形势于国家安全不利，应随机应变而不必拘泥固执。随后，他将原来一先一后的计划改为同时进行，调徐占彪率十二个营的蜀军奔赴肃州，提前打通清军西进的通道。

除了军事上的建议外，左宗棠还上书总理衙门，就荣全与俄国交涉一事提出自己的看法：荣全此去与俄国人交涉，对方必定以巨额军费相要挟。如果他们所求不多，彼此可以明确地界，承诺永不相犯，不妨变通后答应下来，使其再无侵扰边境的借口。如果俄国想久踞新疆，索要巨额兵费，故意为难朝廷，便要多加思虑。因为如果此时委屈自己暂且答应下来，之后难以实现诺言的话，无异于授人以柄，让对方有借口发兵开战，即使那时收复伊犁，恐怕还会得而复失。他认为，国家战乱不断，国外列强环视，面对如此不利的环境，如果能与俄国顺利了结伊犁之事，其后应调整边境人员布置，安排精简部队驻守。假如俄国一心想要东侵，朝廷则应收敛锋芒，速战速决，不能持久消耗。此次与俄国交涉，与历史上的勾践灭吴相似，应抱持卧薪尝胆的决心，反弱为强。在他看来，“图自强者，必不轻试其锋”，而应养精蓄锐，有待来日。具体办法是整军练武，用西法练兵，用我国劈山炮辅以洋枪，护以刀矛，“师其长并能补其短”，从而达到预期目的。

在清廷筹措战备期间，俄国对新疆地区的侵略更向纵深发展。1872年（同治十一年）3月，索思诺夫斯基带200多人携带武器，假扮商人在中国布伦托海①收集情报，随后又在科布多地区②绘制地图、钉立标

---

① 布伦托海：即乌伦古湖，位于新疆阿勒泰地区福海县境内。

② 科布多地区：东接喀尔喀蒙古的扎萨克图汗部，有驿道直达乌里雅苏台，西通塔尔巴哈台（治今塔城）、伊犁，南通迪化、巴里坤，北邻唐努乌梁海，西北与俄罗斯接壤。由于沙俄侵略以及外蒙古独立，科布多如今分属蒙古国、中国、哈萨克斯坦和俄罗斯。

杆，为随后的武装入侵引路。同年11月，沙俄派军伪装成商队偷袭乌鲁木齐，在玛纳斯河[1]西岸的石河子遭到徐学功率领的当地民团的痛击。1872年（同治十一年）6月，俄国派参与侵占伊犁的悍将考尔巴尔斯率领使团到喀什噶尔，订立了俄阿《通商条约》，承认阿古柏的元首地位，摆脱浩罕汗国对阿古柏的牵制，从而利用阿古柏攫取在新疆南部通商、建立牙行[2]、设置商务专员等权益，使南疆变为俄国向邻近地区扩大侵略的跳板。更为嚣张的是，俄国在与署理伊犁将军荣全谈判时，不仅避而不谈伊犁交还的问题，反而叫嚣“新疆各处地方，中原若不取，俄国能取”。鉴于此，荣全渐知其虎狼之心，并将之公告朝廷：“探其志，不只在要求重币，亦不仅窃踞伊犁，将尽新疆之地皆为己有而后已！”

1873年1月（同治十一年十二月），清廷在与俄国谈判的过程中，看到俄国玩弄手段、拒不交还伊犁并想进一步扩大侵略，认为收回伊犁不能仅靠谈判桌上的几句话，必须兵力足以威慑，先发制人，方能操纵自如，杜其觊觎之意。此后，清廷决定以武力收复新疆被侵占的领土。

左宗棠极为拥护朝廷态度的转变，他在上书总理衙门时首先肯定了言语谴责俄国的积极性，俄国长期强占伊犁，清朝官员站在“理”的一方义正辞严地驳斥其做法，可以表明清朝鲜明的立场，向全世界揭露俄国的嚣张行径。另外，他还根据“在理而亦在势”的思想，着重论述了收复新疆要注意的“势”，即武力。

首先，他指出武力出征的必要性。当时清廷虽在新疆布有重兵，但战斗力不足，无法有效阻止俄国人趁机窃据。且根据俄国早先的行径，可知其贪心不足、奸诈狡黠，因此收复新疆必须付诸武力。但是，当时的钦差大臣景廉兵力单薄，继进诸军并无斗志，无法倚靠他们冲锋陷阵、克复失地。

---

① 玛纳斯河：位于新疆维吾尔自治区准噶尔盆地南部。源出天山北麓，北流注入玛纳斯湖。

② 牙行：在市场上为买卖双方说合、介绍交易并抽取佣金的商行或中间商人。

其次，他理清了收复失地的思路，即采取“欲杜俄人狡谋，必先定回部；欲收伊犁，必先克乌鲁木齐”的战略方针，由东向西稳步推进，先稳定陕甘回民，然后以武力收复阿古柏侵占的乌鲁木齐。收复乌鲁木齐后，向侵占伊犁的俄国侵略者明确宣示“我之疆索，尺寸不可让人”，随后遣使与俄国定约收回，甚至可以支付他们酬资犒劳，保留转圜的余地。在如此不失礼数的交涉下，如果俄国奸谋不尽，一心想要挑起战争，主客劳逸之势立见分晓，朝廷无论在舆论还是战局上都将立于正义之地。

再次，就如何巩固形势、加强武力，左宗棠主张“兴屯政以为持久之谋”，整齐队伍，严明纪律，精求枪炮，再任命有才能的将领，兵丁团结、士气高涨、粮草方面没有后顾之忧，势必能够转弱为强，制服劳师远袭的俄国侵略者。

最后，左宗棠说当务之急不在于筹划处置俄国的方法，而在于精心挑选出关的将领；不在于先索要伊犁，而在于急取乌鲁木齐。精选出关之将，关系到收复新疆大局，但朝廷当时任用的边疆要员多是满族权贵，左宗棠认为这些人都不是合适人选。因此，清廷与左宗棠在慎择主将上出现了一些分歧。

1873 年（同治十二年），荣全自奉命前往伊犁，“久不得要领”，于是，清廷又派金顺出关，诏令左宗棠筹措粮饷运输。当时正是青黄不接之时，若出兵关外恐怕无法保证军粮供应，加上驼队运输也遭遇问题，所以左宗棠建议金顺推迟出兵。恰逢哈密一带受到侵扰，清廷再次催促金顺出关驰援，对于军粮及运输问题，清廷命左宗棠在玉门关筹办转运粮台。左宗棠认为金顺所率部队在陕甘地区作战日久，士卒疲乏，战斗力下降，建议先让湖南提督张曜的嵩武军和额尔庆额的马队先行。

同年 11 月，肃州的回民起义军被镇压。清廷认为应乘此声威分兵西征，于是命金顺带兵速至古城，进图乌鲁木齐；额尔庆额率马队随金顺西进；张曜则驻扎哈密，以防外侵；穆图善率马队前往敦煌、玉门关一带驻扎；左宗棠仍负责统筹粮饷军火等。彼时正值冬季，关内缺粮草、关外缺骆驼，左宗棠将粮草与运输两大难题向朝廷呈报，并根据自己的职责范围说明粮草只能供到哈密。

1874 年（同治十三年），清廷派钦差大臣景廉、帮办大臣金顺在古城会师。此时古城的驻兵仅金顺前锋各营和额尔庆额马队，其余军队则在哈密、肃州等地观望不前。清廷依旧催促左宗棠督办粮运，并派袁保恒[①]以户部侍郎身份帮办，将西安的征粮移至肃州。此时左宗棠相当于为景廉等人办理转运的后勤部长。袁保恒在未与左宗棠商议的情况下，采办了大量驮马车队，准备由肃州向关外供应粮草。左宗棠认为粮台不应设在肃州，清军驻扎在关外，由关内向关外运粮，不仅路途遥远、风险增大，而且劳资重、费时长。加上关外以沙漠为主，驼队是主要的交通工具，马车队无法长途跋涉运粮，最佳方案应是军队就近采运粮草。但这一方案不仅袁保恒不赞成，就连关外的景廉等人也纷纷催促左宗棠由肃州运粮。清廷派袁保恒移驻肃州、帮办粮饷转运，实际上是将左宗棠悬置，这一部署人为地为收复新疆增加了困难。截至当时，俄国已侵占伊犁长达三年。清廷日日催促进攻，而部队问题、粮食问题、运输问题始终在盘旋曲折中，得不到解决。

针对这些问题，左宗棠在写给友人的书信里表达了自己的观点和态度。

首先，他对朝廷委派景廉、成禄等人负责收复乌鲁木齐表示疑虑。在他看来，景廉尽管“素称正派，亦有学问”，但“泥古太过，无应变之本”，而且倚信之人“阿谀取巧，少所匡助，而倚势欺人，时所不免”。他在写给刘锦棠的信里说，俄国对侵占伊犁蓄谋已久，景廉、成禄在新疆屯兵数年，却无法收复乌鲁木齐，其畏葸不前的举动实难让人相信他们能有所作为。在给沈葆桢的回信里，他更明确地指出俄国越俎代庖收复伊犁，企图长期借用不归还，如此险恶用心之下，朝廷派出关

① 袁保恒：字小午，号筱坞，项城（今河南项城市）人，袁世凯叔父。清朝官员，先后佐李鸿章、左宗棠军幕二十余年，官至刑部侍郎。

的将领都是些愚钝懦弱之辈，其单薄的兵力早已为俄国窥破，将来很有可能再次滋事。

其次，左宗棠看待俄国侵略者的态度一反朝廷众臣的神话夸张，认为清军有可能战胜俄国侵略者。他在写给刘锦棠的信中分析了当时的形势：尽管俄国窥视西部边疆已久，行动迅速，局势日益紧急；但俄国不是不可战胜的，因为侵占伊犁的俄军离其国界千余里，假如继续长驱深入，一旦遇到善战的军队，势必无法全身而退。

最后，左宗棠一再表示自己“当与此虏周旋”的坚强决心，即使年逾六旬、体弱多病，“衰疾日增，恐无生出玉门之望”，他仍以国家和民族利益为重，誓与俄国侵略者周旋到底。相形之下，时年不到 40 岁的刘铭传在接到朝廷命他率部出关的谕令时，却以河湟地区的回民动乱尚未平定、运送军粮困难、南方兵士不宜冲塞涉远、自己头疾复发为由，请假回乡养病。这也使左宗棠坚强的抗敌爱国思想和精神更加立体凸显，也暴露出左宗棠所率楚军与李鸿章的淮军之间极大的嫌隙。

沙俄侵占伊犁后，英国也不甘落后。1874 年（同治十三年），英国通过与阿古柏签订不平等条约，攫取了更多新疆地区的特权，如英人可以购买、出售或租用土地、房屋或货仓，以及领事裁判权等。这样一来，由于阿古柏的侵入和英俄两国的侵略，不仅伊犁地区、乌鲁木齐地区和吐鲁番以西的大片领土被武装侵占，整个新疆都面临着被侵占的严重威胁。新疆危急，将直接影响相邻的陕、甘、蒙古乃至内陆腹地的安宁。因此，新疆民众与外国入侵者之间的民族矛盾，不仅是新疆地区的主要矛盾，也是当时摆在清廷乃至中国全社会面前的主要问题。左宗棠深刻地认识到新疆问题的严重性，故坚决主战。

在大部分精力被平定陕甘和新疆问题占去的情况下，1873 年（同治十二年），左宗棠再次经历了失去至亲的痛楚。这年春天，他的次女左孝琪去世。五个月后，年仅 27 岁的长子左孝威也在家中去世。62 岁的左宗棠先后痛失儿女，老来丧子，不胜其悲。前年左孝威才从老家远道而来，到军营中探望了父亲，尽管他当时身染微恙，但回家后尽心调养，兄弟照拂，渐有起色。左宗棠万万没有料到，不到两年，竟变成白发人送黑发人。左孝威是他最喜爱的儿子，为人仁义，早在 1865 年（同治四年）就以三品荫生入仕，前途一片光明，却在大好年华与世长辞。他在写给沈葆桢的信中提及此事："大儿孝威，久病不起，竟于七月十四日化去。临危神志湛然，不胜惨悼之志。此儿天性孝友，短算赍志，实非所料，如何如何。"悲痛之余，他在家书中嘱咐左孝勋、左孝宽等子尽心处理长兄后事，自己则继续奉旨督办新疆军务。

海防与塞防之辩

正当俄国、英国对新疆虎视眈眈之际，1874 年（同治十三年）5 月，日本入侵台湾，清廷的海防陷入重重危机。

日本侵占台湾，向清廷发起侵略战争，是从处心积虑地一步步侵吞琉球群岛开始的。琉球群岛位于太平洋和东海之间，是西太平洋岛链中连接日本九州和中国台湾的重要群岛。琉球自 1372 年（明洪武五年）起就开始向中国称臣纳贡，五百余年从未间断。从 1383 年（明洪武十六年）至 1866 年（同治五年），共有 24 位国王接受中国皇帝册封。1609 年（明万历三十七年），日本萨摩藩[①]背着中国，将琉球北部诸岛置于自己的直接控制之下，南部仍由琉球国王治理。诡计多端的日本人既要琉球向自己纳贡，又不允许其显露出任何日本势力存在的迹象。这一现象一直持续至清朝晚期。当时清廷因为自顾不暇，根本没有余力处理琉球事务。日本趁机强改琉球国王为琉球藩王，将其对外事务收归日本外务省处理；并出卖琉球利益，争取他国承认琉球是日本领土。

1871 年（同治十年）年底，2 艘琉球贡船遭遇台风漂至台湾，其中，"八重山"号获救，45 名船员被地方官府和当地居民护送到台湾府

① 萨摩藩：正式名称为鹿儿岛藩，为日本江户时代的藩属地，在九州西南部，领土包括今日的鹿儿岛县全域（含琉球国的奄美群岛）与宫崎县的西南部。

城；“太平山”号则在台湾南部北瑶湾触礁沉没，3人身亡，66人凫水上岸，其中54人被土著居民杀害，另有12人被营救至府城。随后，清朝官员将两船船员由福州转送回国。日本借口台湾土著杀害琉球船员，向清廷抗议，扬言要出兵讨伐台湾。1873年（同治十二年）2月，日本政府派外务大臣副岛种臣[①]为“特命全权大使”赴华，以换约的名义向清廷进行讹诈。

当日本正式禁止琉球向清王朝朝贡时，总理衙门派何如璋[②]前往日本与日本政府进行交涉。直隶总督李鸿章认为，琉球乃弹丸之地，孤悬海外，远离中国而靠近日本，仅为了一个小国的区区贡品而以武力相争，不仅没有时间，而且毫无价值。在这一主导思想的影响下，清廷任凭日本把琉球群岛划入其版图。清廷本以为这种息事宁人的态度能让日本不再滋事，但历来觊觎中国的日本怎么可能善罢甘休！如同得陇望蜀一般，日本必然会“得琉球望台湾”。1874年（同治十三年）4月，日本正式成立了侵台机构——台湾都督府，任命西乡从道[③]为“台湾事务都督”、大隈重信[④]为“台湾番地事务局长官”。同时准备出动“日进”号、“孟长”号、“有功”号军舰和“三邦”号运输船，在台湾布置3600名兵将。后迫于西方压力，日本政府下令军舰延迟出发。但西乡从道抗命不遵，与大隈重信乘“有功”号连夜起航，借道厦门，于5月初在台湾南部登陆，遭到当地民众的顽强抵抗。6月，日军以龟山（位于台湾高雄市左营区境内）为基地，建立起“都督府”，准备长期占领台湾。

---

① 副岛种臣（1828—1905）：日本“明治维新”的元勋，维新后倡导自由民权运动和宪政，晚年鼓吹侵略扩张。历任参议、外务卿、枢密院副议长、内相。

② 何如璋（1838—1891）：字子峨，广东潮州府大埔县（今梅州市大埔县）湖寮双坑村人。清朝杰出的外交家，中日两国正式邦交的开创者，为第一任驻日公使。

③ 西乡从道（1843—1902）：日本明治时期的海军大将、第一位海军元帅，甲午战争时期的海军大臣，“明治维新三杰”之一西乡隆盛的弟弟。

④ 大隈重信（1838—1922）：日本明治时期的政治家、财政改革家，早稻田大学的创始人，日本第8任和第17任首相。在首相任期内主导改革，使日本建立了近代工业，巩固了财政根基，为后来日本的腾飞奠下坚实基础。

清廷得知此事后，任命福州船政局船政大臣沈葆桢为钦差大臣，率军赴台湾抵抗日军。左宗棠写信给沈葆桢说，侵略者要想完全占领台湾，必先上岸建立码头。……清军可采用水、陆并进的方式，两面压制其凶焰。此外，他还向朝廷建议，除尽快增调步军劲旅外，各路所调步军均须归沈葆桢节制调遣，壮其志气，杜绝避祸就福的私心。在他看来，以日本无理侵占和台湾当时的防务而论，朝廷处于优势，若清军出兵抗击，必能取胜。

但恭亲王奕䜣、李鸿章等人却选择妥协投降，在英、美、法等国软硬兼施的调停下，他们决定与日本签约和谈。左宗棠得知日本在谈判中欲索巨款且久踞台湾后，力主应战，回绝日本的无理要求。他坚持认为，在福建备齐兵勇船械后，从水、陆防剿，中方自有战胜的把握，可以一战。但清廷最后还是采取了退让政策，于10月31日在北京与日本签订《中日北京专约》，赔款50万两白银，并承认原是中国属地的琉球由日本"保护"。左宗棠满怀悲愤，以"海上用兵，议战议款，均之不得机要"对此事进行批评。在他的认知里，为人臣者应坚守"祖宗疆土，当以死守，不可以尺寸与人"的底线，否则家国沦丧，还有何颜面上对天地社稷、下对黎民苍生？

在日本悍然派兵侵占台湾后，清廷猛然意识到长期忽视的近邻日本对自己觊觎已久，朝野震动，终于达成了日本是中国最危险的敌人的共识。东南沿海的局势顿时紧张起来，福建、广东、浙江等省因加强防务，经费开支增加，纷纷要求朝廷停缓对西北的协饷，这给西征造成了很大影响。11月，总理衙门为应付紧张局势，提出加强海防的六条应变措施，即练兵、简器、造船、筹饷、用人、持久，并谕旨各处督抚、将军等详细筹议，限一个月内复奏。这次筹议表面上讨论的是如何加强东南海防，实际上凸现了东南海防与西北塞防的矛盾，进而是清廷对是否出兵收复新疆的意见收集。

到1875年（光绪元年）4月，清廷收到各地督抚的复奏，主要有三种意见：一派是以直隶总督李鸿章为首的一批大员，他们主张放弃新疆，停西征之饷，撤西征之兵，全力加强东南沿海防务建设。李鸿章甚至建议朝廷放弃收复新疆，主抓东南。他根据新疆与俄罗斯、土耳其、印度等接壤临近的地理位置，想当然地认为“今昔异势，即勉图恢复，将来断不能守”，在他看来，曾国藩早先提出的“暂弃关外专清关内之议，殆老成谋国之见”。为此，他提出了自认为是“经久之道”的解决方案，即招抚伊犁、乌鲁木齐、喀什噶尔等地的回民首领，“准其自为部落”，淡化朝廷对新疆的管辖权限，即使俄国、英国各怀鬼胎，将来要兼并新疆土地，朝廷也“不致屡烦兵力”。李鸿章认为，“新疆不复，于肢体之元气无伤；海疆不防，则腹心之大患愈棘”，故力劝朝廷明辨轻重，撤停新疆兵事，将西征的军饷“匀作海防之饷”。尽管李鸿章放弃塞防的主张不合时宜，但在朝廷内却有一定影响。光绪皇帝的亲生父亲醇亲王在承认“严备俄夷尤为不刊之论”时，称赞“李鸿章之请暂罢西征为最上之策”。

一派以湖南巡抚王文韶[①]为首，认为塞防重于海防，提出要暂缓海防，全力西征。王文韶认为，俄国侵吞西北，形势十分危急，“我师迟一步，则俄人进一步；我师迟一日，则俄人进一日。事机之急，莫此为甚!”他把西北安危与东南局势紧密相连，认为只要俄国无法在西北得逞，各国就不至于在东南挑起事端，因而把重视西北视为加强海防的关键。

而左宗棠既不赞成李鸿章，也不同意王文韶，他认为塞防和海防“二者并重”。当时持这种观点的督抚也占大多数。左宗棠在复奏中首先陈述了西征部队没有粮饷可用于建设海防，然后就收复新疆及剿抚政策的实施做了详细说明。他在奏章中首先肯定了所有参与筹议的官员都秉持“人臣谋国之忠，不以一己之私见自封”的原则，然后就“关塞征戍、局势地形”详加分析。他认为，英法等国对中国垂涎，“其志专

① 王文韶（1830—1908）：字夔石，号耕娱、庚虞，又号退圃，浙江仁和（今杭州市余杭区仁和镇）人。清朝官员，历任湖南巡抚、兵部侍郎、云贵总督、直隶总督兼北洋大臣、户部尚书协办大学士、武英殿大学士等职。

在通商取利”，所以它们每征服一个国家，都“以占埠头、争海口为事，而不利其土地、人民”，因为占得土地后要建城镇、聚百姓、设司法等，耗费过多，英法等国以商贾之头脑在中国取利，必然希望利益最大化，侵占土地的举措在他们看来获利慢且少，因而审慎处置。对比之下，俄国对中国领土的侵占企图则明显得多。俄国窃据伊犁，自饰为“代守”，实际上是“图攫其财利以自肥”，而且俄国垂涎伊犁地区土地肥沃、物产丰饶，欲取之作为其向南、向东进侵的补给地。看透俄国的虎狼之心后，左宗棠向朝廷耿切陈词：一旦因建设海防撤停关外防守，白彦虎等流窜的回匪及阿古柏等别有用心之徒必然骚扰进犯近关的百姓，到那时，关外一片混乱，朝廷必然无法闭关自保。与其到时面对更严重的问题，不如现在采取“剿抚兼施、粮运兼筹”的策略收复乌鲁木齐。对于海防建设，左宗棠认为“海防之应筹者，水陆练军，最为急务”，因为福州船政局此时已初具规模，“成船渐多，购船之费可省，雇船之费可改为养船之费”。实际上，左宗棠一向重视海防，他在闽浙总督任内建议朝廷仿制轮船以自强，便是他重视海防的实际行动。现在他提出塞防同样重要，是建立在对新疆战略地位的客观分析之上的。

4 月 12 日，左宗棠再次上《复陈海防塞防及关外剿抚粮运情形折》，其中提到了新疆的重要战略地位。北京外有蒙古和新疆蔽卫，而蒙古与新疆唇齿相依、指臂相连。重视新疆是为了保护蒙古，保护蒙古则是为了捍卫京师。反之，若新疆有失，则蒙古不安，不仅陕西、甘肃、山西数省将经常受到外来威胁，直隶、京畿等地也永无安宁之日，防不胜防。国家的政治中心不稳，海防再坚固又有何用？他建议朝廷在处理新疆问题时要考虑周全，为社稷、子孙着想。

除左宗棠外，一些地方督抚也指出西北局势的危险性及西北地区的重要性。山东巡抚丁宝桢认为：“各国之患，四肢之病，患远而轻；俄人之患，心腹之疾，患近而重。”江苏巡抚吴元炳也把俄国视为心腹大患，他说俄国久占伊犁不还，又肆意蚕食黑龙江边地，仗着自己地大兵强而欲壑难填，随时准备攫取中国，大有日益逼近之势。因此，他认为眼下最应该担心的莫过于俄国。

左宗棠在奏章中还逐一分析了撤停塞防、增加海防用饷等观点。对于海防应筹之饷，左宗棠认为应充分利用福州船政局，减少对外国船只的依赖，采用广东、福建、浙江等地的办法，“饷不外增，兵可实用”。对于停撤塞防之饷匀作海防之饷，左宗棠认为，如果海防的形势比塞防更加紧迫，且陇军之饷比海防更充裕的话，尚可如此。但当时陇军开支日增而各省协饷日减，积欠数额巨大，因而官兵的饷银每年只能发三个月便入不敷出。同时，若此时停兵节饷、自撤藩篱，则我退寸而寇进尺，不仅陇右局势堪忧，即使北路科布多、乌里雅苏台（位于今蒙古国的扎布汗省）等地，恐怕也不能安宁。可见停兵节饷对海防未必有益，对边塞则大有妨碍。他劝朝廷明辨利害，深思熟虑后再审慎处理。

对于当时朝中议论的“新疆无用”“得不偿失”及喀什噶尔“将来恢复后能否久守”等问题，左宗棠认为，乌鲁木齐和阿克苏以西土地肥沃，水源充足，物产丰富，是新疆的富裕地区，是所谓的“富八城”；乌鲁木齐和阿克苏以东虽然“地势高寒”，多山川戈壁，但也并非无用。因为新疆南、北两路，北部地区可以控制南部地区，一旦收复天山北路，就可以收复天山南路。收复新疆后，如果妥善取用那里的财物，足可供养在新疆分屯列戍的军队；还可以兴办兵屯和民屯，从内地移民充实西部边疆，逐渐改穷变富，稳定新疆一带。至于喀什噶尔能否久守，须等收复乌鲁木齐后察看情形，详为筹划，才能定议，不能因将来能否久守就先将已经出塞及尚未出塞各军一概停撤。在新疆问题上，左宗棠坚信无论兵势强弱，只需密切关注官军是否真正强大。只要剿抚兼施，粮运并筹，西征就一定能够取得胜利。

在是否收复新疆的问题上，左宗棠与李鸿章两人意见分歧很大。鉴于他们二人地位、资格相当，清廷不能不重视他们之间的争论。加上同治皇帝刚去世不久，新登基的光绪皇帝受慈禧太后控制，并无主见，只能听凭以慈禧太后为首的统治核心摆布。军机大臣文祥在大臣中威信很高，在新疆问题上，他站左宗棠一边，在军机处会议上力排众议，主张对新疆用兵。他认为，如果西寇数年不剿，任由其发展壮大，不仅破关而入，陕甘内地震动，就是蒙古诸部也有可能叩关内徙，坏京师之“肩背”。到那时，如果海防进一步危急，陆海两面受敌，形势将更加危急。因此，他主张火速派大军出关，先解新疆燃眉之急，等塞防基本稳定后再认真从事海防建设。况且左宗棠手下的陕甘诸路军都是身经百战之师，如果乘锐出关，向未经大敌的侵略者展开进攻，乌鲁木齐将指日可回。文祥的明确表态，使左宗棠的主张在朝廷内占据了上风。左宗棠的个人主张也随之变成清廷的官方意志。

左宗棠上奏二十天后，清廷发出600里加急谕旨，以左宗棠奏折所见甚是，命他以钦差大臣身份督办新疆军务，授予他筹兵筹饷、指挥军队的全权。同时，根据左宗棠的建议，清廷仍命金顺帮办新疆军务，将毫无应变之才的原乌鲁木齐都统景廉及西征粮台督办袁保恒调回京城供职。

塞防与海防的大辩论虽然是以防务为主要内容，但实际上关系到反对侵略、维护国家领土主权完整和民族尊严的根本问题，因此，它是中国近代史上的重大事件，对中国历史的发展有着深远影响。在这次辩论中，左宗棠据理力争，充分阐释了自己海防与塞防并重的主张，不仅表明了加强海防的重要性，更论述了塞防的迫切性，力争在出关西征、收复新疆这个问题上与朝廷达成共识。清廷最终以左宗棠为西征统帅，也为西征的胜利打下了基础。

第九章　西征新疆，收复失地

年过六旬的左宗棠被清廷任命为西征统帅，这使他内心生出无限感慨。令他欣喜的是，朝廷终于做出了收复新疆的正确决策，不再唯唯诺诺、任人宰割。而让他陷入深思的是朝廷将这一重任托付给他，如此重大的责任，他能否肩负完成？他知道，此后新疆的前途命运在很大程度上将取决于他个人的作为，体弱垂暮的他必须义无反顾地以实际行动去守卫疆土。

组调西征军

收复新疆不仅直接关系到中国的领土完整、国家统一和社会发展，而且影响清王朝在政治、军事、经济、外交等多方面的长远利益，其重要性可见一斑。鉴于新疆地处边陲、交通不便、人烟稀少、产粮不多等客观现实，左宗棠决计在前期投入更多精力用于战前准备。从1875年（光绪元年）5月起，他在将近一年的时间里日夜操劳，为西征新疆筹措兵员、装备和军饷，并积极组织粮运工作。

在组调西征军时，他首先注意精选能将，筹调军队。他认为，带兵打仗要先择将而后募勇，有将领而后有营官，有营官而后有百长、什长、散勇等。兵力的强弱在很大程度上取决于将领，这也验证了他提出的“兵之用在精，兵之精在将”的观点。他把“统以能将”作为军队转弱为强的关键之一，而能将的任用核心则是要“实心任事”“大局为重”。他要求将领用兵前先察看地势，对比双方实际情形，而后扬长避短，善用将士，这样才能有所把握；战后对待功过时，“过则归己，功则归人，以策后效，以励将来，可常胜而不败”；将领之间应和衷共济，以诚相待，彼此有话直说、有事实干，如此才能拧成一股绳，齐心协力共赴西征战事。正是基于这一考虑，左宗棠最后组成了以他本人为首，包括金顺、刘锦棠、张曜、金运昌、徐占彪等在内的西征军。

左宗棠在早先给朝廷的奏章中曾评价金顺“失之宽缓”“有时觊便乘利”，但也看到他身上“服善爱好，无忌嫉之心”“力顾大局”的优点，因此仍建议朝廷由他帮办新疆事务。

刘锦棠是左宗棠最器重的骨干力量。1871 年（同治十年），刘锦棠在湖南湘乡休假期间，左宗棠写信给他说：“阁下假期将满，希望马上挑募数千兵勇，于九月率部西行，此事至关重要。俄国的战事与英国、法国略同，但并非不可战胜。现在它既代为收复伊犁，离其国界已千余里，若再长驱深入，一旦遇到能征善战的军队，势难全身而退。我本打算等收复黄河、湟水，平定回乱后便乞病还湘，现在西边战事正值兴盛之时，实在无法中途告退。现今当与俄国周旋，急欲向朝廷推举接替之人，为以后谋划，想必你能明白我的用心。”

由此可见，左宗棠当时的意图是想让刘锦棠提前筹划，以图将来率军西征。1875 年（光绪元年）4 月，左宗棠向朝廷陈述自己“年衰病久，深虞精力未足副其志”的身体状况，并推荐“英锐果敏，才气无双，近察其志虑忠纯”的刘锦棠率老湘营从征，并总理行营事务，作为中军与金顺会合，承担收复新疆的主要任务。这也表明了左宗棠对刘锦棠的爱惜与重用。

左宗棠手下的另一员爱将是张曜。张曜起初在河南固始办团练，咸丰初年因智退捻军有功而受到钦差大臣僧格林沁的赏识，后又以御捻护城有功被咸丰皇帝赐号“霍钦巴图鲁”。加入清军后，他担任固始知县，因抵御太平军李秀成围城而立功，于 1860 年（咸丰十年）擢升为知府，此后晋升为道员。第二年，他在汝宁（今河南汝南县）用智击败陈大喜、张凤林所部捻军，又擢升为河南布政使。此后，他长期率军转战于河南、河北、山东，屡败捻军。尽管战功赫赫，但他还是被御史刘毓楠以“目不识丁”的理由弹劾，降为总兵，仍归僧格林沁节制。自此，他发愤读书，并镌刻“目不识丁”四字印，时刻佩戴在身以自励，颇有当年东吴吕蒙“士别三日，当刮目相待”的志气和坚毅。同治年间，他督师抵抗捻军及太平军，多次获胜，所部被人称为继湘军、淮军之后的又一支劲旅。左宗棠对他早有耳闻，认为他文武兼备，所部嵩武军“踊跃用命”，于是派他为前军赴哈密驻扎，后又让他随刘锦棠攻战，以壮军威。

金运昌也是左宗棠的得意爱将。他少时因遭匪乱与家人离散，被凤阳总兵郭宝昌之母曹氏收为养子，从姓郭。成年后入伍为守备，跟随郭宝昌征讨捻军，屡立战功，由游击、总兵晋升为提督，并恢复原来姓氏。1869 年（同治八年），郭宝昌选派金运昌代为率领部下调防绥德，与刘锦棠部围攻金积堡回民军。金运昌奋不顾身，几番苦战后，终于将回民军击溃，回民首领马化龙等率众投降。清廷论功赏赐黄马褂。次年，他平息甘肃回民军马胜福起义，晋封头品官服，徙驻包头。左宗棠评价他西征志坚，部下皖军“好勇尚气”，吃苦耐劳，因此专门上折奏请将他从包头调到关外，负责乌鲁木齐的后路，以便刘锦棠“得此后劲，可以一意驰驱”。

此外，左宗棠选拔的得力干将还有徐占彪、易开俊等。

基本完成新疆西征军的将领调派后，左宗棠还奏请让刘典帮办陕甘军务。他向朝廷陈说自己在陕甘总督任上已苦于衰老病弱，受命督办新疆军务后更是不堪重负，出塞远征，以兵事、饷事为重，供应必以陕甘地区为根本，一旦出现延误耽搁的现象，局势立马滞碍，导致战机贻误。战事无法预计时间，行军不能预测远近，若一开始不能慎之又慎，前方军士如何一意驰驱，没有后顾无忧呢？后勤供应是他内心无法释然的一大难题，为此，他特地向朝廷请派与他长期共事的刘典赴兰州帮办陕甘军务，这样的安排“外可孚民望，内足协军情，于时局必有裨益”。

在左宗棠谨慎周密的安排下，西征军前有刘锦棠做主力，后有刘典管后方，将领方面选贤任能，从而保证他在作战中能指挥自如，军营上下同心同力，不为其他因素牵扯过多精力。

在选定得力干将的同时，左宗棠还着手精选壮丁，裁汰冗杂。根据西北作战的实际情形，他认为，“自古关塞用兵，在精不在多”。经过长期作战，当时各支部队中缺额冗杂的现象十分突出，精编裁减显得尤为重要且紧迫。精简兵员不仅能提高作战效率，还能节饷减粮。左宗棠经常对部下说，一营短一哨[1]即撤去一哨，如果各营皆有短缺，即两营并为一营，从而消除冒领粮饷的弊端，打仗派队时也更稳当。

考虑到关内外诸军冗杂疲弱已极，对西进新疆作战十分不利，左宗棠决定对西征军进行整顿。原乌鲁木齐提督成禄违抗将令，消极应战，长期在甘肃境内滞留，部下的十七个营两三千人在当地作威作福而成禄却置若罔闻；原署理陕甘总督穆图善部下的四个营虚额众多，纪律废弛，战守尚且不足依赖；钦差大臣景廉所率三十四个营实际上只有半数，师无纪律，士无斗志；原乌里雅苏台将军金顺所率二十一个营实际上也不过半，而且人员混杂，有很多是在沿途收补的散兵游勇；哈密办事大臣文麟部下的四个营中，虚额高达 1400 人。靠这样的部队与俄军作战，是绝对不可能取胜的。为了西征成功，左宗棠不惜得罪满洲贵族，大胆上奏，劾罢成禄，调走穆图善、景廉，并将各部大加裁汰。其中，成禄部裁剩三个营，穆图善部、文麟部全部遣撤，金顺、景廉二部合并裁剩四十个营，以后又裁去二十个营。这些部队精简后只剩二十三个营，且兵勇都是身强力壮的汉子。在裁汰属下军士营制的同时，左宗棠对自己所统各部也进行裁虚汰疲，所部一百八十余个营共裁去四十多个营，最终实现了他所提出的“兵贵精实之义”的主张。

---

① 哨：古代军队编制单位。清咸丰时期设立勇、营，以百人为哨，三哨为一旗，五哨为一营。

在裁整部队的过程中，左宗棠很尊重官兵个人的去留意愿。由于入疆作战环境艰苦，他不愿强迫部下勉强出关，以防将来作战时畏苦生变，所以规定凡是不愿出关西征的，一律遣资回籍。经过官兵们的自主抉择后，左宗棠的部队基本定型。汰剩的官兵都自愿西进，士气自然饱满，对他们进行纪律约束也比较容易。最后，经过严格裁汰后的西征军总共一百二十一个营，将士、夫役共8万多人。

军队战斗力的强弱，除了有好的将领外，还必须练士卒、严纪律、精枪炮。左宗棠认为，兵之能战不能战，主要看其训练是否精细。要想提高军队的战斗力，只有平时加强训练。他在家书中把带兵打仗比喻为应科举："在家读书、做诗文、习字，是平时治军的要紧功夫，而打仗不过如入场就试耳。得失虽在一日，而本领长短却在平时。"他在日常文件中也说："训练二字不可偏废，练其技艺，一可当十，到临阵时自然所向无前。"他认为，练兵的要领，首先在练心，其次在练胆，而力气与技巧则在这两者之后。因此，他练兵重在练心养气，主张用忠信孝悌、礼义廉耻的伦理观对兵丁进行道德教育，使人人知道理、有志气。同时，他又把练心养气与培养勇气结合起来，久战沙场的他对于勇气在战场上的重要性深有体会，认为训练有素的士兵不如久战之兵，原因就在于练技而没有练胆。

严明的军队纪律直接影响军队的战斗力，而军队纪律的养成在于平时的训练和严格要求。为了加强纪律，左宗棠以身作则，极力倡导勤劳俭朴的作风，以保持和发扬农家士兵的耐苦特色，增强对不良恶习的抵制。从开始募练楚军时，左宗棠就定下"行军五禁"的"红线"：一禁结党营私，二禁赌博滋事，三禁鸦片饮酒，四禁妄取民间财物，五禁无故外出。

在西征军驻地，左宗棠与部下营哨各官每天巡行省视，对士卒进行慰问、劝勉，并安排士卒在没有战事时放下刀枪，耕作务农，种植五谷及蔬菜。农闲时则广开沟渠、兴修水利以求永利，建筑堡寨使劫后余生的人民安居乐业，给予耕具、种子以救济贫苦百姓，官道两旁种植垂柳、榆杨，为行人提供荫蔽。

左宗棠本人出身农家，其亲军也都是农民子弟，因此他身先士卒，“出队则整旗荷戈，收队则挥锄负耒”，除严寒盛暑外，十年如一日地坚持，并视之为理所当然。

左宗棠在军中一直是威惠并施，对于那些触犯纪律“红线”的将士如犯奸掳烧杀者，他也绝不姑息，查明后立即斩首，决无宽宥；严格禁止打牌聚赌、吸烟酗酒、行凶宿娼、私出营盘、聚众盟会、妄造谣言、讹索民财、劫掳民船、强买民货等不当行为。

西征军出关作战的对象主要是阿古柏匪帮，但也有可能要与沙俄军队交战。阿古柏匪帮的武器装备主要来自英国，比较先进；沙俄军队更是装备了一流的近代枪炮。为了尽量缩小双方武器装备的差距，甚至争取一定的优势，左宗棠对出关作战部队的轻重武器进行了调整和充实。当时，西征军配备的新式武器参差不齐。如金顺出关时，调配开花大炮1门；张曜出关时，调配连架劈山炮10门、德制螺丝大炮1门、七响后膛枪10支；刘锦棠部队调配各式大炮10多门、各种枪1000多支，后来又陆续调给开花后膛火炮4门、车架开花后膛小炮4门、后膛七响枪300支、快响枪80支、来复枪500支、各类子弹2.8万多颗等。此外，左宗棠还成立了一支由侯名贵率领的炮队，配有后膛炮12门、弁勇160余人。

此时的中国正处于冷兵器和热兵器、新式武器和原始武器在战场上交替使用的时期。左宗棠采用“两条腿走路”的办法来解决西征军武器装备的来源问题，一方面委托买办胡光墉在上海向洋行采买军装军火；另一方面，又命令兰州机器局加紧为西征军修造枪炮，制造弹药。他调派精通兵器制造的总兵赖长总理局务，从广东、浙江招聘技术工人。该局具有制造多种炮弹、枪弹，改制劈山炮、抬枪，仿制部分德式后膛枪炮的能力，所造枪炮弹药在西征中发挥了一定作用。

在指挥作战中，左宗棠除了注重武器，还重视将士的人力作用。1873年（同治十三年），他在写给徐占彪的信里提到，攻坚除了后膛螺丝大炮及开花大炮外，别无良策，但大炮只能用来轰塌城身及飞击城垛、房屋、墙垣而已，至于乘机扒城，仍需依靠人力，需要主将慧眼辨机，抓住机会及时行动，才能有所把握，而不能完全依靠这种武器。他的这种观点到1880年（光绪六年）时明确为“战事还凭人力，亦不专在枪炮”。

经过左宗棠着力精选能将、训练士卒、严明军纪、更新武器，西征军具备了较强的战斗力，在西方人眼中近似于一支欧洲强国的军队。但支撑这样一支精良部队入疆作战，必须有充足的军饷保障，否则必受掣肘。所以左宗棠在组建西征军时，特别注意筹饷，他将“可恃之兵，资以足用之饷”视为军队化弱为强的重大问题。

西征部队约8万人，每年需饷银600万两，加上西征粮运每年又需200多万两，共需800多万两白银。当时，西征军饷是按陕甘军费由各地每年协饷820余万两，但各地并没有照额解寄，到1873年（同治十二年）11月肃州之战结束、西征开始时，各地积欠陕甘军费高达1796万两。事实上，各省欠饷之事由来已久。左宗棠早在平定西捻军后，就不满于楚军与淮军在饷银待遇上的差别，上奏直言“各省协饷，厚于淮军，薄于楚军”“楚军所得，不及淮军三之一也”。这一差别对待更加深了左宗棠的楚军与李鸿章的淮军之间的矛盾，此后左宗棠公开表示楚、淮两军合不来。

在“饷源日绌，待用甚急，大局难支”的情况下，左宗棠只好奏请朝廷让上海转运局道员胡光墉向华商洋商筹借100万两白银，又让湖北后路粮台道员王加敏向汉口各商筹借10万两，以资接济，待将来收到各地的军饷后陆续抵偿。他原以为可以用这110万两暂渡难关，但实际上只收到70余万两，另外的20余万两用来归还各地方的借款。这时，日本侵占台湾，沿海各省以海防告急纷纷向朝廷上书请求暂缓西北军饷，西北军的进项更加减少，每年实际只有200多万两饷银。但这些钱仅够为西征军运输粮草，官兵的饷银一概无着。

作为西征军主帅，左宗棠为此焦虑不安。1874年（同治十三年）

11 月，他从全局出发，经通盘估算后得出非有 300 万两实饷难以支持西征，继而奏请朝廷允许胡光墉向洋人借款 300 万两，由江苏、广东、浙江三省分三年偿还。

1875 年（光绪元年）9 月下旬，左宗棠又奏请朝廷，“俯念边塞军务紧要，饷源枯竭，待用方殷”，恳请让户部和各省将部拨 140 余万两白银作为出关粮运专款，限期提解，“毋再延欠，俾速戎机”。其次，他还提出了增辟饷源的具体措施：一是盐斤加价。针对这一特殊时期的特殊举措，他说，除福建省需加强海防、直隶已准备加价外，江苏、浙江、四川、广东应照办，若每斤盐加价两文，由各省代收并作为饷银解送，或许可以稍作弥补。等到海防解除戒备措施，各省协饷不缺后，由各省自请停止，恢复原价。二是改革茶引，疏通商务，增加收入。三是发行为期两月的三联银票。四是屯田，收入归己，以减轻缺饷压力。除上述“开源”措施之外，左宗棠还格外注意“节流”，即节省开支，裁减缺额冗兵。这既能增强西征军的战斗力，也是减少军费的有效措施。

在左宗棠如此绞尽脑汁，既据理力争又近乎乞求的情况下，同年 11 月，清廷谕令浙江、四川、湖北、山西各提银 7 万两，福建、广东、河南各提银 6 万两，江苏提银 5 万两，安徽提银 4 万两，湖南提银 3 万两，山东提银 2 万两，凑足 60 万两，以解决西征军年终一月满饷，这些银两“均在各省积欠西征协饷内提解”。对于以前拖欠的月饷，清廷要求各省、关一年内先清偿一半，其余一半饷银按月设法措解，俾资接济。

左宗棠如火烧眉毛，心中不免迁怒于李鸿章、沈葆桢等东南督抚，认为他们从中作梗，故意让自己难堪。他不惜与李鸿章唇枪舌剑，并与昔日好友沈葆桢撕破脸面。双方针锋相对，言语之尖刻、论点之偏激，公说公有理，婆说婆有理，朝中一时议论纷纷。最后，左宗棠终于想出了制服拖欠协饷的绝招。

1876 年（光绪二年）年初，当西征军整装待发之际，左宗棠在“饷源涸竭，局势难支”时上奏朝廷说，现在既然决定不撤西征军队，必须增加出塞之师，筹措塞外的粮运、屯垦。眼见经费较以前日益增多，而各省、关应协西饷却逐日减少。甘肃之地的贫瘠困苦可谓天下第一，当地无处筹饷，所以专盼各省接济，而各省的大部分厘金又被海防尽数占去。因此，他奏请朝廷允许他照沈葆桢之前筹办台防借款 1000 万两，年息 8 厘，分作十年筹还的办法，允许借洋款 1000 万两，仍归各省、关应协西征军饷分十年划扣拨还，以济急需。他在奏章中进一步指出，目前西征的军火、弹药、粮食、柴草虽略有储存，但行饷无法保障，如果后路无饷接济，后果不堪设想；另外，出塞作战的成败利钝不可预知，即使事机顺利，也要对新疆两万里辽阔之地进行长远规划，比起 7000 余里的海防线，任务更重，时间、速度上都无法预计。他表示自己打算暂时筹借洋商巨款，实在是出于万不得已的苦衷，请朝廷准许沈葆桢仿照台防办法代为筹借。

左宗棠的要求一经传出，立马遭到两江总督沈葆桢的强烈反对，最后清廷只得折中处理，同意左宗棠向洋人借款 500 万两，户部拨给 200 万两，各省、关提前拨出西征协饷 300 万两，共凑足 1000 万两。接到这道上谕后，左宗棠如久旱逢甘霖，跪诵再三，大喜过望，不禁老泪纵横。

清廷破例采取的这些措施，对西征产生了重大影响。尤其是户部拨出库存四成洋税 200 万两，并将原来由西征协饷归还改为从海防经费内扣还的做法，在左宗棠看来，这是减海防以益塞防，自此国家的政策方向逐渐明朗，内外阴霾暗中消散。尽管他对朝廷的认识有不切实际之处，对未来的困难也估计不足，但清廷此举表明了对塞防的重视，并在行动上有重大体现。这些措施极大鼓舞了西征将士的士气。西征军将士得知朝廷的这一谕令后，“欢声雷动，佥称誓当竭力图报”。

然而，由于各省、关入不敷出的窘况有增无减，靠各省、关协款的西征军饷再度变得困难起来。8 月中旬，左宗棠上奏陈述军中困境：如果各省仍置之不顾，到九、十月，部队又将悬釜待炊，不胜焦灼！他提议让上海、湖北、陕西各台以高息借华商 110 万两暂资接济，一方面要胡光墉订借洋款，同时请朝廷催各省、关迅速提解。但是，直到1877年（光绪三年）5月，各省、关协款不足30万两。此时正值西征军连克吐鲁番三城后准备向西挺进，左宗棠上奏朝廷，以新疆南路战局顺利，盼饷正切，自己筹措无方，除暂请部库存银，实无更好办法，请朝廷再次破例拨库存银。但清廷这次没有同意。左宗棠除向各省、关催解协款及向各地华商按洋款办法息借外，不得不再度俯首借用洋款。从1874年（同治十三年）至1881年（光绪七年）的七年多时间里，左宗棠共向华商借款846万两，向洋商借款1375万两，总计借款2221万两。

多年来，为筹措西征军饷，左宗棠饱尝各种难以想象的苦难、非议，事后尤为心寒。刘锦棠后来统筹新疆军务，谈到筹饷时也感慨："不虑兵机之迟钝，而忧饷事之艰难。"而除了军饷，粮草也是身为西征军主帅的左宗棠要面对的问题。

筹划西征粮务

兵马未动，粮草先行，这是历来行军打仗的重要原则。西征军出关，战线长达数千里，部队要经过沙漠戈壁，翻越天山峻岭，军粮采集和转运的困难远非中原作战所能比，即使与用兵陕甘时也不可同日而语。因此，左宗棠一再指出，及时解决西征军的粮运问题，是西征制胜的关键所在。

1873年（同治十二年）年初，清廷在命金顺率军出关时，就要求左宗棠筹集粮草军火，毋令缺乏。年末，清廷要求左宗棠乘肃州战捷气盛之势催促各军出关，在提到"关外用兵筹饷困难，筹粮尤属不易"时，要求左宗棠一面"将兵事和饷事统筹全局"，一面负责"西进所有出关官兵粮饷转输及采买一切事宜"。1874年（同治十三年）8月，清廷派景廉、金顺负责西征军务时，让左宗棠担任景廉等人的"后勤部长"，明确其职责为筹集西征军的粮运事宜。因此，左宗棠在1875年

（光绪元年）5月奉命督办新疆军务前，便已开始竭力筹划西征军的粮运之事。

按当时的规定，西征军步勇每人每天需粮1斤10两[①]，平均每人每月超过48斤；全营每日需净粮1137斤，全月为3.411万斤。马队一营是250骑，1骑需料5斤、草12斤，兵勇长夫2名需粮超过97斤，全月需粮7.2万斤、料3.75万斤、草9万斤。仅张曜的嵩武军十四个马步营就需净粮355.5万斤、料90万斤、草216万斤。整个西征军有一百二十一个营，共计8万多人，每月仅食粮就要390多万斤，全年平均4680余万斤。加上大批骡马的饲料，所需粮草数量之大可想而知。采办如此多的粮草，无疑是一项艰巨而繁重的任务。因此，左宗棠在写给友人的信中说，“西事筹兵非难，唯采买转运艰难万状”。

西征的目的地是新疆，如果能就地采办粮食，不仅省时省力，还能节省大笔开销。但当时新疆绝大部分地区都在俄国和阿古柏的控制之下，清廷仅控制着哈密、巴里坤到古城一线，而且由于兵乱频繁，这一带民生凋敝、田地荒芜，流民住户仅数百户，所产粮食甚至无法满足自身需要。因此，清廷敕令左宗棠“亟应由关内妥为筹划，源源接济”。

但是，这个“筹划”同样不易。甘肃作为新疆的后方，此时面临的困难也很多。一是自然地理条件差，这里海拔高、气候冷，暑少寒多，物产稀缺。二是战事连年不息，民众饱受摧残。靠近新疆的河西走廊向来被称为“塞外江南”，战乱后人少地荒，物产消耗，这一现象在关外的安西、玉门、敦煌尤甚。自回民军起义以来，普通百姓困于战乱扰掠，又苦于军队的长期捐摊。与平时相比，战乱后人口流失严重，仅存十之三四的劳力，原先肥沃的土地大半荒废，无人耕种。三是驻军云集，需求已远远超出当地的供应能力。当时已经在这一地区订购了19万石粮食，但只收了14万石，有人主张加价收购，被左宗棠阻止。他说“兵燹之后，人物凋残，丝毫不能借资民力”，要在保证民食的前提

---

① 旧时1斤为16两，故此处的“1斤10两”实为26两，即现在的2斤6两。

下订买粮食。“夺民食以饷军，民尽而军食将何从出乎”，将所有民粮都用作兵粮，无异于釜底抽薪，民众因无粮可食成为饿殍，后继的军粮也就无从谈起了。他主张“要筹军食，必先筹民食，乃为不竭之源”，因此他宁可舍近求远，到蒙古采买，也不准下属贪图近便，过度收购河西走廊的粮食。

与此同时，他还向俄国购买了500万斤粮食。1875年（光绪元年）6月，俄国代表索思诺夫斯基一行到达兰州，清廷怀疑他们是俄国派来窥探虚实的间谍，故而提醒左宗棠多加警惕。左宗棠则认为出关收复新疆是清朝内政，与英国、俄国无关，而甘肃已经动乱十余年，外国大多知情，没有必要隐瞒。因此，他决定以大清威武坦荡之钦差大臣的姿态接待索思诺夫斯基等人。早在俄国代表一行进入兰州时，便有营官向左宗棠报告索思诺夫斯基曾带兵进犯伊犁，并在作战指挥方面很有手段。左宗棠利用在陕甘总督署中接见俄国代表的机会，邀请他们参观西征军部队和中方的兵工厂。参观间隙，左宗棠义正辞严地诘问索思诺夫斯基：俄国为何与英国狼狈为奸，在新疆扶植阿古柏叛乱势力，俄国强行进占伊犁是否有不轨之心？索思诺夫斯基极力辩驳俄英并未勾结，俄国在伊犁的举动只是为了商洽疏通由西北到俄国的茶道。左宗棠当即认可与俄国的茶务往来对双方都有益，同时警告俄国代表，商务往来需在相互公平、知情的前提下开展，等到西征平定后再详细洽谈。曾听说左宗棠刚正不阿的索思诺夫斯基此刻才真正见识了眼前这位陕甘总督的威严气势。待气氛缓和下来后，索思诺夫斯基又接上先前的话头，就西征军出关平定阿古柏叛乱一事，自请从旁协助，并愿为清军牵线从俄国购买枪炮弹药。左宗棠意味深长地环视随行的俄国代表和清军将校，笑着以“中国边防，中国自有办法”婉拒了索思诺夫斯基的“一番好意”。索思诺夫斯基随后又向左宗棠提出如果中国需用粮食，可代为办理，送至古城交收。左宗棠深思片刻，同意了他的这一提议。

经过一番交涉，双方订立了购粮合同。按合同要求，俄国从斋桑湖（位于哈萨克斯坦东北部）等地购买粮食，雇骆驼运到古城，每百斤的粮价和运输费用共计 7 两 5 钱；1876 年（光绪二年）分两次运交，每次运交一半；粮银在粮食运到古城后两三个月内交清。索思诺夫斯基还向左宗棠承诺，若当地粮价不高，俄国将尽力降低每百斤粮食的定价。对于合同的约定，俄方承诺“言不失信”。

当时西征军急需的就是粮食，所以当索思诺夫斯基兜售粮食并主动提出愿驼运至古城交货时，左宗棠并未表示反对。不过，他在与俄国代表谈判买粮事宜时，出其不意地问索思诺夫斯基：假若中国与俄国开战，哪国取胜？索思诺夫斯基含糊其辞，说两国交战是子虚乌有之事。左宗棠让他不必拘谨，大可直白以告。索思诺夫斯基便坦然说俄国将获胜，左宗棠略显愕然。而他此番问话也让在场的俄国代表知道了他对俄国的敌意，使他们得到了一个明确的信号，那就是交涉伊犁一事时，假如两国决裂，至少左宗棠将坚决对俄主战。

索思诺夫斯基离开兰州回国后，很快就变卦了。他写信给左宗棠说粮食收成不好，又说骆驼数量不够，想借机抬高价格。他不仅将所谓“言不失信”的减价允诺抛诸脑后，还无法保证按照约定时间交粮。后来，这批粮食如数运到古城，价格虽比从关内运去低，但比古城当地粮价高出三倍之多，索思诺夫斯基从中诈取了巨额利润。不仅如此，索思诺夫斯基一行还包藏祸心，想借卖粮之机考察从俄国自西伯利亚境内到中国西南最便捷的道路上的自然、商业和政治情况，为俄国制定侵略扩张政策提供第一手资料。他向左宗棠卖粮时，提出湖南茶叶由湖北经甘肃径直抵达俄国的新通商路线，不再经过天津、张家口等地。他还想借卖粮之事使左宗棠同意由俄国地方官发给俄商执照，到古城、巴里坤、哈密等处买卖货物，造成通商既成事实，便于以后强迫清廷订约。俄国甚至想要通过驼运粮食，详细探查沿额尔齐斯河谷经布伦托海到古城一带的情况，以便将来使清廷同意将这一地区划出，调整双方的边界线，在事实上占领有争议的额尔齐斯河谷地。

索思诺夫斯基在卖粮背后隐藏着如此多的不轨图谋，所幸左宗棠早已心中有数。他没有因买粮而陷入俄国人的圈套，而是让俄国的利己政策为己所用。当索思诺夫斯基借口驼只不够意欲抬高运价时，左宗棠去信叮嘱金顺，不必一定要俄粮接济，可自己设法采运。他在得知索思诺夫斯基提到的诸多困难并识破俄国背后的企图后，也恰当地回绝了索思诺夫斯基进一步的办粮请求。不久，他在给俄国政府的信件中更明确宣称："一到秋天，我方自可就近采买转运，以供军食，贵国的粮运可以停了。"对于俄国地方官发执照让俄商到古城等处售卖货物的请求，左宗棠一方面向索思诺夫斯基指出此事难以实行，希望俄商不要轻率行事、徒劳往返；另一方面严告张曜俄国想趁机通商互市，如果俄商不等回复便到达哈密，应予驱押出境。由此可见，左宗棠虽然需要向俄国买粮来缓解西征粮运的困难，但他在国家原则问题上仍寸步不让，有礼、有力、有节地打消俄国借机从新疆"揩油"的企图，维护了国家利益和民族尊严。

除了加紧采购筹办粮运外，左宗棠还积极实施屯田，缓解粮食紧缺问题。根据兵书记载和历代行军打仗的经验，左宗棠认为"历代之论边防，莫不以开屯为首务"，军屯可以使军队粮食部分自给，民屯则可以促进恢复农业生产，成为军粮的不竭之源。他总结历代屯田的经验后指出，屯田开荒或实施于用兵之时，以减少军粮运送；或实施于战事平定之后，以求长治久安。在新疆用兵屯田，是自古以来的传统，其出发点在于节省粮运成本。

1874 年（同治十三年），左宗棠命张曜率"嵩武军"在哈密驻扎。他让张曜率将士们开垦该处荒芜地亩，以增补军粮。随后，他又派军在巴里坤、古城等地屯田。他认为，屯田要想得到实效，首先要有好的领导，并且要有相应可行的措施。比如每日出队耕垦，在耕过的土地上插旗帜，以便区分勤惰；每个哨可雇用 1 ~ 2 名本地农民，以便咨询土地适合耕种的作物及种植方法；种子须就近采买，或用粮食去换；至于畜力，如果牛的数量不够，可以用骡驴代替，骡驴也没有的话，则用人力代替，三人一犁，每日也可犁地数亩。其次，屯田要照粮给价，令勇丁均分，这样一来，勇丁有利可图，自然尽力耕种，"营哨官出力者，存记功次优奖，否则记过”。

左宗棠将以上措施视为“兵屯要策”，在总结其积极意义时，他指出有四个好处：其一，各营的兵勇吃官粮，种私粮，于正饷外又得私粮补贴，于个人有利；其二，官府节省了军粮转运费用；其三，将来流亡在外的百姓返回恢复正业后，可免开荒之劳；其四，屯田能锻炼士兵吃苦耐劳的品格，使之体格更加健壮、打仗更有力气，同时避免他们久闲生出事端。

为了提高屯田的效益，左宗棠还特别重视水利建设，因为“开屯之要，首在水利”。他考察了西北的土壤环境后，认为此地多沙渗水，应用毡条铺底设渠。张曜在哈密屯田修水渠时，左宗棠命宁夏河湟各郡并力购造万条毡条，以备利用。一百多年后的今天，在石城子水渠还可以看到当年用毡条铺底的陈迹，这也成为左宗棠有益当时、造福后代、传之久远的历史功绩的见证。

在左宗棠的倡导和支持下，哈密屯田取得了很好的成绩，仅张曜一军就垦田 1.9 万多亩，次年即 1875 年（光绪元年）就收毛粮 5166 石，可满足张曜嵩武军四五个月的粮草需求。

左宗棠在屯田筹措军粮的同时，也很重视为民食筹划，且将其视为筹措军粮的前提。在他看来，二者关系密切：“要筹军食，必先筹民食，乃为不竭之源；否则，兵欲兴屯，民已他徙，徒靠兵力兴屯，一年不能敷衍一年，如何得济？”为了筹民食，他采取了一系列措施：一是兵屯带动民耕，兵屯在保证不侵犯当地百姓利益的前提下，或发给种子、划出地亩；或雇用当地农民当值，随同兵屯耕种，使之自食其力。二是任用廉洁能干、吃苦耐劳的人分地督察，避免兵勇对当地农户有丝毫扰害，划清军食与民食的界限，尤其在银粮出纳方面做到泾渭分明。他认为，只要认真落实这些帮助、保护当地农户基本利益的政策，百姓闻风而至者一定会多起来，事情也就容易推行下去。对于这些措施的积极影响，他在写给张曜的信中说：“年丰谷贵，则人获务农之利；地辟民聚，而军食可充，就近可采，省脚价无算，则亦国家之利也。”

1875年（光绪元年）9月，左宗棠拟在哈密民屯田里照市价收购粮食3000石。次年5月，西征军大举出关时，由甘肃和归化、包头、宁夏三路运粮已达4000余万斤。10月，左宗棠上奏朝廷，以“上年古城、巴里坤办理屯垦，商农云集”，加上当年雨水充足，幸运地获得了中等收成；官兵连下数城，收获了不少原种秋粮，暂时可以解决前线军食，奏请归化、包头、宁夏三局停止采买，并表示“阜康之后的军粮，自可就近采办”。这表明西征的军粮筹措已经取得了重大成果，并已由关内采购逐渐转为关外就地采购。

左宗棠之所以重视屯田和就近采买，就是因为由关内将军粮运到关外，运输的筹划极为困难。首先是关内到新疆路途遥远。由甘肃凉州经甘州（今甘肃张掖市）、肃州（今甘肃酒泉市）到安西有1460余里路程，再由安西越哈密到巴里坤、古城途经二十六站，总计约1987余里。也就是说，粮草由凉州到古城需经过全长约3447里的路程。其次是道路难行。由凉州到肃州，再由肃州到古城，路途遥远，又多戈壁，车队、驼马都要有足够的水草柴薪保障以便进食休息，但沿途台站少，无水无草，还要翻越天山，来回耗费八十余天。如果遇上酷暑寒冬等恶劣天气，道路之难行可想而知。第三是运费极为昂贵。当时从凉州、甘州至安西，民运车驮、驼只的运费及官车、官骡、官驼、低级文武官员和脚夫的薪粮、牲畜草料、口袋什物等折合银两，是粮价的三到四倍。

为了切实解决粮食运输过程中的重重困难，左宗棠也想出了一系列卓有成效的办法并将其付诸实施。

一是广设粮运台站。除将原设的上海采办转运局、汉口后路粮台和西安军需粮台转为西征军饷粮运外，左宗棠还在肃州设立总局，又在哈密设督催粮运总局和军装制造总局，在古城设立屯采总局，在安西、玉门、敦煌、巴里坤、奇台、济木萨（今新疆吉木萨尔县）、吐鲁番等地设置采运局和柴草局站，负责采办粮草、转运军需、建房设站、修路凿井、积草储薪、提供食宿水草和工具维修，解决了行路难的困难。

二是积极探寻新的运输路线。从安西到哈密，沿途多戈壁荒滩，缺水少草，人畜难行，造成转运困难。据记载，光绪初年左宗棠进军新疆时，因水草不便，故绕开安西、哈密之间的戈壁，从三道沟（今甘肃酒泉市瓜州县三道沟镇）、桥湾营出边关，经蒙古草地入黄芦岗（位于新疆哈密市），进剿省城，这一计策最为得当。否则，一旦大军经过水草俱无的戈壁，即使没有敌人阻挠，人马也必饥渴而死，损耗大量战斗力。

三是主张官民结合。当时的转运方式有商运、民运、官运，而官运又有官车、官骡、官驼。左宗棠认为，西北转运应以驼只为宜，因为驼只食少运重，又能抵御沙漠地带的风沙危险。不过，他并不主张朝廷出资购买驼力，"购驼不如雇驼，办官车不如用民车"。这不仅是因为骡驼脚夫往返沙漠，一旦车辆受损、牲畜生病，势必狼狈不堪、束手无策。更重要的是，官运是以官物运官粮，护送人员不知爱惜，而且他们在粮料之外又难免夹带私货，中饱私囊。而商运是雇用商帮车驼承办，官方只需关注价格，不必问对方是车是驼，只要把粮运到哈密，按斤两支付银两费用即可。但当时社会动荡，许多商运被迫歇业，左宗棠只得派人兼用民运，即官方雇用平民承办，供给车驼，发给脚价。比起空耗时日、边运边食、沿途安排护送、百般浪费的官运，商运的效率和性价比是最高的。

四是采用节节转运的办法，变长运为短运。左宗棠认为，长运既容易使牲畜疲劳，时间也过久，不能迅速稽核，因此以短运为宜。根据从安西到哈密千里迢迢，沿途多戈壁、无台站、无水草、沙砾纵横、人马每多困累的情况，他在肃州与诸军讨论确定了分次第行走、节节转运的办法。首先将甘州、凉州采买的粮料运到肃州，再从肃州出关运到玉门，然后第一批部队开拔至玉门，又用私驼转运玉门的存粮到安西，腾出官驼、官车转运第二批军粮，而后第二批部队跟进。其余地方仿照此法办理运送。如此层递衔接，就像接力赛一样，人畜之力可以暂时得到休息，而"士气常新，可免意外之虑"。

正因为左宗棠在粮运方面积极采取了以上多种行之有效的措施，西征军在甘肃的凉州、甘州、肃州、安西等地采购了大批粮食，为之后的行军做好了粮食储备。

据不完全统计，左宗棠筹办西征粮运时，调用官商大车5000多辆，驼、骡、马、驴等牲畜达34500多头（匹）。在这八方采购、万里转输的雄壮图画里，既有各地特别是甘肃百姓的重要贡献，也有左宗棠为粮运日夜运筹操劳的辛勤努力。功夫不负有心人，左宗棠在军、饷、粮、运等方面所做的有效准备，为随后的西征奠定了坚实的基础。

阿古柏的覆灭

在积极筹办西征军饷粮运的同时，左宗棠也没有放松向新疆进军的筹划。早在1873年1月（同治十一年腊月）平定甘肃回民起义时，他就上书总理衙门，陈述对新疆用兵的战略部署："就兵事而言，欲杜俄人狡谋，必先定回部；欲收伊犁，必先克乌鲁木齐。"他把扫除沙俄侵略与收复伊犁作为战争的出发点，但又不直接收复伊犁，而是先讨伐阿古柏，首攻乌鲁木齐。这样一方面既避免了一个拳头同时打向两个敌人，造成兵力分散，又通过比较俄国、阿古柏的实力制定先攻弱敌再图进取的作战策略，达到剪其羽翼、杜其狡谋的目的；另一方面，首先收复乌鲁木齐，不仅在政治上对俄国借阿古柏盘踞乌鲁木齐而推诿归还伊犁是一个沉重的打击，也是在为下一步收复伊犁扫清前进的障碍。

1874年（同治十三年）10月，得知清廷命左宗棠督办出关各军的粮饷及转运事宜后，英印总督紧急向英国政府请求，能否与俄国联手，由两国政府向清廷施压，通过外交手段阻止中国收复新疆，否则就由英国驻北京公使与清廷交涉，谋求维持"喀什噶尔王国的独立"，即逼迫清廷承认阿古柏分裂集团的合法性。11月，英国驻华公使威妥玛派人到天津与李鸿章见面，提出将伊犁让与俄国、天山南路悉归阿古柏的侵略方案。此时李鸿章正欲全力发展海防，于是向朝廷进言：让西征军严守现有边界，不可任性冒进，应招抚伊犁、乌鲁木齐、喀什噶尔等地的回民头领，让他们自成部落，以减轻朝廷在塞防上的支出。但他万万没有想到，自己竟变成了英国分裂阴谋的“马前卒”。次年，在朝廷内部关于塞防与海防的大讨论中，左宗棠力谏朝廷重视新疆对整个中国的重要战略意义，刚刚“垂帘听政”的两宫太后及恭亲王奕䜣等人为巩固新朝统治，开始倾向于支持左宗棠，英国的阴谋暂时无法得逞。

1875年（光绪元年）夏，左宗棠在兰州陕甘总督署内召开军事会议，商讨进军新疆的办法。他向众将通报了朝廷决计大举西征的情况，并说明了自己对西征的基本想法，计划以老湘营为主力执行出关作战任务，让刘锦棠挑选二十余营官兵作为出关西征的主力军。9月，他又奏请以刘锦棠总理行营营务处，充当前敌总指挥；并奏请起用刘典帮办陕甘军务，充当自己的副手。

1876年（光绪二年）年初，左宗棠召刘锦棠来到兰州，与其反复商议，最后确定了“先北后南”的作战方针。此前乌鲁木齐都统景廉曾提出对天山南北两路同时发起攻击的“三路并进”作战方案，清廷也指示左宗棠要南北分兵并取，但左宗棠在前期分析的基础上结合当时的情况，认为清军出关作战的第一期目标是阿古柏及其附庸白彦虎，而不是伊犁地区的沙俄军队。阿古柏的主力在南疆而不是北疆，就地理形势来看，北疆可以控制南疆，而南疆却不能控制北疆，所以他依旧主张先北后南，充分利用清军仍然控制的哈密、巴里坤、古城、济木萨等北疆要地，作为西征军的进攻出发地和补给地，一举攻占乌鲁木齐，扼住新疆总要，然后南攻阿古柏主力，西阻伊犁的俄军东窥。

左宗棠还向部下详细推演了西征军如何进攻乌鲁木齐、如何严防阿古柏和白彦虎窜扰乌鲁木齐的部署，并特意嘱咐前敌总指挥刘锦棠一定要遵守“先北后南”的作战方针。之后，左宗棠将出关作战的各营集中到凉州加紧训练，让刘锦棠所部各营从1876年（光绪二年）2月起，分四批由凉州开到肃州待命。

3月3日，帮办陕甘军务大臣刘典抵达兰州，左宗棠与他协商留防善后等公事，并将陕甘总督的大印及后路事务一并托付给他。3月16

日，左宗棠率亲兵、练丁、马队等离开兰州动身西行，他们日夜兼程，于4月7日到达肃州。左宗棠在城南面向祁连山设立西征军大本营，就近指挥西征事宜。他还命人在大营中辟出10多亩土地作为菜园，让亲兵代为管理。每日早起后，他便开始处理公事、接待来人，偶有倦乏时，就拄着拐杖在菜园中踱步。这一有限的消遣被他视为“闲趣清尚，与众有别”的享受，是他在金戈铁马、飞沙走石以外唯一的放松时刻。

这时，阿古柏除侵占天山北路的乌鲁木齐地区外，还侵占了天山南路吐鲁番以西的地区。阿古柏的兵力约有6万人，除了他的长子伯克胡里率重兵驻守喀什噶尔外，派驻前沿阵地的兵力达4.5万人。阿古柏在这些地区的兵力部署特点是南重于北。乌鲁木齐虽然是他的一个重要防区，但派驻人马并不多。正如左宗棠的观察分析，乌鲁木齐的逆贼以土回居多。阿古柏侵占乌鲁木齐后，搜刮汉民、回民的财物，转送南路，充实自己的府库，并驱使壮丁踞守乌垣以作屏障。白彦虎从陕甘逃来后，自知实力不敌阿古柏，想借他的势力以自固，因而丝毫不敢违抗阿古柏。

阿古柏将重心放在达坂城、吐鲁番、托克逊一线。他在吐鲁番布署了5000名步兵、3500名骑兵、1万名本地回族兵员以及各种型号的炮20门，并派得力亲信艾克木汗驻守此地。达坂城是天山南北的要冲，阿古柏在这里加修城堡，除原有配备枪炮的900人外，又增派5000名骑兵和2门大炮。托克逊是吐鲁番和达坂城的支撑点，阿古柏派次子海古拉率4000名骑兵、2000名步兵驻守此处，并配有5门后膛炮。阿古柏自己坐镇的库尔勒也有骑兵4000人、步兵2000人、后膛炮5门。

左宗棠根据探报得知的消息分析认为，守吐鲁番的阿古柏军是为了抵御驻守哈密的官军，守达坂城的阿古柏军是为了抵御乌垣的官军，阿古柏之所以在这两地派军，其实是为了护卫托克逊这座坚城。达坂城、托克逊两地的悍贼尤其多，防御也较为坚固，清军如果贸然出动，很可能无功而返。

4月27日，刘锦棠与左宗棠再一次商讨进兵机宜。左宗棠嘱咐他

"缓进速战"。所谓"缓进"，就是每次战役开始前都要做好充分准备，不要急于求战；所谓"急战"，是指一旦作战条件成熟就坚决行动，速战速决，避免僵持不下的持久作战。随后，刘锦棠率领大军穿过嘉峪关、玉门关，顺着河西走廊官道一路向西进发。

除了携带军装粮食外，左宗棠还要求西征军多带柳条筐、扁担，用来清理安西城外的积沙。这种既是战斗队又兼工程队、运输队的西征军，负担之重、行军之难可想而知。7 月，大军行抵新疆巴里坤和古城，西去嘉峪关已经 2500 余里，距乌鲁木齐尚有 400 余里。

乌鲁木齐是左宗棠确定的西征军入疆第一战的主要目标。它位于东西天山接合部的北麓，三面环山，北部及西北部较为开阔，但有古牧地（今乌鲁木齐市米东区古牧地镇）为其外卫，形势险要。清军欲取乌鲁木齐，必先破古牧地。

刘锦棠率部到达古城后，遵照左宗棠的指令，于 7 月 12 日前往济木萨与金顺商谈军务，同时引军西进。7 月 28 日，他和金顺一起到古牧地东面的阜康察看地势，布署进度。由阜康至古牧地有两条路，一条大路，一条小路。如果走大路，沿途一片沙砾、饮水困难。利用这一有利条件，刘锦棠一边派马步各队排列甘泉堡，故意挖掘枯井，以示走大路，使敌人放松警惕；一边以重兵潜师由小路急进，于 8 月 10 日夜袭黄田，一举成功。刘锦棠随即率大军围攻古牧地，经过几天激战，于 8 月 17 日借助开花大炮轰开古牧地的城墙，全歼守敌 6000 人。

前文已述，古牧地是乌鲁木齐外围的重要据点。左宗棠此前做战略部署时就认为，此关一开，乌垣、红庙子（乌鲁木齐俗称）的敌人不能稳抗，白彦虎必窜往吐鲁番以寻去路。事情的发展正如左宗棠所料，当古牧地的阿古柏残军向乌鲁木齐告急求援时，驻守乌鲁木齐的白彦虎等人回信说乌鲁木齐的精兵已全部出动，现在南疆的军队不能迅速赶来，古牧地可守则守，不能守则退回乌鲁木齐固守。实际上，白彦虎等人已经商议好，在官军攻城之前，先将妇女、辎重等向南撤退，只留精兵驻守。因此，当刘锦棠得知乌鲁木齐空虚后，立即率兵于 8 月 18 日径抵乌鲁木齐，白彦虎等人仓皇出城，向南逃奔。刘锦棠轻而易举地收复了乌鲁木齐。金顺乘势收复了昌吉、呼图壁等地。玛纳斯北城也被伊犁将军荣全派出的孔才、徐学功等民团收复。

西征军自8月9日由阜康发起进攻以来，8月17日收复古牧地，到8月22日，仅用六天时间便收复了除玛纳斯南城以外、阿古柏侵占达六年之久的乌鲁木齐地区，成功实现了西征军首攻乌鲁木齐的战略目标。9月2日，金顺会同孔才、徐学功等攻打玛纳斯南城，又经刘锦棠派罗长祜率队前往支援、荣全带队前来，历时两个多月，于11月6日攻入城内。至此，阿古柏在北疆的全部据点被西征军攻破。

北疆的收复，使西征军巩固了在新疆的战略主动地位，不仅解除了敌军窜犯内地的后顾之忧，更为以后进军南疆创造了有利条件。据左宗棠分析，阿古柏之所以能稳据南疆，进而侵入北疆，很大程度上是利用了当地回民与汉民的矛盾，骗取不明实情的回民的同情。待控制南、北疆后，阿古柏旋即“变脸”，露出恣睢暴戾的一面，失去了民心。左宗棠正是利用“失道寡助”这一点，分散阿古柏的布防力量，然后各个击破。在他看来，新疆的回民并不是真的想把新疆从中国版图上分割出去，只是受奸人蒙骗驱迫使然。因此，他严令各出击部队谨守“剿抚兼施”的策略，对待饱经战祸的回民要示以宽大。就攻下的城池，左宗棠明确指示西征军“禁止滥杀降众”“如非手执器械，官军不得妄行杀戮”。

可以说，北疆之战完全实践了左宗棠要求速战速决的作战方式。按左宗棠原来的计划，首攻乌鲁木齐后，再由北向南，乘胜收复阿古柏侵占的天山南路。1876年（光绪二年）9月20日，清廷发来的上谕也敦促左宗棠即刻规复吐鲁番城，“扼贼咽喉，则南路各城不难次第戡定”。但此时在清廷内部，停兵不进的言论仍然存在。为了减少阻力、避免麻烦，左宗棠采取不睹不闻的态度，按照既定方针和朝廷上谕，于11月2日提出“搜剿窜贼，布置后路，进取南路”的战略部署，将搜剿窜贼与进取南路紧密结合，目的是进取南路。

当时阿古柏在南疆如惊弓之鸟，一面乞求英国出面帮助“请降”，企图使清廷承认其政权为“属国”，一面暗中加紧部署防御，以重兵防守达坂城、吐鲁番、托克逊三城，抵御清军由乌鲁木齐对吐鲁番方向的进攻。而英国得知西征军攻下乌鲁木齐后，不仅阻止英商向左宗棠出借款项，还通过上海的《申报》散布西征军败退关内的谣言，妄图制造混乱后浑水摸鱼。同时，威妥玛也为阿古柏一事出面向李鸿章“求情”，询问能否准许阿古柏“投诚作为属国，只隶版图，不必朝贡”。深谙博弈之道的李鸿章答复道，如果阿古柏诚心实意地乞降，“可自行派人赴左帅处禀商”。此后，威妥玛又到总理衙门为阿古柏做“说客”，总理衙门也向威妥玛明确态度：如果阿古柏“实系悔罪投诚，应由左宗棠酌办”。不久后，左宗棠收到总理衙门寄来的书信，得知英国在北京为阿古柏“居中说降”的举动。在回信中，他严肃回应：阿古柏“窃踞数城十余年，为我必讨之贼”，而英国“代为请降……乃图保其印度腴疆耳”，它与俄国屡次挑衅朝廷，可谓司马昭之心，路人皆知。此外，为了避免前线部队被阿古柏欺骗，左宗棠将北京的情况如实告知刘锦棠，并叮嘱他提防阿古柏诈降。

随后，左宗棠根据阿古柏方面的敌情，提出了三路并进、打开南疆门户的作战方案，具体部署为：刘锦棠率部由乌鲁木齐南下，进攻达坂城，为北路；张曜率部由哈密西进，为东路；徐占彪率部出木垒河（位于新疆昌吉回族自治州木垒哈萨克自治县境内），翻越天山南下，为东北路。张、徐二部在盐池会师，然后向吐鲁番和托克逊方向进攻。

为进军图取南路，左宗棠还特意做了一番安排：

一是将伊犁暂放一边，一心一意进取南路。俄国强行占领伊犁后，虽然与清廷约定待清军占领乌垣、玛纳斯后便交回伊犁，但清廷此时兵力难分，饷银又不足，若与俄国商议归还伊犁一事，很有可能被俄国趁机要挟，反受其累。因此，左宗棠倾向于暂不提及此事，等肃清南路后再议。他也正式向朝廷提出了这一主张。因为北路少有独当一面的军事人才，即使俄国承认之前的说法，也必然会趁机要挟；而收回伊犁后，若发生其他意外，清军难以兼顾，很难保证伊犁不会再次落入他国之手。所以，不如姑且让俄国占领伊犁，使西征军能专心进取南路，假如南路战事顺利，伊犁说不定能不索而还。左宗棠对伊犁“暂置不论”的主张，虽是权宜之计，却让西征军能集中力量讨伐阿古柏侵略军，又因南路的胜利，为收复伊犁创造更有利的条件。

二是强调“缓进急战，慎以图之”。尽管“兵贵神速”是战争中的重要原则，但从新疆的地理、气候、交通、粮运和防务等条件来看，“急战”前一定要“缓进”，要充分做好“急战”前的一切准备。刘锦棠在收复北疆后曾建议立刻进攻南疆，左宗棠却认为不可，几次写信向刘锦棠陈述其中利弊。他说，现在隆冬将至，大雪封堵天山，进攻将有诸多不便；同时战线越拉越长，兵力日渐分散，后路补给更加困难；加上部分官兵感染疫疾，必须慢慢调养。他主张利用严冬时节休整部队，加紧运贮军粮，等到来年春暖后再大举进攻。他在写给刘典的信里说：“如果缓进急战，慎以图之，西事或尤可为耳。”

1877 年（光绪三年）初春，阿古柏一面派出他的外甥赛义德前往伦敦求援，一面命令部队不断骚扰清军运输路线，巴里坤至古城的运道一度中断了二十多天。为确保西征运输线畅通无阻，左宗棠调整了后路警戒兵力：驻防包头的记名提督金运昌率十个营的淮军，分屯于古城至乌鲁木齐一线要隘；从甘肃安西等地抽调徐万福等五个营，进驻巴里坤；新授哈密办事大臣明春所部四个营出驻哈密。一切准备就绪后，进军南疆的作战条件基本成熟，西征军各部开始行动起来。

左宗棠对刘锦棠一向赞誉有加，认为他“机神敏速，有谋能断，履险如夷”，经过北疆作战后，更认定刘锦棠是统兵进取南路的理想人选。当时金顺虽然帮办新疆军务，但左宗棠曾在上总理衙门书中认为，金顺“庸中佼佼”“为人和平宽缓，阴柔寡断，工于伺便取巧，耻过文非，有时失于激切，处置不合，致生事端”，假如朝廷寄希望于他能“别开生面，能自树立”，则可能希望落空。要想进取南路，必须组建一个精练的将领团队，在左宗棠看来，只有刘锦棠能够胜任这一职务，专心进取南疆而不易被其他因素牵制。

确定了刘锦棠在进取南路中“一手经理”的地位后，左宗棠又增调军队，加强前沿部队的兵力，如给徐占彪、张曜各加拨马队一个营，给刘锦棠加拨马队三个营，又给张曜、刘锦棠分别配置了炮队，使西征军的机动能力和攻坚能力大大提高。同时，左宗棠还屡次告诫各军要区分敌我，严格执行战抚政策，对受害百姓采取爱护方针。他十分体谅受阿古柏统治的吐鲁番等地民众被胁迫的处境，认为他们多年来饱受外来侵略者征敛之苦，对朝廷的宽宥包容政策定有更深刻的感触，因此前来受降的民众大多数是真心归顺。他对道光、咸丰年间的伊犁将军奕山[①]对新疆回民的看法心有戚戚：“只要文武各官都肯以平民待回，不以牛羊视之，则回永不叛。”正是在这样的认知基础上，左宗棠要求西征军贯彻“只打真贼，不扰平民”的方针，各军“此次如能各遵行军五禁，严禁杀掠奸淫，则八城回民如去虎口而投慈母之怀，不但此时易以成功，即后此长治久安亦基于此”。

此时的阿古柏困兽犹斗。他的外甥赛义德到英国去“搬救兵”，英国人为维护既得利益，不得不更加积极地挽救阿古柏集团。4 月，英印政府派出使臣驻喀什噶尔，意在帮助阿古柏立国。时任中国驻英公使的郭嵩焘由报纸知晓这一消息后，立马向英国政府提出抗议照会，明确指出喀什噶尔乃中国领土，并要求英国收回派使驻扎喀什噶尔的明文。英国自知理亏，一直拖延不予作答。

对于阿古柏侵略集团，左宗棠立足于战时，首先采取分化瓦解的策略。他看破了阿古柏对白彦虎“意在蔑视，又思借其众以自雄”的心理，称赞刘锦棠“可间之机”的意见，利用离间计使阿古柏与白彦虎相互猜忌，从而为清军所用。但他并不认为此计为制胜之道，其立足点还是在战。

---

① 奕山（1790—1878）：字静轩，满洲镶蓝旗人。清朝宗室，康熙帝十四子胤禵玄孙，侍卫出身，历任塔尔巴哈台领队大臣、伊犁参赞大臣、伊犁将军等职。

1877 年（光绪三年）4 月中旬，刘锦棠率马步军从乌鲁木齐出发，日夜兼程，于三天后径抵达坂城。趁城内敌军不备，刘锦棠下令围城，用枪炮猛击猛轰，击败了阿古柏从托克逊派来的援兵，仅用两天时间就攻占了阿古柏重点设防的达坂城，缴获不少马匹枪炮，生擒包括大总管爱伊德尔呼里在内的 1200 余人。

随后，刘锦棠谨遵左宗棠指示，安抚了阿古柏从南疆胁迫而来的 1000 余名维吾尔族、回族和蒙古族民众，均给以衣物粮食，下令他们各归原部，等西征军前进后，或作为内应，或引导各酋长投奔清军。这些人“在丧胆之余，怀不杀之德，皆惊喜过望，踊跃欢呼而去”。大总管爱伊德尔呼里及其属下的 100 余名大小头目都表示愿派人告知阿古柏，逮捕清军一直在追拿的白彦虎，以表归顺诚意，同时归还南八城，再求宽恕。刘锦堂准其所请，并根据他们情愿留在军中等候阿古柏回信的请求，将其暂行羁押。

但是在托克逊，阿古柏授意次子海古拉杀害了被清军遣返的大部分人，侥幸逃脱的回民仓皇回到清军控制的城池。这一放一杀、一逃一回，不仅反映出西征军和阿古柏对待民众的不同态度，而且表明了新疆维吾尔族、回族等各族群众对阿古柏和西征军的不同态度。事后，左宗棠对刘锦棠“暂留不杀，以观其变”的做法大加赞赏，认为刘锦棠出色地执行了自己定下的“剿抚兼施”政策，符合清军收复新疆的要求。

西征军对民众的安抚政策，促使那些从达坂城回到托克逊的维吾尔族和回族百姓自发地四处宣扬西征军的威德，托克逊的各族民众不再疑惧，转而对西征军翘首以盼。良好的群众基础为刘锦棠攻克托克逊提供了便利条件。4 月 24 日，刘锦棠率队潜夜南下，于次日晚抵达托克逊城下并发起猛攻，海古拉、白彦虎等人携带辎重仓皇西窜，西征军很快攻克了托克逊。

按照左宗棠三道并进吐鲁番的计划，当刘锦棠从乌鲁木齐率军攻取达坂城时，徐占彪也与嵩武军分统孙金彪会师盐池，于 4 月 21 日进攻吐鲁番东面的门户七克腾木（今吐鲁番市鄯善县七克台镇），次日乘胜进攻辟展（今吐鲁番市鄯善县辟展乡），然后分两路一同进抵吐鲁番。

刘锦棠攻下托克逊后，派罗长祜率领六个马队营从北路驰抵吐鲁番，于 4 月 26 日与张曜、徐占彪两军会师，形成三军合击之势，城内的敌人惊慌失措。西征军越战越勇，败敌向西路狂奔，阿古柏派驻的军官艾克木汗早已潜逃，当地 1 万余名维吾尔族、回族民众跪地求饶。罗长祜进城后首先张榜贴文，宣布清军“只打真贼，不扰平民”，对民众加以抚慰，并让他们恢复常业，城内很快恢复了往日秩序。吐鲁番全境就此收复。

西征军用一周时间连下阿古柏重点设防的三座坚城，其攻势之猛、速度之快、打击之重、影响之大，被左宗棠称为“西域用兵未有之事”。西征军破敌的效果、战事进展的速度、民众归降的数量，都印证了左宗棠“缓进速战”“三道并进”策略的正确性。他的幕僚在肃州大营中目睹左宗棠“内断于心，虑周藻密，不惑人言，不泥己见，见事之机，忽然以赴”的指挥风格及卓著战果后，感叹“兵是极精细事，妥稳之至，乃出神奇”。左宗棠在部署作战时常说“耽迟不耽错”，出兵前务必周密谨慎，做通盘考虑。

西征军的胜利，击垮了阿古柏的防线，使天山南北两路重新沟通，打开了由吐鲁番进军南八城的大门，也促使貌合神离的阿古柏侵略集团分崩离析，此时的阿古柏已无力扭转西征军以泰山压顶之势造成的败局。5 月 29 日，四面楚歌的阿古柏收到了由 272 个上层人物签名向西征军求和的信件，他异常愤怒，气急败坏地打了身边的录事。之后，他不慎喝下由艾克木汗等人事先准备好的毒茶，不久毒发身亡。

阿古柏死后，其侵略集团公开分裂，各股势力为争权保命相互厮杀起来。阿古柏次子海古拉得知父亲的死讯后，立即赶到库尔勒，先是封锁死讯，继而派艾克木汗留守库尔勒，自己则护送阿古柏灵柩前往喀什噶尔，以便在那里自立为王。但就在海古拉离开库尔勒次日，艾克木汗便宣布自己为汗，并率队追杀海古拉，以保护阿克苏领地内的财富。阿古柏的长子伯克胡里占据喀什噶尔地区，他素与俄国人勾结，得知父亲去世的消息后，命人在海古拉扶柩返回喀什噶尔的途中暗杀海古拉，并调军攻打艾克木汗，艾克木汗败走俄国。伯克胡里通过镇压其他竞争对手，基本巩固了自己的地位，妄图借机窃取库尔勒以西的南疆八城。但在左宗棠看来，经过内讧的阿古柏侵略集团早已走到了穷途末路，瓦解是迟早的事情。

远在英国的郭嵩焘深知英国在此事中的倨傲无礼，因此他得知阿古柏被毒死后，向清廷建议西征军应趁阿古柏"冥殛之时，席卷扫荡"。而英国方面始终坚持要把喀什噶尔"独立"出去。当英国驻华使馆接到阿古柏被毒死的报告后，仍骄横地要求清廷息事罢兵，并提出三个无理要求："一、阿古柏愿以中国为上国之主，命使臣入贡；二、中国要与喀什噶尔划清地界；三、两边议和后永远和好，彼此不相侵犯。"总理衙门再次向英国强调喀什噶尔是中国领土，"其地终属中国管辖"，并给左宗棠去信陈述英国派人驻喀什噶尔一事。收到总理衙门的这封信后，左宗棠怒发冲冠，大骂英国无耻悖德。怒气稍平后，他立马给前线的刘锦棠、张曜等人写信，让他们在接待英国来人时着重强调喀什噶尔是中国固有疆域，西征军"蹑踪追剿，尽复旧疆，岂容他人饶舌"的坚定立场。

收复南疆八城

随着阿古柏的惨败身亡，敌人内部分崩离析，整体形势对西征军极为有利，不过，左宗棠并未立即乘胜追击，对南疆八城发起进攻，而是又一次提出"缓进速战"。他对刘锦棠说，西进南八城宁可迟不可错。他认为进军途中粮食缺乏，部队必须裹粮而前，而吐鲁番地区存粮甚少，需要从哈密、巴里坤粮局转运屯集，因此必须等新秋采运充足后，才能继续进军。进军前，他下令："大军所至，勿淫掠，勿残杀。王者之师如时雨，此其时也。"严禁西征军残害无辜回民，以减少战乱给普通民众造成的伤害。

南八城又分为东四城和西四城，东四城是指吐鲁番以西的喀喇沙尔（今焉耆县）、库车、阿克苏、乌什，西四城是指喀什噶尔（今喀什市）、英吉沙尔（今英吉沙县）、叶尔羌（今莎车县）、和阗。东四城大致在托克逊以西的一条直线上，从吐鲁番经喀喇沙尔到乌什，东西约2300余里。喀什噶尔是南八城的中心，从阿克苏到喀什噶尔为700余里；从喀什噶尔南经英吉沙尔，再东南经叶尔羌到和阗有1400余里，城池之间路途遥远，地域辽阔。在此八城之外，白彦虎和阿古柏的残余势力还占据着拜城等地。因此，西征军转战于4000余里的漫长路线上，交通极不方便，任务之艰巨可想而知。

更重要的是，西征军攻克吐鲁番时正值盛夏，吐鲁番自古以来就是有名的“火洲”，酷暑难耐。而且，当时新粮未收，驼只歇厂，粮运难上加难。因此，左宗棠嘱咐张曜，吐鲁番及喀喇沙尔，伏暑燥热异常，蚊虻最多，非秋后进军不可。

在粮运方面，吐鲁番是产粮之区，因此西征军收复吐鲁番后，粮运出现了一大转机，由过去关内采运改为多数就地采办。左宗棠认为吐鲁番土地肥沃，天气早暖，产粮为多。若能约束各军，使百姓不受扰害，则粮运均可就近办理，不但节省人力、物力，且十分便捷。他要求张曜速设驿站，分立粮、料、柴各局，派人前往吐鲁番筹办抚辑、采运、善后等事宜，并严禁他们骚扰平民，买粮照市价，若雇用维吾尔族、回族百姓，不论人畜，都应照给运费。

当时，在吐鲁番、托克逊屯扎的西征军，有刘锦棠、张曜和徐占彪三支部队。对于徐占彪，左宗棠以其为人不明事理、不受教益，在吐鲁番纵兵扰掠，又在肃州与马文禄有交往，为人糊涂，可恼可恨，拟“姑留吐鲁番，将来可陆续撤回”，不久便将他调到巴里坤护理粮运。对于张曜和嵩武军，左宗棠一直推崇赞赏。他得知张曜有进取八城的雄略，不想留守吐鲁番后，写信向刘锦棠举荐，说张曜心性明敏，不甘留守后方，可与刘锦棠并进。这样不仅双方相得益彰，而且“粮运一开始尤可借其规划，稍分劳勋”。因此，在西进南八城时，张曜得以率嵩武军随刘锦棠的老湘军一同前进。

这时，清廷已就西征的阶段性胜利封赏了战功卓著的将领，而刘锦棠也因此表露出对左宗棠的不满，甚至提出开缺，让左宗棠措手不及。原来，刘锦棠认为左宗棠传送捷报时未提及自己，而且在向清廷上报克复达坂城、托克逊和吐鲁番三城时，未特别突出他的战功，奖赏也只是赏戴双眼花翎。对此，左宗棠耐心向他解释“双眼花翎，国制非贝子贝勒不能戴用”，并将他克复三城的战功与曾国藩兄弟率湘军攻克天京相比，最后劝刘锦棠对朝廷厚恩应感到满足。不久，刘锦棠“自悔其孟浪，治军事如常”。好在这段“小插曲”并未影响西征，左宗棠依然令刘锦棠率老湘军作为西进南八城的主力。在兵力部署上，将马步炮队由二十九个营增加到三十二个营，加上随同前进的张曜率领的嵩武军马步十五个营、易开俊马步七个营驻吐鲁番预备前进，总计西进南八城的兵力有五十四个营，约3.8万人。左宗棠驻扎在肃州大营，与新疆前线在战机、部署上有时间差，故无法遥控，只能制定战略，由前线总指挥因地、因时制宜。这也是他向刘锦棠批示“南疆勘定有期，幸稳慎图之为要”的原因。

1877年（光绪三年）8月，新秋届临，刘锦棠派西征马步各军从托克逊西进南八城。8月25日，他先派提督汤仁和率队前往苏巴什、阿哈布拉作为头站。9月7日，刘锦棠继派总兵董福祥、张俊率队由阿哈布拉经桑树园、库木什、乌什塔拉一带安扎哨垒，到曲惠安营；又派提督张春发由伊拉湖（今托克逊县伊拉湖镇）小道前往曲惠与张俊会师，并让他们都带上粮草，沿途挖掘泉井，按程预备，以接应大队。

9月27日，刘锦棠按左宗棠“先由间道绕袭贼后，正兵由大道扼贼之前”的指示，将大队分为奇兵和正兵两路，分别由大道和小路驰往，于10月2日齐抵曲惠。翌日，刘锦棠让奇兵沿着博斯腾湖①西行出

---

① 博斯腾湖：维吾尔语意为“绿洲”，位于新疆维吾尔自治区焉耆盆地东南面博湖县境内，是中国最大的内陆淡水吞吐湖。其主要补给水源是开都河，同时又是孔雀河的源头。

库尔勒后面，自己则率正兵由大路向喀喇沙尔进发，以形成前后夹击之势。10 月 7 日，刘锦棠率部来到喀喇沙尔，此时喀喇沙尔已被白彦虎通过堵截河水而坚壁清野，“水深数尺，官署民舍荡然无存”。刘锦棠又率军进入库尔勒，发现也是空城一座。这时，西征军所带粮草已经用尽，后路的接应粮草也被困在泥沼中，押车的清军正设法疏通，但无法催赶急进。所幸通过悬赏寻粮，西征军一日之间得到敌人先前私藏的数万斤粮食，可勉强支撑数日。

刘锦棠率军在前线奋力夺城，左宗棠则在肃州大营中激浊扬清、稳定局势。10 月 7 日，他在给朝廷的奏折中驳斥了英国坚持要为阿古柏立国的侵略阴谋，揭发了英国在新疆的狼子野心。对于英国坚持让阿古柏在喀什噶尔立国的主张，左宗棠反诘道：英国人若想帮阿古柏立国，可以为他割出英国土地立足，或者割出印度，凭什么向中国索要富饶之地后向阿古柏贩卖恩惠？虽然眼下英国一个劲地保证阿古柏立国后仍是中国的“属国”，但实际上阿古柏集团只是傀儡，背后隐藏的是英国想侵吞中国的蚕食计划。他在奏折中主张朝廷坚决不能对英国让步，必须严词拒绝，并再度说明西征军在新疆作战将谨守“地不可弃，兵不可停”的原则。然后，左宗棠也就此事致信刘锦棠，分析“喀什噶尔一城，英人久有觊觎之意”，从而引起刘锦棠注意，在进军时一方面提防英国人的游说和暗箱操作，一方面坚定以武力收复喀什噶尔地区的决心。

收复库尔勒后，刘锦棠为了救助被白彦虎胁迫西走的维吾尔族、回族等各族受害百姓，从步兵营中挑出 1500 名健卒、从马队中选出 1000 匹精骑作为头队，自己亲领急行，救出了不少受害百姓，并率众高喊“持械者斩，余均不问”的口令奋勇追杀，于 10 月 18 日光复库车。左宗棠得到奏报后，第一时间上报朝廷：西征军自库尔勒启程，追踪奋击，六天六夜驰驱 900 里，收复喀喇沙尔、库车两城及无数城堡、村庄，接下来将向阿克苏进军。他还指挥后续官员在西征军已收复的地区“设局，筹赈粮，课民耕牧，以次治道、造船、设驿站”，巩固战果，循序渐进地开展城市恢复与建设。

收复库车后，西征军主力稍作休整，第二天又继续前进。10 月 21 日，西征军抵达拜城，城内的维吾尔族百姓开城迎接。10 月 24 日，西征军来到阿克苏城，远远看见城头枪矛林立，西南、正西方向飞尘蔽天。后据探马来报，城内头目本想率众投诚，不料被阿古柏残余势力阻拦，白彦虎也率死党一同逃遁。城内的数十万维吾尔族百姓守城以待官军。刘锦棠入城后，一面派军蹑踪追敌，安抚群众；一面派黄万鹏、张俊等率马步营继续前进，于 10 月 26 日收复乌什。

左宗棠对西征军长驱奋进的战果十分满意，上奏朝廷说："此次官军浩荡西征，一月驰驱三千余里，收复喀喇沙尔、库车、阿克苏、乌什四城，南疆八城已复其半。"他高度评价战事进展神速，是古今罕见的战绩。收复南疆的东四城后，左宗棠认为收复西四城可采用"分攻合剿"的办法，"会攻喀什噶尔，并规全局"，这样平定新疆便指日可待了。

就在西征军打算乘势向喀什噶尔挺进时，阿古柏残余集团内部纷争四起。和阗首领尼牙斯得知清军西进，与伯克胡里公开对抗，率部进图叶尔羌。伯克胡里将喀什噶尔交给党羽阿里达什，自率 5000 人赴援叶尔羌，打败尼牙斯，并乘势占据和阗。这时，之前投敌的喀什噶尔守备何步云、英韶等率满汉兵民占据汉民聚居的城区，并向刘锦棠告急求援。饥疲不堪的白彦虎率不足百人的队伍从乌什败退到喀什噶尔，被阿里达什拒于城外。最后，尽管伯克胡里允许白彦虎入喀什噶尔助阿里达什进攻汉城，但阿古柏残余集团依然危在旦夕，喀什噶尔人心散乱的局面对西征军十分有利。

左宗棠起先根据阿克苏与西四城的地理关系，认为西征军行至此处应"分道并进，成事较易"。刘锦棠主张取西四城时先取叶尔羌，次取喀什噶尔。左宗棠也认为西四城中除和阗的回民头目有投诚意向，英吉沙尔以弹丸之地无力从中作梗外，只要攻下叶尔羌，清军马上会攻喀什噶尔，兵力足够部署调配，距大功告成为期不远。但在得知喀什噶尔守备何步云、英韶等率城内兵民占据部分城区后，左宗棠又认为机不可失，先攻喀什噶尔更合适，同时指示刘锦棠待张曜率嵩武军抵达阿克苏后，按“分道并规，纵横扫荡”的方针部署兵力。

接到左宗棠的指示，刘锦棠派出四个马步营由阿克苏取道巴尔楚克（今巴楚县）、玛纳巴什为正兵，派出三个马步营由乌什取道布鲁特①边界为奇兵，两路于12月18日齐抵喀什噶尔。刘锦棠则自率马步各营前驻巴尔楚克、玛纳巴什，以扼守和阗、叶尔羌等要冲之地，同时策应前敌之军，并由此插入叶尔羌。对于刘锦棠这一安排，左宗棠大加赞赏，认为他指挥得宜，“直捣喀什噶尔，两道并进，一拊其背，一扼其喉，胜算先操，想得心应手，功成在迩”。同时，他也告诫刘锦棠“唯正兵稍单”，统领作战时要随机应变，相机策应。

西四城的战局完全按左宗棠的预计发展。12月18日，刘锦棠先前派出的两支队伍一同抵达喀什噶尔城下，但见城内火光冲天，城外敌骑遍布，于是挥军奋击。城内据守的满汉兵民也凭城呐喊助势。城内敌人惊慌失措，打开西门出窜，企图与城外之敌合并狂奔。伯克胡里、白彦虎带着家眷辎重，分头从正西和西北逃走。西征军分头追击。

伯克胡里向来与俄国人结交，早已向俄国人乞求援助，因此追击伯克胡里的余虎恩率军追到明约路时，仅擒获负责断后的将士及伯克胡里的家眷400余人。而伯克胡里已于前一日由俄国驻奥什司令派出的专人接到俄国境内。和伯克胡里一样，白彦虎也早有准备，他预先派人带了足够的金银财宝到俄国买路求生。当追击白彦虎的黄万鹏率军追到哈玛纳时，毫无疑问地遭到俄国阻拦。黄万鹏以白彦虎为清国要犯为由，质问俄国军官为何令其通行，并欲带人尾追捉拿。俄国则以“地属俄罗斯界，非先知照，不得便过；如要拿人，非头目自行捆送不可”的话进行搪塞。

---

① 布鲁特：清朝对吉尔吉斯族的称谓，分布在今天的吉尔吉斯斯坦和毗邻的中亚地区。分为东、西两部，东布鲁特游牧于乌什、阿克苏西北，伊犁西南；西布鲁特游牧于喀什噶尔北部河西部、叶尔羌西南部。

刘锦棠趁热打铁，于12月21日率军径趋叶尔羌。敌军在前一天已闻讯而逃，英国留驻叶尔羌的中亚贸易公司也慌忙撤离。进城后，刘锦棠派罗长祜等人安抚百姓，自己则率队绕道收复英吉沙尔。

1878年1月2日（光绪三年十一月三十日），刘锦棠在叶尔羌派董福祥率队驰抵和阗，城内敌人惊慌失措，纷纷作鸟兽散，董福祥乘势收复和阗。

英国为阿古柏立国的侵略计划随着中亚贸易公司的撤离而宣告失败，失去英国庇护的阿古柏集团只能束手就擒。西征军收复喀什噶尔后，陆续擒获阿古柏后裔引上胡里等13人，同时缴获7门后膛进子开花大炮、4门开花螺丝铜炮、100余门前膛进子开花铜炮、一万数千匹战马以及不可胜数的枪械。

从1876年（光绪二年）8月起，西征军仅用一年半的时间，就收复了被阿古柏侵占长达十三年的领土，使阿古柏侵略集团覆没。而左宗棠督率西征军的实际作战时间，是1877年（光绪三年）10月到12月的三个月，西征军从喀喇沙尔长驱前进，在奋力夺取东四城后，又分道进军喀什噶尔，收复西四城。功成迅速，令左宗棠十分意外，以至他难掩自豪地评价此次出征："南疆八城，不满三月，一律肃清，自周秦以来实已罕见。"他在短时间内统率西征军收复新疆的捷报，不仅让清廷扬眉吐气了一把，也使袖手旁观的外国人大受震撼。当左宗棠为保障出征向中外商人借款时，当左宗棠在新疆施行屯田解决军粮问题时，他们冷嘲热讽，一面讥笑清廷无能，一面嘲讽左宗棠贪功。在他们看来，左宗棠此番西征，无异于泥牛入海，势必寸步难行。但西征军仅用一年半时间，便锐不可当地收复了新疆大部，而且屯垦也对西征军及当地百姓裨益良多。这一明显反差，让藐视清朝的外国人不得不承认一个事实："平时欧人轻料中国，谓中国人不能用兵，今观中国之恢复回部，足令吾欧人一清醒也。"

新疆地区连连喜报，使朝廷内部对左宗棠的质疑之声逐渐平息，他因收复新疆大片失土而广受赞誉。1878年1月（光绪三年腊月），清廷因左宗棠“筹兵筹饷，备历艰辛，卒能谋出万全，膚功迅奏，着加恩由一等伯晋为二等侯”。左宗棠两次上书辞谢，但都被清廷驳回。第二次辞谢时，左宗棠在奏章中结合当时各省发生旱灾饥荒的现实，认为“正君臣交儆之时，实未敢滥膺高爵”，而清廷则在诏书中这样回复他：尽管多地发生旱灾、饥荒，但左宗棠在本职范围内殚精竭虑、为国尽忠，所以必须给予褒奖。

无论左宗棠两次对朝廷的辞谢是否发自真心，清廷的表态都直接明白地传递了一个信息：朝廷认可他的作战能力及为国之忠心。

失而复得的伊犁

粉碎阿古柏反叛集团后，左宗棠在欣喜之余仍保持着清醒的头脑，西征伟业至此只完成了一半，因为伊犁尚被俄国霸占，而收复伊犁与收复南疆相比，情势更加复杂、更加困难，但也更为重要。此后，他按照先前制定的“急规南八城，缓置伊犁”的战略，将主要精力投入收复伊犁的筹划中，并加紧思索新疆归复后如何处理的问题。

乾隆年间为加强对天山南北的统治，设置了总统伊犁等处的将军，下辖各地参赞、办事大臣、领队大臣等，并辖乌鲁木齐都统。但伊犁将军府实行的是军府制，只管军政，不理民事。民政事务仍由各地民族头目自理，因而存在明显的分散性。到了清代中晚期，清廷对边疆的管控力度逐渐减弱，地方民族主义势力日益膨胀，削弱了清廷的统一领导。别有用心的外来势力趁虚而入，与地方民族势力勾结，出现了分裂割据的严重局势。早在张格尔事变时，道光皇帝就发动群臣寻求解决办法，有人提议设置郡县，“因宣宗主于节啬，恐兹烦费，未被采纳”。后来又有学者龚自珍、魏源等人研究西北历史地理，多主张在新疆建省，并列出若干具体建议。左宗棠在湖南老家时就对研究西域的书籍颇感兴趣，研读了龚自珍、魏源等人的著作，加上在湖南巡抚幕府中时与王柏心常有交谈，大受启发，于是逐渐形成了对新疆问题的个人看法。他曾在《癸巳燕台杂感八首》第三首中抒发自己的感受：

西域环兵不计年，当时立国重开边。
橐驼万里输官稻，沙碛千秋比石田。
置省尚烦他日策，兴屯宁费度支钱？
将军莫更纾愁眼，生计中原亦可怜。

西征新疆，是左宗棠施展抱负的大好机会。无论是实行兴屯政策还是推进建省运动，他都是在实践自己数十年前的愿望。

西征军平定天山北路后，有大臣向朝廷进言在天山南北安置兵马，招徕农商，与英俄商定划分疆界，避免发生龃龉。但左宗棠对此不以为然，他在西征军攻下吐鲁番后，向朝廷上《统筹全局折》，强调了新疆对清王朝及整个中国的重要性，提到“重新疆者，所以保蒙古，保蒙古者，所以卫京师，西北臂指相连，形势完整，自无隙可乘”，至于英俄两国从中作梗阻挠，“我收复旧疆，兵以义动，彼将何以难之”，英俄两国出师无名，只要清军奋力反击，其诡计必难得逞。在详细阐述保持新疆完整的重要性后，他在奏章结尾提出了自己的建议：“为新疆画久安长治之策，纾朝廷西顾之忧，则设行省，改郡县……按照时势，斟酌损益，以便从长计议。”清廷十分肯定左宗棠这一建议，认为其主张“自为一劳永逸之计”，很有见地，于是命他“督饬将士，勠力同心，克期进剿”。新疆设置行省，由此发端。

而沙俄自1871年（同治十年）侵占伊犁后，一直不相信清廷有能力打败阿古柏、白彦虎，为此一度虚伪地表示，只要清廷将关内外肃清，克复乌鲁木齐、玛纳斯各城后，当即交还伊犁。随着西征军在新疆战场上节节胜利，沙俄政府在感到事出意料之余，逐渐显现出其狰狞的真实面目。他们唆使白彦虎、伯克胡里等窜扰新疆边境，使左宗棠及西征军的注意力仍集中在消灭阿古柏残余势力上，从而无形中延宕交还伊犁一事。他们挑唆纵容白彦虎在北疆地区勾结当地不良回民，四处劫掠，并打杀官军行商、抢夺驼马货物，可谓作恶多端。沙泉子、托多克台、沙窝等地受害严重，当地防军时时追剿，却屡禁不止。在南疆地区，则是发动大规模袭击，率军闯入英吉沙尔、喀什噶尔、阿克苏、叶尔羌等地。西征军迅速反应，不久就将进犯的叛军扑灭，其中尤以第四次对阿古柏叛军及俄国打击最大。这次袭击的头领是艾克木汗与阿布都勒哈玛，被西征军打退后，败军溃逃。西征军紧追不舍，在严寒的荒漠中，经过四个昼夜的奔逐追击，终于在800里以外击毙阿布都勒哈玛及数十名将领、2000余名士兵。西征军从俘虏身上搜出俄国发给的路票，并通过口供验证了俄国驱使他们在边境滋事的事实。这次西征军战绩卓著，被当时不明真相的外国人误以为是中俄交战而俄国大败。而企图借白彦虎等人试探西征军的俄国，见西征军每次出战都如狼似虎，也不再敢轻易挑起兵事。

1876年（光绪二年）11月，清廷同意凡与俄人交涉新疆事宜，均先知照左宗棠酌量办理。此后，左宗棠主动承担起以收回伊犁为核心的对俄交涉。1877年（光绪三年）夏秋，伊犁将军金顺想趁俄国与土耳其爆发战争之际，乘虚袭取伊犁。左宗棠担心因此影响到进取南八城的预期目标，认为此时若急于索要伊犁，可能会受到俄国变本加厉的要挟。因此他主张“申明纪律，整齐队伍，操练技艺，严为戒备，静以待之”，在知己知彼的情况下，他叮嘱进军新疆的将领及西征军“断不可挑衅生端，贻害大局”。后来，西征军收复喀什噶尔时，由于俄国收容了伯克胡里和白彦虎，中俄之间的交涉除了伊犁问题外，又多了交还白彦虎等人的问题。左宗棠就此建议总理衙门让俄驻华公使根据条约解送，俄驻华公使却将此事推给俄土耳其斯坦总督[①]会商办理。

1878年（光绪四年）2月，刘锦棠根据左宗棠的意见行文土耳其斯坦总督，要求俄方解送白彦虎并商议如何处理伯克胡里，并提出建

---

① 1867年，俄国在中亚建立了两个总督区，管辖范围覆盖了哈萨克草原以南的绿洲地区，首府在塔什干，首脑即土耳其斯坦总督。

议：若俄方兵力不足，或不愿与逃窜逆贼周旋，清廷可派军到俄国边境一带搜捕。俄方得知后，不仅拒不解送白彦虎，还以清军闯入俄国属地擒敌，是侵犯本国边界，致使俄国内兴起兵端相威胁。

左宗棠虽然坚决认为“与外人交涉，当强者不可示弱”，但面对俄国的傲慢态度，他仍不赞成以武力擒获。他与刘锦棠分析当时的形势，认为俄国贪图伊犁每年数十万的利益，企图长期占有；中方若率军压境，向其索还伊犁、索要白彦虎，即使如愿以偿，俄国也会因为在这两件事上没有满足私欲，而到别处寻衅滋事，到时清廷依然要处理棘手问题。因此，就目前的形势而言，直接向俄国提出要求并非解决问题的办法和长久之计。

为了妥善处理伊犁与白彦虎等问题，左宗棠主张派人与俄国谈判。针对自己先礼后兵的计策，他在写给金顺的信中解释道：现在若出兵向俄国索要白彦虎，必须先收回伊犁；如果不事先婉言向俄国要回伊犁便出动大军，双方势必决裂，而白彦虎闻风逃匿更是在意料之中。因此，他命麾下将领“处处严密谨防，静以待动”“看他如何动作，再说不迟”“不可衅自我开，令彼得借口”。

与此同时，左宗棠以“新疆应否改设行省置郡县”为题上奏，第二次提出设行省、置郡县的建议，并希望朝廷能“集内外臣工之远猷深算，参考异同”，就这项“事当创始，关系天下大局”的提议进行认真讨论。不久清廷做出回复，认为“事关重大，非熟习该处地方情形，难以悬断”，因而“仍着左宗棠详细酌度，因时制宜……将何处应设省城，何处分设郡县，及官缺、兵制一切，需用经费，妥议章程具奏”。

在收回伊犁的一些具体问题上，左宗棠也提出了自己的意见。比如边界领土问题，塔尔巴哈台（今塔城地区）参赞大臣锡纶主张趁俄国交还伊犁时，索回沙俄以往侵占的全部领土。左宗棠从当时的形势出发，倾向于以这些不平等条约所定边界来勘定界址，反对俄国继续越界侵占，采取了较为务实的克制态度。他主张在收回伊犁后，明确两国边界，永除后患。他在上总理衙门书中也表达了同样的态度：“窃以此时事势而言，只可按照同治三年、八年会勘界址地图立论，不必多有争执，致启论端。如能勘定界址，清理完结，已为差强人意；若逞其虚骄之气，动辄加以声色，非惟无益，而又害之。”

左宗棠的这些看法和建议，表明他在处理与俄国的关系上倾向于以隐忍礼敬的态度和平解决。然而，俄国并没有因左宗棠的克制而在交还伊犁问题上表现出丝毫诚意。1878 年（光绪四年）7 月，左宗棠奉命让金顺派人前往阿拉木图（今属哈萨克斯坦），与俄方商谈交还伊犁和白彦虎的问题。俄方官员一再推诿，表示交还伊犁事关重大，须等候土耳其斯坦总督答复，并说“此事以在总署商办为是”。至于白彦虎一事，俄方以不忍置白彦虎于死地为由，表明自己毋庸再议的态度。这一出乎意料的结果，使左宗棠意识到俄国官员在伊犁、白彦虎两件事情上都借口推托，他们并不买自己的账。这使他主理收回伊犁等交涉事宜的进程变得艰难起来。恰巧在前一个月，也就是 1878 年（光绪四年）6 月，力主让左宗棠负责收回伊犁事务的军机大臣文祥去世，他的去世使清廷对此事的态度有所改变。不久，清廷以左宗棠身为地方首脑，不便承担外交职责为由，派吏部右侍郎、署理盛京将军崇厚出使俄国，就收回伊犁的问题与俄方交涉。局势也由此变得复杂起来。

起初，左宗棠并不反对朝廷派崇厚出使俄国的做法，表示崇厚出使俄国“最为扼要，又特旨授为全权大臣，尤可随宜对付，得其要领”。他祝福崇厚“乘风破浪，迅速成行”，通过外交手段使俄国官员的伎俩无法得逞。如今看来，左宗棠对崇厚出使俄国是寄予厚望的，他认为“崇厚出使俄国，固以索还伊犁为重，而界务商务，关系国家大局者，自应熟思审处，计出万全”。但崇厚“善结主国之欢”“圆通一路”的行事风格及其在“天津教案”中的表现，也让许多大臣对他出使俄国顾虑重重，左宗棠也不例外。他担心崇厚无法让“逞强而不服理”的俄国人交还伊犁，于是上书总理衙门，针对出使一事提出自己的建议——把握要领，刚柔并济。他建议崇厚坚持原则，与俄人能谈则谈，谈不成就回国寻求其他解决方式，重要的是保全中国人的气节。此时西征军刚刚收复新疆大部，军心炽盛，“至和议难成，不得已而必出于战，当兹皇威远播，我武维扬”。在左宗棠看来，谈不成就出兵收复伊犁是自然而然的做法，无须顾虑。回顾左宗棠的对俄策略，这种以武力为外交谈判后盾的主张，对清廷及中国能起到一定的保护作用。既不轻易使用武力，也不放松战备，在当时是积极而又稳妥的方法。

崇厚到达俄国与俄方代表初步接触后便心生退意，一心想尽快完成差事返回中国。俄国人抓住他这一心理，得寸进尺，胁迫他答应了许多过分的请求。1879 年（光绪五年）7 月以后，左宗棠从总理衙门处得知崇厚在俄国怯懦卑微、一味退让，内心十分不满。他在写给友人谭钟麟①的信中评价崇厚“以柔道牵之，有求必应，不知已堕其度内”，可见左宗棠对崇厚落入俄人圈套却不自知的表现非常失望。

8 月，左宗棠向总理衙门上书，陈述自己对崇厚在俄所议条款的不同看法。关于界务，他结合新疆边境有常设卡伦②、移设卡伦、添设卡伦的实际情况认为，1864 年（同治三年）勘界定约以常设卡伦为界，将移设、添设之地全部划给俄国，这种做法极不合理。现在虽然不能推翻这一约定，但也应设法补救，方法是将常驻卡伦外的移设、添设之地作为瓯脱地③，“我不索还移设、添设地段，彼亦不居移设、添设地段”，作为界外的空隙地带，为两国提供缓冲空间。关于交还伊犁，他认为毋庸置疑，俄国必须交还全境。关于商务，左宗棠认为应该在与俄国商讨这一事项时，兼顾本国商人的利益，俄国提出的连通嘉峪关以内兰州、秦州、汉中直达汉口，正是想拓宽俄商的贸易之路，如果贸然应允，不仅本国商人备受打击，国家税收也难逃重创。

随着谈判的深入，俄国的贪婪企图逐渐暴露，左宗棠对归还伊犁的具体主张也更加明确完整。9 月 26 日，他上书建议否决崇厚所议各款，

---

① 谭钟麟（1822—1905）：字文卿，湖南茶陵人。清朝官员，历任河南按察使、陕西布政使、浙江巡抚、陕甘总督、闽浙总督、两广总督等职。

② 卡伦：“台”或“站”的满语音译，是清代的哨所，对于清代边疆的社会治安、生产资源管理、边防建设及疆域形成起到了不可忽视的作用。

③ 瓯脱地：指两个国家交界的地方没有划定界限的区域。

并深刻揭露了俄国在归还伊犁一事上不讲信义、出尔反尔的侵占妄想。他愤怒地指责俄国欲壑难填，“我睦邻之谊尽而又尽，彼餍足之道加无可加”，假如朝廷此次全盘接受俄国的无理要求，国家疆土、万民生计都将贻害无穷。他不明白，西征军意气风发、迅速击碎阿古柏侵略集团后，正是震慑内外的好时机，“何为必出此下策，以苟且目前”。

但是，远在俄国消息闭塞的崇厚懦弱畏缩，不敢据理力争，他在沙俄的威胁讹诈下，于10月2日与俄国签订了《里瓦几亚条约》。依据条约内容，清廷虽索回伊犁九城，但却要割让霍尔果斯河[①]以西地区、特克斯河[②]流域和穆素尔山口给俄国，从而隔断了伊犁与南疆阿克苏等地的联系。此外，清廷还要支付俄国500万卢布（约合白银280万两）的占领费，并允许俄国在嘉峪关、哈密等七处设立领事馆，给予俄商在新疆、蒙古免税贸易的特权等。

清廷在收到左宗棠9月26日上奏的奏折前，就已获悉崇厚与俄国订立的条约内容。总理衙门一时进退两难，举棋不定，下令左宗棠、李鸿章、沈葆桢、金顺、锡纶等人就崇厚所订条约进行筹议，力图找到周全妥善的解决办法。在给左宗棠的谕令中，总理衙门更要求他“通筹全局，权其利害轻重，一并复议具奏”。

10月19日，两江总督沈葆桢率先答复朝廷，认为俄国的要挟太过分，应将使臣所议全部取消。11月7日，直隶总督李鸿章在复奏中斥责俄国借归还伊犁一事肆意要挟朝廷，贪得无厌，欲壑难填，也指责崇厚只顾索回伊犁，未顾他务，未免失之轻率，但他仍主张接受条约，再设法补救。他在奏章中说：“崇厚所订俄约，行之确有后患，若不允行后患更亟。中国必自度果能始终坚持，不致受人挤逼，且必自度边备完固，军饷充裕，足资控御，乃可毅然为之；否则，踌躇审顾，只能随宜设法，徐图补救。并宜稍示含容，免使他国闻之，张效尤。”由此可见，

---

① 霍尔果斯河：位于中国新疆与哈萨克斯坦之间，为中哈界河，自北向南流入伊犁河。

② 特克斯河：伊犁河支流，发源于汗腾格里峰北侧，由西至东流向喀德明山，其后与巩乃斯河汇合，再折向西流，与喀什河汇合，进入哈萨克斯坦，最终流入巴尔喀什湖。

李鸿章更倾向于采取息事宁人的方式，暂且忍耐，待边境的军饷、粮草供应充足，军队战斗力提升后再与俄国人细论短长。

12 月 4 日，左宗棠向朝廷上奏《复陈交收伊犁事宜折》，并致信总理衙门。在这一折一信中，他首先揭露了俄国侵略对中国边防的严重影响，接着痛陈崇厚所订条约的危害，认为俄国虽在名义上答应归还伊犁，但他“察俄人用心，殆欲踞伊犁为外府，为占地之广，借以养兵之计”，实际上归还的伊犁可能只剩一片荒郊，北境、西南皆为俄国所有。如果伊犁四面都是俄国的势力范围，清军接收后势必陷入其包围圈，虽得实失。至于商务，俄国企图占领西北市场，蚕食经济利益，在西北各地广设领事，通过商务蔓及地方，“化中为俄，断不可许”。至于李鸿章“先答应后反悔，理亏在我”的论调，他解释说，崇厚虽以全权出使俄国，但所议条款均须皇帝御笔批准，故而无所谓“答应”一说；而且俄国占据伊犁后，为所欲为，久借不归，甚至收留叛乱逆贼，纵容流寇扰乱边境，诸多证据表明是俄国率先挑起事端，本是俄国理亏。在他看来，与俄国交涉一事，关键在于朝廷的态度，“以目前边事言之，论理固我所长，论势亦非我所短。只盼内外坚持定议，询谋佥同，钦奉谕旨以与周旋”，只要朝廷内外齐心协力，共同抵御俄国，损失会尽可能减少。他还在奏章中进一步提出收回伊犁的对俄策略：就形势次第而言，首先用委婉的方式与俄国谈判，随机应变，巧妙周旋；其次在战场上决一胜负，立场坚决，稳中求胜。在表明了谈战结合的对俄方针后，他向朝廷表达了自己收回伊犁的决心，愿“率驻肃亲军，增调马步各队，俟明春冻解，出屯哈密，就南、北两路适中之地驻扎，督饬诸军妥慎办理”。他在给总理衙门的书信中也明确提出“先之口舌，继以兵威，事无不济。当彼竭我盈之会，机有可乘”的建议。如果俄国一再坚持崇厚所议条约，他可命南路大军分别由阿克苏、乌什兼程急进，直取伊犁，以武力手段击退俄国人，保护国家利益。

12 月 14 日，左宗棠在《复陈李鸿章所奏各节折》中重点强调了俄国侵略行为的长期恶果，建议朝廷采取果决手段制止俄国趁机蚕食中国的企图。他在奏章中说：俄国自窃踞伊犁以来，没有一天不以损中益外为务，蓄机甚深。这次崇厚出使，俄国才将内心的图谋和盘托出。若朝廷仍对其模棱两可、含糊应答，我退则彼益进，我俯则彼益仰，祸患无穷，而不仅局限于西北地区了。他斥责李鸿章的庸懦，批评他只顾眼前，就像庸医给人治沉疴一样，“不敢用峻利之剂，则痞症与人相终始，无望其有病除身壮之一日”。

左宗棠对于伊犁问题的主张和态度，对清廷的决策起了重要作用。12 月 17 日，清廷发布上谕，肯定了左宗棠的意见，认为“此次与崇厚所议约章，流弊甚大”，左宗棠“先之以议论，决之以战阵，自是刚柔互用之意”，故而将“所有新疆南北两路边防事宜，即着该督豫筹布置，以备缓急之用”。除了新疆事务，清廷还将其他与俄国接壤地区的交涉事务也委派给左宗棠，“所虑者，吉林、黑龙江一带均与俄疆毗连，不无防范难周之处。将来操纵机宜，谅该督必能通筹全局，谋定后动也”。

1880 年 1 月 2 日（光绪五年十一月二十一日），清廷将崇厚革职议处，并按左宗棠的建议，将崇厚所订条约交各部议奏。2 月 19 日，清廷向俄国发出国书，说崇厚议定条约时多有违训越权之处，因此再派大理寺少卿曾纪泽为出使俄国钦差大臣，希望俄国派人与之“和衷商办”。这样一来，收回伊犁的谈判职责由崇厚转到了曾纪泽身上，左宗棠也随之转入以武力支持曾纪泽赴俄谈判的新阶段。在吸取了崇厚谈判的教训后，他认为“疆吏如能持正，使臣尚或有凭借，多说几句硬话。否则依违迁就，在所不免”。

俄国见清廷更换和议人员，担心与崇厚议定的条约作废，便采取一系列手段耀武扬威。除了政治讹诈外，还在我国东北边境增调兵力，在海上调遣军舰到我国海域内游弋，又在上海邀各国在华兵船进行武力示威。在西北更是不断制造战争的紧张气氛。

1880 年（光绪六年）上半年，俄国在伊犁地区安排步骑七十八个连，兵员 1.15 万余人，比侵占伊犁时的派兵数量增加了五倍之多。此外，俄国还准备从西西伯利亚征调9000多名步骑，从费尔干纳（今乌兹别克斯坦东部城市）向喀什噶尔边境派出的兵力也有4600多人。驻扎在伊犁城内的俄国侵略军开始进行战争准备，有的部队甚至越界屯驻。不仅如此，俄方还召见了窜入俄国的伯克胡里一伙，让他纠集匪徒侵犯喀什噶尔，驱逐华人，恢复伪汗国。

外部形势愈发严峻，左宗棠再次体会到将新疆整肃为省的重要性，他向朝廷上奏在新疆开设行省，并简派总督巡抚。他建议将乌鲁木齐设为新疆总督治所，阿克苏作为新疆巡抚治所，且将军率旗营驻扎伊犁，塔尔巴哈台（今塔城地区）改设都统。以下再设伊犁、吐鲁番、阿克苏、喀什噶尔、镇迪五道，迪化（今乌鲁木齐）、库车等十五府，镇西、广安等六州及二十一县。全省设总督、巡抚、知府、同知、知县和将军、都统、兵备道等军政官员，摒弃原先由民族头目管理民政的做法，“治外则军府立，而安攘有藉，疆围奠焉；治内则吏事修，而政教相承，民行兴焉”。左宗棠这一方案可谓完整详细，但清廷以“伊犁尚未收复，布置一切不无窒碍”为由搁置此事。

此时沙俄的战争气焰虽有黑云压城之势，但我国各族军民毫不畏惧，也决不示弱。四川总督丁宝桢建议加强东北防务，“愿以犬马微躯一登俄人之堂”“虽万死亦何所惜”；驻扎内地的提督雷正绾要求与左宗棠“并辔出关”；吉林、黑龙江等地的人“联络一气”，准备与俄国奋战到底。驻扎在新疆的西征军将士更是严阵以待，以“犯我国境者，虽远必诛”的志气等候左宗棠发号施令。

作为这次反侵略斗争的中坚力量，左宗棠于4月初在给朝廷的奏折中说，朝廷改派曾纪泽再与俄国谈判，若“词严义正，自可析其奸谋”，倘若俄国始终狡诈固执，使谈判破裂，挑起战端，西征军必将合南、北两路之兵，全力以赴，慎以图之。他计划仍按三路布防：北路扼守精河，由伊犁将军金顺统领，兵力除金顺所部二十个马步营的1万余人外，再调金运昌的卓胜军马队500人、步队1500人前往。中路屯驻阿克苏，由广东陆路提督张曜统领，兵力除张曜原有嵩武军两个马队营、九个步队营，共计5000余人外，加拨一个马队营、四个步队营，共2250人，并挑选原土尔扈特马队数百骑归其节制。西路屯集喀什噶尔，由刘锦棠统领，兵力除刘锦棠原有老湘军二十五个马步营的1万余人外，加拨谭拔萃由湖南选募的五个步队营和谭上连挑选换防步队2000人。

综合这三路布防，左宗棠说，就当前的局势而言，俄国官商、兵力既借重于金顶寺（伊宁市回族大寺）各处，距精河一带较近，金顺只需坚守要隘，阻止俄军四处逃窜，不必以深入为功。中路阿克苏之军直指伊犁，以截断金顶寺归路。刘锦棠如果由乌什、冰岭西路直指伊犁，便切断了俄军支援伊犁的来路；如果此路难以进军，则屯兵喀什噶尔外卡，制造假象让俄国以为清军欲深入其国境，不得不时时提防。

这一年左宗棠已69岁，不仅体弱多病，而且“西征十年，滚滚风尘，几无生趣，遥望南云，无心出岫，不胜企羡”。十年征战，他不曾有片刻懈怠，家庭生活的闲情逸趣无从谈起，尽管心里也怀念“湘上农人”的自在生活，但在国家的需要面前，他毅然收起“小我”，为民族大义鞍前马后地奔波劳顿。上年腊月，幼子左孝同陪护母亲张夫人从长沙到达兰州陕甘总督署，准备来年天气转暖后再前往肃州大营看望左宗棠。他们刚到陕甘总督署，就收到左宗棠的书信，专门就暂住督署的起居生活进行约束：“在督署住家，要照住家规模，不可沾染官场气习、少爷排场，一切简约为主。署中大厨房，只准改两灶，一煮饭，一熬菜，厨子一，打杂一，水火夫一，此外不宜多用一人。”左宗棠事无巨细地叮咛一番，唯恐家人铺张浪费。待到年后天气转暖，左孝同便奉母前往肃州大营与左宗棠相见，但因此时军务繁多，几天后，他们便回转兰州。

这次收复伊犁，事关国家领土完整及民族尊严，左宗棠为了就近部署伊犁战事，决计亲自出关。1880年（光绪六年）5月16日，左宗棠坐上加套快车，离开肃州大营起程西行。在他的车后，一队威武的士兵抬着一口黑漆棺材，左宗棠此举意在表示“与俄人决一死战”，他已做好有去无回、马革裹尸的心理准备。6月15日，他们到达新疆哈密，“父老扶杖而观，不远数百里”。随后，左宗棠在离城3里的凤凰台建立大营。

清廷此番与俄国的交锋备受外国重视，他们很想了解一下这位年届古稀的统帅，德国人福克便是其中之一。他曾在左宗棠的新疆行营中居住一月有余，与左宗棠朝夕相处，不仅看到他的饮食起居细节，还在交往中了解到左宗棠的高风亮节。他记录左宗棠“身在沙漠之地，起居饮食，简省异常；内无姬妾，外鲜应酬之人，其眷属家人多未带至任上，惟一人在塞”。通过一个月的接触，他评价左宗棠“年已古稀，心尤少壮，经纶盖世，无非为国为民，忠正丹心，中西恐无其匹”。

这时，英法等国为保护自身既得利益和日后攫取更多便利，纷纷向清廷施加压力，使之向俄国做出让步，减免崇厚罪行，避免发生战争，保证俄国能与曾纪泽谈判。迫于压力，李鸿章、总理衙门及醇亲王都主张接受英法的劝解，以和议为重。6 月 26 日，清廷权衡英法调停的利弊及国内外形势后，被迫把重心由备战转到以谈判为中心的求和上。左宗棠针对此事对总理衙门发表了自己的看法：“主战固以自强为急，即主和亦不可示弱以取侮。”他提醒总理衙门提防狡诈的英、法、俄等外国势力，避免在猝不及防之际被对方的危言耸听所挟持，而掉入其早已设好的陷阱中。在英法的调停下，俄国也同意与曾纪泽谈判，中俄伊犁谈判初步打破僵局。

8 月 4 日，曾纪泽来到俄国外交部，对方盛气凌人，强词夺理，声称与崇厚议定的条约“只要照办，无可商议”。清廷得知后，深感形势险恶，唯恐重蹈二十余年前英法联军进犯北京的覆辙，再受城下之辱。朝中多名大臣建议召左宗棠进京总领此事。8 月 11 日，清廷发布上谕，以时势危急，“俄人意在启衅，上需老于兵事之大臣以备朝廷顾问”为由，令左宗棠“来京陛见”。

左宗棠在哈密接到召自己入京陛见的谕令后，心情十分复杂，既感自己年老体衰，不堪担当重任，现奉恩谕进京陛见，为朝廷顾问，实在是皇恩浩荡；又细究圣意，或者是担心自己衰老多病、精神萎靡，不宜久劳边塞，因此加以怜悯抚恤。但最使他担心的是，此时进京，一旦俄国探知后趁机进犯，西征军将如何应对？为此，他必须早做安排，除了向朝廷举荐刘锦棠督办关外一切事宜，并邀其到哈密筹商一切要务，以便接替自己的工作以外，他还对时局与谈战问题提出了自己的见解主张，希望为刘锦棠所采纳，继续为收复伊犁贡献智慧。

11 月 8 日，刘锦棠由喀什噶尔到达哈密，左宗棠见这位年仅 36 岁的大将体貌丰润，胡须清疏，言辞公正，身担重任而有谦恭自下之心，无疑是国之栋梁，不禁深感欣慰。12 月 5 日，清廷正式任命刘锦棠代理钦差大臣、督办新疆军务，驻哈密；张曜由阿克苏改驻喀什噶尔，代理帮办新疆军务。

11 月 14 日，左宗棠离开哈密东行赴京，于次年（光绪七年）2 月 25 日到达北京。从哈密起程前，他再次向朝廷上奏，希望朝廷能谨慎处之，“非熟审彼此强弱情形，冒昧从事，则言战或以损威，而言和翻以启侮，诚不可以不慎也”。探听到左宗棠要进京后，俄国加紧布防，先是派舰队由黑海、红海东下，又在珲春修筑堡垒，派兵靠近乌里雅苏台等。获悉俄国方面的动向，左宗棠也逐一部署：先是捐资购买 200 枚水雷和 20 枚鱼雷，巩固浙江、福建的海防；其次，调王德榜、刘璈各带一营军士在中卫会师后共赴归化（今呼和浩特市旧城），屯驻张家口；然后，在山海关布置奇兵，随时准备奇袭珲春，收复康熙朝时就被俄国强占的土地。他的这些安排有力震慑了俄国方面，使之不敢轻举妄动。

左宗棠被召入京，对曾纪泽与俄国的谈判产生了重要影响。了解了清朝在边境和新疆地区的兵力部署后，俄国解读左宗棠入京的背后之意是清廷有意出兵。俄方首席谈判代表、代理外交大臣吉尔斯于 1880 年（光绪六年）12 月向曾纪泽询问确认这一消息；一个多月后，吉尔斯和俄驻华使节布策又向曾纪泽提及此事，希望赶在左宗棠入京前“及早定议，免生枝节”。曾纪泽在前往俄国谈判前是驻英法大臣，颇有外交才干，并熟悉世界政治。当俄国以清廷拖延时间，不如打仗合算而威胁曾纪泽时，他在左宗棠等人的支持下不卑不亢、针锋相对地回答说：中国不愿有打仗之事，倘不幸有此事，中国百姓未必不愿与俄一战。中国人坚忍耐劳，即使一战未必取胜，但中国地大物博，哪怕战争长达数十年也能支持，想必贵国不能保证自己毫发无损。

面对清廷的果决态度，俄国只能答应重新谈判，并于1881年（光绪七年）2月24日在圣彼得堡与曾纪泽订立了《中俄伊犁条约》。这个条约虽然仍是不平等条约，但它与崇厚所订的条约相比，挽回了伊犁南部的特克斯河谷地、哈巴河（位于阿勒泰地区）等处领土和一些权利。

左宗棠到达北京后得知这个结局，心痛不已，他想到失而复得的伊犁变成一块荒土，窜逃入俄的逆贼依然逍遥法外，为俄国所庇护……这一切都与他的设想相去甚远。早在鸦片战争时，他就曾在《感事四首·其一》中明确表达了自己对战与和的态度：“和戎自昔非长算，为尔豺狼不可驯。”但是，沙俄将业已吞下去的中国领土又吐了出来，在近代史上是前所未有的事情。伊犁交涉的这个结局，从客观上说，大半得益于左宗棠的力战坚持。

至于新疆建省一事，截至左宗棠离疆赴京，清廷都未下定决心。1882年（光绪八年）10月，71岁的左宗棠在两江总督任上仍心系新疆建省一事，又一次以“新疆行省急宜议设”上奏朝廷，认为“现在伊犁已复”，极应迅速建省。他条理清晰地罗列出建省的益处：一是可杜绝外人觊觎；二是设督抚治外治内，“可以防患未然”；三是壮军威而固边防；四是有利于实施教化；五是可使“人知自奋”。他也明白新疆当时有主事的官员，但因“心系西陲”，他“终难自默”。

正因为他屡次进言、辨析利弊，加上刘锦棠等人的从旁声援，清廷最终于1884年（光绪十年）11月17日正式发布了新疆建省的谕令。左宗棠对此居功至伟，他曾说“天下无不办之事，所难者，中外一心耳”，新疆能在晚清诸国列强蚕食的情况下仍保持完整，正是依靠左宗棠当年力持的“中外一心”。在新疆建省后的较长时间里，外来侵略多未得逞，内部也没有发生大的动乱，这既得益于左宗棠对当地流民的多项安置举措及推动新疆经济发展的政策，也归功于他重视文教劝化、疏导回汉民众的诸多举措。

第十章　惠泽西北，为民生利

左宗棠在担任陕甘总督期间，除了平定西北回民起义、收复新疆外，还采取了很多措施用于恢复和发展西北地区的经济民生和教育事业。在这个过程中，他始终以恢复兵燹地区的生产力为中心，以大力兴修水利为重点，为该地区的战后重建和社会稳定做出了重大贡献，其余荫绵延至今。

兴办近代工业

左宗棠对西北经济的开发与西征是同时进行的。他重视将近代先进的科技手段带入西北，还立足民生，修浚河道，不仅促进了西北军工产业的萌芽发展，提高了民办企业的效率，而且以近代工业拉动当地经济，可以巩固战争成果，减少各地发生民变的概率。

1868 年（同治七年），左宗棠率军进驻甘肃，也把洋务运动带进了甘肃，先后创办了西安机器局、兰州制造局和甘肃织呢局等军用及民用工矿企业。

1869 年（同治八年）3 月，左宗棠上奏朝廷，因楚军所需军火全由上海洋行采办，价格昂贵，花费甚巨，因此他着手招募浙江工匠，迅速在陕西装备机器，制造洋枪、铜冒、开花子等，以节省购造资金。1870 年（同治九年），西安机器局正式开工生产，主要制造新式枪炮所需要的子弹和火药。制造的工人以宁波人为主，曾在上海、金陵两地的制造局受过专业训练。由于机器设备较好、工匠技术熟练，西安机器局生产的枪炮弹药都达到了一定水平，是官办的近代军用工业。

1872 年（同治十一年）8 月，左宗棠来到兰州，又在这里创办了兰州制造局。兰州制造局以生产枪炮为主，兼制开河、凿井、织呢和水龙等机器，是军民两用的近代工业。兰州制造局设在兰州南关，由总兵赖长主持。赖长是广东人，是左宗棠在福建时的旧部，也是一位精通近代枪炮和机器制造的专家。左宗棠在福州设立船政局时，赖长仿造的西洋枪炮，其灵巧程度不亚于西洋军器，所以左宗棠向朝廷上奏将他调到兰州。赖长带来的宁波和福建、广东工匠，能自造铜引、铜冒、大小开花子，能仿造英国螺丝及后膛七响枪。左宗棠还让他改造中国旧有劈山炮、广东无壳抬枪，经过改造，劈山炮改用更加灵便的鸡脚架，而且由过去需 13 人施放精减为 5 人，无壳抬枪也由过去三人放两杆改为一人放一杆。

兰州制造局除了自备机器外，1874 年（同治十三年），左宗棠又将西安机器局的火炉蒸汽机运了过来。兰州制造局以制枪炮为主，制造时参用中西之法而兼采其长，精益求精，不仅能自造新枪炮，而且制造技术也达到了较高的水平。1875 年（光绪元年）6 月，原本只推崇英国、法国与德国枪炮制造的俄国人索思诺夫斯基，在左宗棠陪同参观兰州制造局时看到仿制的法德枪炮后，惊叹于其精巧程度竟与原产国相同，而自发研造的大洋枪及小车轮炮、三脚劈山炮等也是绝无仅有，不禁连声赞叹。

兰州制造局生产的枪炮，起初被运往肃州镇压陕甘回民起义，后又用于攻占新疆的古牧地、达坂城和喀什噶尔、伊犁等地。

左宗棠创办兰州制造局的初衷在于反对外国侵略，减少从上海等地运输军火的周折耗费。而且在“师夷长技以制夷”之外，国人掌握了技术，对外国先进器物的依赖逐步减少，国力自然增强。

1875 年（光绪元年），左宗棠又在兰州创办火药局。为了提高火药质量，他要求增加对硝、磺等原料的提炼次数，使火药的品质和洋火药一样。这样做虽然增加了成本，但火药质量堪比洋火药，清廷就不必再向海外采购，受他国牵制，而且还能省下巨额运费。

左宗棠主办的这些制造局和火药局，不仅以其生产的枪炮弹药为西征提供了装备，还制造了一些机器，开西北近代工业的先河。其中，甘肃织呢局就是兰州制造局的最大成就之一，是左宗棠从事洋务运动由军用工业向民用企业发展的重要标志，也是近代中国最先创办的毛纺企业。

当时左宗棠看到西北地区适宜畜牧，尤其以羊的获利最大。“羊之皮，可为裘；羊之肉，可为食；而羊之毛，尤宜为织料”，而且每年剪毛两次，这些羊毛正可投放到织呢局作为原料。彼时，兰州制造局总办赖长根据自己的想法新造水机，试造洋绒成功，于是向左宗棠建议购办全副织呢织布火机到兰州仿制。左宗棠对赖长试制洋呢的举动倍加赞赏，说试制的洋呢竟与洋绒相似，质薄而细，十分耐穿，比起本地所织褐子①美观得多。因此，尽管他认为赖长在没有师授的情况下自行研制费时费力，但鉴于兰州当地的羊毛、驼绒、煤等原料很多，便同意赖长尝试织造。1877 年（光绪三年），他让胡光墉留意访购赖长所需的织呢织布火机。此时的左宗棠对织呢局的前景持谨慎态度，但并未放松筹备工作。

甘肃织呢局在选址设厂、建造厂房时，左宗棠表示关键是要坚实，不图美观。秉承着这一宗旨，赖长改造旧房作为织呢局的厂房，既避免了另外购买平民地基，又可以作为营地的堡垒，而且围墙现成，房子可以陆续添盖。改造厂房时，赖长以暂时能容纳机器，并足够工匠居住为准，试办成功后，再加固、推广。对于机器采购，左宗棠建议先仿制初步的机器，待将来生产稳定后再逐步添置。于是，向德国泰来洋行购买了 60 多架机器，并聘用德国技师、总监工和翻译，如石德洛末、李德、

① 褐子：现代工业布匹出现前北方游牧民族用来缝制衣物、褡裢、帐篷的手工粗布，具有良好的防水、避风、隔潮、耐晒、保温的作用。其原材料是用手工捻制成的羊毛线。

满德、福克等13人。

甘肃织呢局从开始筹建、选址建厂到购买机器、雇聘洋匠，特别是机器运输，前后花了三四年时间，于1880年（光绪六年）9月16日正式开工生产。织呢局由赖长任总办，石德洛末任洋总办，李德、满德任总监工，全局由赖长主持办理。织呢局的职工一部分是从制造局调入的师匠，一部分是从甘肃勇营里选拔出来的学徒。织呢局实行雇佣劳动制，每月为职工发放工资。

12月，左宗棠上奏朝廷，汇报甘肃织呢局自生产以来的生产情况，他说：现在织呢已织成多匹，虽然不如外国产品那么精致，但总体上还看得过去，从此日益精进，不难追上外国的产品。英国海关也有相关报告，说甘肃织呢局生产的织呢“品质还好，比洋呢便宜”。

甘肃织呢局生产的呢绒并非完全供应军队，也为市场生产，以营利为目的。左宗棠在创办织呢局时就说，以中国所产的羊毛在中国织成呢绒，普遍销往内地，甘肃人民自享其利。他预计数年后，甘肃织呢局不但可以收回成本，而且能为西部边疆开拓经济来源，推动地方发展。然而，他当时忙于收复新疆各地，分身乏术，且甘肃织呢局产品质量欠佳、销路差，于1884年（光绪十年）被正式裁撤停办。但它作为“中国第一所机制国货工厂”，在中国以西洋机器制造日用货物的历程中有着深远意义。

左宗棠在创办兰州制造局时，为解决原料问题，还开展采金、开矿，推动民用企业由工业向矿业发展，为西北地区工业近代化奠定了基础。

甘肃河西地区矿藏丰富，过去曾用土法开采，但效果不佳。1879年（光绪五年），左宗棠采纳胡光墉的建议，由其购买机器，雇聘德国技师米海里到肃州探勘。米海里到肃州后，先到南山。他说，南山矿藏丰富，内有上好之煤，还有五金各物。南山山底本为花岗石，只要将上层的砂石黄泥等挖开，即见各层煤石。此煤有时与矿子伴生在一起，但矿子可能就是藏金之所。若将矿子捶碎，即成为砂，淘沙即见金。米海里后来又到嘉峪关各地查看，发现矿藏极多，藏金层深仅 6 尺到 10 尺不等，其中一处离地约深 6 尺，横沿约宽 1 万尺，东西长 2 万尺，有铁、银各矿，矿藏之丰富与美国旧金山相似。米海里在寻找金矿时，还在玉门发现了一个含油量丰富的石油矿。

左宗棠接到报告后，开始设法开采矿藏。他在给友人的信中叙述甘肃境内产五金，尝试开采难见成效。夏天时，胡光墉曾派德国洋匠来试着勘探采金之地，因开采机器未到，只能先进行淘掘，但始终没有收获。洋匠回去后，左宗棠督饬本地乡绅承办此事，在当地招募了 30 名民夫，淘掘四十天后，获金 14 两多，于是打算增募民夫继续开采，等有成效后再考虑推广。对于淘掘金矿的方法，他斟酌了许久。起初，他结合当地许多人因淘沙取金被禁止而私自挖掘的现状，认为应化私为官，由官府开办，但经过一段时间的试行，发现“官采不能获利，徒耗采本，应作罢论”，而且“官开之弊，防不胜防”，于是转向耗费少而获利多的“包商开办”，提出了“官办开其先而商办承其后”的主张。这样一来，官府的抽成有了着落，利权也不至于旁落。粮价低贱时可增雇民夫，粮价昂贵时则裁减民夫，官府可以酌情办理，以期弊绝利生，不至于有名无实。

左宗棠这种由官办改为“官办开其先而商办承其后”的主张，不仅转变了开矿采金业的发展模式，更是他长期主张官办向商办转化思想的重要体现与发展。这种变化与发展后来在新疆得到了贯彻。当时，新疆精河一带也有丰富的沙金资源，左宗棠说：从前既未设厂，应当任由百姓自采，官府从中抽成即可。当乌鲁木齐旧有铁厂“招工铸造，一月之久，仅得犁铧各数十具，无济于事”时，他提出招商办理的解决办法，提高效率，并说：一经官办，则利少弊多，铸造的铁器不精，但费用却完全没有节省，不如适时停止这种操办方法。

收复新疆后，左宗棠调查了解到新疆地区产桑树，但当地民众仅食用桑葚充饥，或用之为药材。虽有专事养蚕缫丝的作坊，但却寥寥无儿，产品也多是将蚕丝与羊毛掺杂后织成，售价昂贵，加上新疆与关内交通不便，这些织物的销路并不太好。俄国人在新疆购买的丝织品多半产自四川。于是，左宗棠开始派人调查新疆境内的桑树及蚕丝品质，发现当地有80余万株桑树，且“叶大质厚，确宜于蚕”；而“所产丝，色洁质韧，亦不下中土”。考虑到当地人还没有掌握桑树栽培与育蚕缫织的技术，左宗棠特意从浙江雇用60名熟练的养蚕缫丝工人，命其携带桑秧、蚕种以及缫织的机器等入疆，在阿克苏设立蚕织总局，并在哈密、吐鲁番、库尔勒、喀什噶尔、和阗、叶尔羌等地设立蚕织分局。据史料记载，“当时制成线绉绸缎，颇与浙产差同，献之宫府，皆诧为奇”。后来蚕织局被迫停办，但“新疆蚕丝之业，究由是而始兴”。除了新疆，左宗棠在甘肃、陕西等地也提倡蚕桑。

从规模和重要性来说，左宗棠创办的西安机器局、兰州制造局、阿克苏制造局、兰州火药局、库车火药局、甘肃织呢局以及招商办乌鲁木齐铁厂等一系列洋务活动，虽然远不如他在福建创办福州船政局时做详细通盘的筹划，但仍有不少新的特点和发展变化，主要体现在三个方面：一是由军用向民用转化；二是由单一的制造、驾驶轮船变为制造枪炮、火药、机器、开矿等多种经营；三是由单一官办向官商协办转化，提高了商品经济程度，促进了经济恢复与发展。左宗棠在西北地区的这些经济举措，既是他洋务思想的继续，也是实事求是开展洋务运动的新发展。

恢复发展农业

除了兴办近代企业，左宗棠还很重视西北农业的发展。发展农业的关键在于水利，左宗棠认为，“治西北者宜先水利，兴水利者宜先沟洫”，而且“修浚沟洫宜分次第，先干而后支，先总而后散，然后条理秩如，事不劳而利易见”。因此，他每到一个省，都非常关注当地的水利疏浚，尤其是河流干道的修浚。

治理泾河是左宗棠在西北最先兴办的水利事业。1870 年（同治九年），他在计划修复早已荒废的郑白旧渠①时，就准备从上游源头处着手，为关陇地区解决难题。根据泾水在泾州水势渐大的地理实情，他认为若在此处开渠灌田，可获得数百万顷沃土良田。同时，他以湖南湘水、资水为例，提出在修治泾水时要节节做闸蓄水，使之可通小筏，避免河道干涸。随后，他依此设想，坚持浚导泾水，并让胡光墉代购开河、掘井的机器用于治理泾河。

在治理泾河的同时，左宗棠还支持宁夏道陶斯咏修复汉渠。1870 年（同治九年），宁夏道陶斯咏要求拨款万两修复汉、唐、清旧渠，当时左宗棠正处于饷项万分紧张的困境，但他认为“事关水利农田”，不可任其荒弃，于是想方设法筹备了 3000 两湘银，指示陶斯咏按引水灌田的户数计亩摊捐，将官办改为官助民办，“令附渠各庄堡回、汉绅民从公拟议”，算出各户应摊金额，悬榜于大道上，限日呈缴。这一举措激发了民间力量，使工程进展很快。

1873 年（同治十二年），左宗棠让部将王德榜在狄道（今甘肃定西市临洮县）引抹邦河（今甘肃定西市渭源县西漫坝河）水灌田。这项工程历时近一年，可灌田数十万亩，成效显著。1874 年（同治十三年）8 月，左宗棠派巩昌知府验收工程。巩昌知府认为这项工程筹划完善，办理得法。随后，左宗棠对王德榜清丈地亩及创制水车、牛车、筒车等举措进行了表彰，并嘱咐他治理甘肃以均赋役、兴水利为首要任务，若能事事讲求实际，地方必有起色。

收复新疆后，左宗棠对新疆的水利工程也很重视。在东疆地区，1874 年（同治十三年），他在准备向新疆进军时，先让张曜在哈密屯垦，为修复石城子渠拨 10 万条毡条用来铺垫渠底。继后，张曜又修榆树沟渠。在北疆地区，左宗棠明确向当地官员指出“水利为屯政要

① 郑白渠：关中地区的大型引泾灌区，为秦代郑国渠和汉代白渠的合称，近代陕西泾惠渠的前身。

务”，对多渠渠口被水冲塌的情况非常关心，要求金运昌在秋后农闲时派拨各营屯丁进行修筑。在左宗棠的领导下，乌鲁木齐除工兴渠外，还有永丰、太平二渠，在玛纳斯又修筑大顺渠等。在南疆地区，喀喇沙尔的官员积极响应左宗棠修浚水利的号召，设法筹款，调拨勇丁并雇用民夫，修复四道官渠。左宗棠对此大加赞扬，并命该县县令待春天雪融后设法修理疏通其他官渠。库尔勒原有官渠、民渠各一条，然而“民渠久废，取注官渠”。该地防营派队协同民夫修理疏通，恢复旧有渠道，这一做法受到了左宗棠的称赞。其余多个地方也踊跃疏通河渠，为灌溉提供便利。吐鲁番除兴修水渠外，还特别重视坎儿井引水这一新疆地区特有的灌溉方式。

在西北地区，有水即有田，但时遇战乱，有田并非就有人耕种。因此，在兴修水利的同时，如何组织生产也显得十分重要。在这方面，左宗棠主要采用了三种形式：

一是民屯。左宗棠认为，“筹军食必先筹民食，乃为不竭之源”。他十分清楚，饱受战乱之苦的农民要想在颠沛流离中安定下来，恢复农业生产，开始时一定是两手空空、一无所有。因此，他下令把口粮、种子、农具、耕牛等生产资料，无偿分发给那些一无所有但又有意愿恢复农业生产的农民。为避免农民把生产资料挪作他用，左宗棠规定只发实物不发现银；为避免农民把种子吃掉，规定必须到播种时节才发放种子。当时耕牛等牲畜大多在战乱中被杀被抢，左宗棠就挪出一部分军饷购买耕牛，然后分发给农民。耕牛不够就用驴、骡、骆驼代耕，还不够就把军队中老弱的军马淘汰下来支援农耕，再不够就几家人轮流使用一头牲口，即使用人力，也要恢复农业生产。

二是军屯。在西征的过程中，每收复一个地方，左宗棠都会命令军队利用作战间隙修整因战乱而荒废的土地，并适时种上庄稼。如果熟地不够种，就开垦荒地。如遇主人回来认领熟地，就归还原主；如无主人认领，军队在开往前线时将其转交地方官府。另外，左宗棠还开办了一些规模不小的军垦农场。1874 年（同治十三年），他命令西征军前锋张曜率领嵩武军十余个营在哈密开荒种地，且耕且战。为了办好军垦农场，在军饷相当困难的情况下，他一次性拨给张曜 3 万两银子作为启动资金。而张曜也没有辜负左宗棠的期望，在不到一年的时间里开荒 2 万多亩，当年收获粮食近百万斤。为了推广哈密的经验，左宗棠又相继在巴里坤、古城、吐鲁番、乌鲁木齐、喀喇沙尔等地开办军垦农场。

三是兵屯、民屯依情况变换。如喀喇沙尔县令向左宗棠报告该地兴办屯务，以前本是兵屯，后改为民屯，但仍为官府的产业。现在仅召集到 300 余户流民，开种不到十分之三。左宗棠对此批示：关外战乱后，田地荒芜，无论兵屯还是民屯，一律以开垦为要务。归来的百姓多，兵屯可改为民屯；归来的百姓少，民屯也可以改为兵屯。

在西征的十三年里，左宗棠屯田不拘形式，既发展军垦，又发展民垦，有的地方军民兼垦，共同经营。这种因地制宜、灵活运用、注重实际、注重民食的做法，使屯田取得了显著的成绩。

谈到赈济，左宗棠从早年担任浙江巡抚开始，每到一地便留意办理，因此别有心得。他曾说："赈垦为第一义，赈者，以乞丐养之，不可久也；垦则无穷利赖，为地方长久计。""赈务谈何容易，惟将地方可尽之地力，可资之物产，逐一搜索，令灾民得自觅工作，自谋养赡，较之坐食不饱，卒填沟壑，差为得之。"无论是在浙江、福建主持善后工作，还是在陕甘、新疆赈济屯田，他都怀着"己饥己溺之心情"，尽己所能地帮助战争流民恢复正常生活。有研究者总结，"办理赈济，最要为同情心，有此同情心，则自能随时随地，体会入微，用费少而收效宏。其次为责任心，有此责任心，则自能敏捷而足赴事机，切实而不涉浮滥。宗棠既富责任心，而又富同情心，故于赈济，颇有建树"。这一评价确实中肯。

在大力兴屯时，左宗棠还很重视如何耕种及栽种的作物品类。1870 年（同治十一年），左宗棠到兰州后，在陕甘总督署的后园，命人清理战争废墟后辟出一块菜地，每天早晚在菜地中劳作。后来出关驻军哈密时，也在家书中要求诸子从湖南购买红萝卜等蔬菜种子寄到新疆种植。

西北地区素来缺少蔬菜，世代生活在这里的回族、藏族、蒙古族民众受地理环境限制，很少能吃到蔬菜，为此左宗棠命人从湖南大量采运蔬菜种子。据《新疆实业志》记载，“蔬菜品汇特繁，军兴以后，湘人之从征者，捆载芽荄，移植兹土”。西北地区人少地多，耕种方法粗放，多是广种薄收。这样既费地，更费水，单位面积产量不高。针对这一现状，左宗棠采取了三个改进措施：

一是提倡精耕细作，推广区种法。左宗棠早年在湖南家乡对两种耕种方法做过考究，并亲自试验过区田法。现在在陕甘地区推广区种，他采取实事求是的态度，以土地情况为本。他在甘肃时便说，庆阳地区以开井、区种为宜，而平凉地区因川地较多，俗称为粮食川，开井、区种的方法就行不通了，应多开引池，获利更大。

二是用石压沙，增强土壤抗灾能力。西北少雨易旱，多戈壁荒滩。1880 年（光绪六年）5 月，左宗棠西出玉门，见沿途戈壁缺乏水草，无法安置民众，于是努力寻求解决办法。他认为，沙石间杂，中含润气，虽然没有喷涌的源泉和雨露的滋润，但足以被荫五谷。兰州北山秦王川曾经五谷不生，现在却产粮最多，满足了省会人民的食粮供给。惠民堡迤西而北，沙滩上夹杂着石片；安西前后的沙滩上则石子相间，并有少量块片，其中的大小沙堆遍生野草，间有芦苇丛杂，也许可以仿效秦王川的做法，种植出嘉禾[①]。他认为此地既然产草，一定也适合种植禾稻，便利耕垦；至于沙滩戈壁，虽然罕有树木，但靠近水的地方随处可见榆树与柳树，因此地势低而潮湿的地方可以种植蔬菜瓜果。在平定西北后，他“贷出协饷库银，令民旱地铺砂，改良土地”，这种利用荒滩僻壤，铺砂耕种，化不毛之地为良田的做法，减少了水分蒸发，保护了农作物生长，后来发展为甘肃特有的砂田。

三是种稻植棉栽桑，种植高产经济作物。左宗棠到西北后，见民间

---

① 嘉禾：古代把一禾两穗、两苗共秀、三苗共穗等生长异常的禾苗称为“嘉禾”。人们一般将它看作是政治清明、天下太平的征兆。

所种的粮食作物只有大麦、小麦、黄白粟、糜子、油麻、玉米几种，而且都是穗短苗单、颗粒细小，每亩地的收成不过百余斤，价格低廉，每年除留作自己食用外，能作为商品粮出售的并不多，当地农户的生活非常拮据艰难。根据这一实际情况，左宗棠在1870年（同治九年）开始让平凉的军队试种能获利数倍的南方稻谷。他还要求各地察看所属地方，哪里适宜种植桑树，哪里适宜种植棉花，提倡种棉栽桑。为了宣传种植棉花，他下令刊行《棉书》和《种棉十要》，向民间传授有关选种、播种、分苗、灌耘、采实、拣晒、收子、轧核、弹花等一系列种棉方法。宁州（今宁县）和正宁两地经宣传推广，民间种棉踊跃。1873年（同治十二年），左宗棠从兰州到肃州，路过山丹、抚彝（今临泽县）等处，正值棉花成熟，大有收成。

左宗棠在陕甘地区推广种稻植棉，不仅解决了当地民众的温饱问题，还杜绝了民间种植罂粟获利的不良风气。当时陕甘地区不少人种植罂粟，导致谷产锐减，吸食鸦片的人数增多。为了遏止这种恶习，左宗棠不仅发布《禁种罂粟四字谕》提倡禁烟，还将禁毒不力的官员撤职查办；“对于偷种罂粟者，宗棠命人杖责枷号，地则充公”，而且“法在必行，不宽绅富”，一视同仁。当然，左宗棠并不是绝对无情，若“其人后能勤种棉谷，其地仍可发还”。此外，他对于“输入陕甘境内之四川土、云南土等国产鸦片，不准收厘，一律焚毁。对于外国烟土，当时所谓洋药，则不准入境”。在左宗棠看来，只要消灭鸦片的来源，鸦片价格上涨后，吸食人数自然不禁自减。因此，他一方面禁止在境内种植罂粟，另一方面禁止输入境外烟土。然而，从英国进口鸦片已被写入国际条约，无法推翻，故而进口鸦片无法禁绝。为降低鸦片对当地民众的毒害，他建议朝廷对进口鸦片征收税捐。这一寓禁于征的做法，尽管受到英国等外来势力的强烈反对，但有力滞碍了外来鸦片在中国的销路，并在客观上为清廷带来了不小的收益。

左宗棠一贯注重植树。无论是修筑道路、疏浚河道，还是兴造房舍，只要一竣工，他便吩咐人遍植树木，主要用意有四：一是巩固地基；二是规限马匹；三是增加景色；四是供百姓樵采。1876 年（光绪二年），他指示延榆绥镇总兵刘厚基在兴修水利时，沿河广种榆树和柳树，这样不但能巩固堤岸，也可拴制戎马。次年，他又命人在河堤两旁夹种榆树和杨树，以巩固堤基且利于民用。西北自然环境恶劣，种树困难重重，但左宗棠依然强调其重要性。对于开始种植时游民偷拔、牲畜践踏的损失，他嘱咐办事官员要“谕禁之，守护之，灌溉之，补救之”。

经过左宗棠的提倡和各地军民的努力，西北种树取得了一定成果。据左宗棠 1880 年（光绪六年）一个奏折中的叙述：关内东路种树，共计会宁 2. 1 万多株，安定 10. 6 万余株，皋兰 4500 余株，环县种活的树 1. 8 万余株，董志原、镇原有 1. 2 万余株，陕西长武至甘肃会宁 600 里沿途种树成活的有 26. 4 万余株，平庆泾固道署内外种活的有 1000 余株，柳湖书院有 1200 余株；关内西南路种树，计狄道中 300 余株，狄道北 1. 3 余株，大通 4. 5 万株；关内西路如永登种树 7. 8 万余株。以上共计 56 万多株树。至于哈密到兰州一带，官道旁所种的榆树业已成林，两手合抱之树接续不断，关陇数千里途中柳荫夹道，行旅十分方便。当时和后来的人们在西北看到陕甘至新疆道上绿树盎然的景象，无不感念左宗棠的功德。人们把左宗棠倡导种的树称为“左公柳”，还写下了不少赞美之词流传至今。如 1879 年（光绪五年）杨昌濬应左宗棠之邀西行，见沿途绿树成行，吟下了著名的《恭诵左公西行甘棠》：

大将筹边尚未还，湖湘子弟满天山。
新栽杨柳三千里，引得春风度玉关。

如今一百多年过去，“左公柳”已所剩无几，但人们对提倡种树的左宗棠的历史功绩仍缅怀乐道。左宗棠对陕甘地区的农业、近代工业的高瞻远瞩及具体发展方面所做的贡献，一直为后人传颂。

减赋税劝文教

在兴办近代工业、恢复发展农业的基础上，左宗棠还采取多种举措刺激经济贸易的发展，并兴办文教事业。这些养民方法，不仅培养了陕甘地区的士子，为当地储备人才，而且在一定程度上消除了信仰隔阂，拉近了陕甘地区的回、汉民族关系，巩固了地区安定，对后世影响深远。

赋税和贸易直接关系到西北农牧各业的发展，左宗棠在恢复和发展工、农、牧各业时，也十分注意改革赋税，发展贸易。

田赋是当时财政的主要收入来源，赋税以田为准。甘肃的田赋，因田有民田、屯田、更名田、盐牧地、番地等不同类别而使粮银税额参差不齐，而且因按田赋比例而纳的各种杂税更是名目繁多，各地不同。加上富豪利用土地转买和各种册籍散失，豪夺巧取，造成赋税紊乱，民众负担极不合理，百姓怨声载道，也影响到地方官府的财政收入。

1876 年（光绪二年），左宗棠在甘肃拟订了改革赋税章程。首先是清丈地亩。按地形、土质好坏将各类田分等评级。所有土地分川地、原地和山地，即上、中、下三等，每等又根据土质分为上、中、下三级。在三等九级之外，增加最下下山地一级，共有十级。其次是整理赋税。按原来应承田赋总额，依据土地等级规定赋税数额。经此划分，百姓的赋额较以前减轻，而且比较合理。左宗棠认为通过实施“赋由地生，粮随户转”的田赋政策，富人不会有抗匿的弊端，穷人也不再有代纳的忧虑。尽管实施的情况与理想中的效果存在差距，但确实在一定程度上减轻了普通百姓的赋税压力，使之能够休养生息。

与内地地丁合一、按亩出赋的制度不同，新疆是按丁索赋，这种带有农奴性质的田赋制度更不合理。富户人少，赋役可能很轻；而贫户人多，赋役反而重，于事理有失公平。更为严重的是，新疆的差徭过重，百姓疲于向军队提供劳役，加上衙门里的杂项差务及丁役号叫催租、强行索取等，百姓只能行贿免于服役，苦不堪言。针对这一情况，左宗棠主张先革除州县衙署宅门内的弊累，而后免除乡约、里正等的弊累；至于徭役，还须根据户民完整缴纳钱粮的多少而定。如何解决赋粮呢？左宗棠仍按甘肃的做法，先清量地亩，然后按土地肥瘠、水分盈缺，分九等。不过，由于新疆地域广阔，最初改革时事务繁杂，办事人员大都不熟练，一时未能成功，于是转而改为上、中、下三等征收，以简化程序。对于征收的税额，左宗棠与刘锦棠、张曜等人书信相商，决定仿古中制而更减之。

左宗棠对新疆田赋的改革，不仅清丈地亩，改按丁索赋为按亩征税，而且用内地“一条鞭”办法，收取比内地还轻的税额，并在一段时间内按定章实行。这不仅是田赋改革，而且是对农奴制性质的伯克制①的社会经济改革，对新疆社会和经济的发展有重大而深远的影响。

左宗棠在改革田赋时，还改革盐、茶和厘捐。

甘肃盐务较为复杂，以前有井盐、池盐、青盐和土盐多种，各地盐的销路和税课各不相同，各种盐的纳税也没有统一的法令章程。这种引盐无定量、引法无定章的做法，使盐户、商民和群众均受其害。1874年（同治十三年），左宗棠上奏朝廷将甘肃以往积欠的盐税全部豁免，另立新章，“按盐色之高低，销路之广狭，酌抽厘金，以票代引②，改课为厘”。

西北茶商，过去由晋商承办，称东商；后来多由湖南人承办，称南商。其中，东商仅占十分之三，南商占十分之七。茶的来源，除部分来自四川外，大多来自湖南安化。这种茶运到陕西泾阳压制成块，称为砖茶，销往陕西、甘肃、青海、新疆和西藏、蒙古等地，是一笔较大的财政收入来源。但是，自战事兴起后，商民流离失所，茶引停销，税收悬

---

① 伯克制：清末以前新疆回部实行的官制，主要通行于维吾尔（回人及塔兰奇）、柯尔克孜、塔吉克等民族地区。同治年间新疆各地民变和阿古柏之乱后，伯克制度趋于瓦解。1884年（光绪十年）新疆建立行省，清廷下谕废除各级伯克，新疆全境实行与内地相同的官员体制。

② 引：在近代为“市引”的简称，是商人运销货物的凭证，亦指所规定的重量单位。

而无着。1872 年（同治十一年）初，左宗棠拟订茶务试办章程，以清除积弊。

一是清理积欠。根据左宗棠调查，自 1855 年（咸丰五年）至今，积欠高达 38 万余两，这些积欠虚悬无着，未能征获分厘，若不通融办理，还有谁敢从商？他奏请朝廷将积欠各课豁免。这样一来，积欠既清，商户免去以前的负累，市场自然会兴盛起来。

二是清理茶引。过去的茶商都有定额的课税，左宗棠则以招商试行，用行销额领引采办，行销一引之茶即纳一引之课，从前的积引不准代销，以免除移新掩旧之弊。

三是清理杂课。过去每引有捐助、养廉、充公、官杂四项杂课，纳银一两四钱。左宗棠认为："正课百余万两且归无着，更何可征收杂课以累新商？与其徒留杂课之名，致妨正课，曷若蠲除陈课之累，以救新课。"因此，他主张废除杂课的弊端而重正课。

四是清理商人。左宗棠根据商人资本微薄不能承引，向来由山西大商领引的情况，主张除待此章程批准后通知晋商外，还应让陕西泾阳各县能够承引的商人，到陕西先开官茶总店试办新引。

但是，清廷对上列四项只准缓征杂课，不允许免征或缓征积欠正课。这样一来，旧商畏惧拖累，大多裹足不前。1874 年（同治十三年）4 月，左宗棠又向朝廷上《甘省茶务久废请变通办理折》，主张茶叶采取盐务的改革办法，"以票代引"。"凡商贩领票，均先令其纳正课"，而"陕甘商贩有票运茶过境，茶厘减纳十分之八，只抽两成"，其余由各省划抵积欠甘饷。为了保护甘茶的销售，对"无票私茶"和课税较轻的山西茶商入境，令其补领官票，"缴纳正课"，按照规定缴纳足额的厘金。

左宗棠改革甘肃茶务，改引为票，取得了一定成果。原来只有 2000 多引，改票后发票 835 票，每票 50 引，即有 4 万多引，税收达 23 万多两。但是，这些票经过十年仍有 110 多票没有销完。左宗棠在 1877 年（光绪三年）说："陕甘茶政废弛之故，由于私贩充斥，官引滞销。

而归化城之私贩则由蒙古假道俄边行销新疆，尽夺甘商引地。”对此状况，他也无可奈何，只能向朝廷据实禀告。

在西北市场上，俄商的竞争不容忽视。1874 年（同治十三年），俄国提出要在中国开辟新的贸易路线，派俄商在西北地区售买货物。左宗棠对此十分重视，首先他反对俄国擅自向俄商发执照在新疆古城、巴里坤等地行商，认为俄国未经彼此商定就自作主张由地方官发给执照，到古城、巴里坤、哈密等处售买杂货，“事断难行”，并告知张曜，如果俄国一意孤行，硬将俄商派往新疆，“应于驱押出境”。其次，他详细了解了新疆的市场情况后，主张逐步开展对俄贸易，在坚守国家利益的前提下，增加贸易收入。

由于左宗棠努力恢复和发展生产，改革赋税，注重贸易，出口逐渐增多。如新疆皮山蚕茧，至 1906 年（光绪三十二年）年产近 7 万斤，第二年增加三倍，第三年增加五倍以上，因而皮山土茧在 1908 年（光绪三十四年）出口达 32 万多斤。英俄等外国商人争相购买，茧价由每斤一钱五分涨至二钱三分。这一年，皮山一邑销售收入达白银 6. 13 万多两。另外，喀什噶尔的棉花和土布的销量也很大，棉花在本境销售，每年约 25 万斤，粗土布每年四五万匹；由陆路运往俄国，棉花每年销售 8 万余斤，土布每年销售十一二万匹。再如鄯善，葡萄、棉花两宗销往关内甘州、凉州与兰州、西安等地及俄国，每年约 100 万斤。此时左宗棠早已作古，但他在陕甘、新疆等地为发展贸易经济所采取的种种举措，却令后人受益良多，实为“前人栽树，后人乘凉”。

清朝中后期，西北地区的文化教育远远落后于其他地区，“其间陕西尚较优，而甘肃为最逊，新疆则归吾版图既未久，且多异民族杂处，尤鲜有所谓文化”。左宗棠西征了解实际情况后，投入了大量精力去改善这一状况，“举其设施，以书院教士子，以义塾课童蒙，以科举振学风，以礼刑训齐民”。

1870 年（同治九年）春，左宗棠督攻金积堡，在军情紧急的情况下仍命甘肃布政使崇保代发兰州兰山书院的运营费用，并在批文中告诫学子们勤勉读书，以“四书五经”为宗，待“事平至兰州，当课诸生背诵也”。他非常珍视这些学子，常用自己的俸银捐助书院，或者从公款中酌情支付，还经常亲自命题考查他们的学习情况。据史料统计，左宗棠不仅命人新设了多家书院，还重建翻修了以前的书院。其中，新设书院有襄武书院、文明书院、庆兴书院、凤池书院、钟灵书院、五峰书院、湟中书院、文社书院、尊经书院、南华书院、金山书院、陇南书院、鹤峰书院、归儒书院等；重建书院有洮阳书院、河阳书院、育英书院、银川书院、又新书院、灵文书院、崇山书院、仰止书院、蓼泉书院、凤鸣书院、正明书院、酒泉书院、陇川书院、鸣沙书院等。值得一提的是，新设书院中，归儒书院专收回民，左宗棠亲自为之题名。由于左宗棠对书院的大力支持，使“鄙塞已久之甘肃，复见一片开明景象”。除了甘肃，左宗棠也很关注陕西的书院，尽力资助这些书院使之成立、恢复或维持下去，包括渭阳书院、槐里书院、玉山书院、泾干书院、瀛洲书院、渭川书院、少华书院、天台书院、武康书院等。

1869 年（同治八年），左宗棠在平凉督师征剿回逆时，首次在崇信县创设义塾，经过几年实践，于 1874 年（同治十三年）下令在陕甘地区大范围兴办。他之所以主持开办义塾，主要原因是“新疆戡定已久，而汉回彼此扞格不入，官民隔阂，政令难施”，为了“化彼殊俗，同我华风，非分建义塾，令回童读书识字，通晓语言不可”。为解决义塾的经费开支问题，左宗棠特意从兵屯土地中拨出 775 亩，将其租金作为省城内外各官学经费。这些义塾多设在地方，如兰州有育英、造秀、正德、养正、存城等；皋兰县在乡镇共设五处义塾，平凉县设六处义塾，大通县设十三处义塾，秦州（今甘肃天水市秦州区）设五十四处义塾等。陕西也在左宗棠的启发带领下，办理义塾，“每一州县，少者五六处，多者三十余处，盖亦相当发达”。这些义塾所用的教材都是宣扬中国传统文化与礼义廉耻的读本，左宗棠命人“刊发《千字文》《三字经》《百家姓》《四字韵语》及杂字各本”，并“续发《孝经》《小学》课之诵读，兼印楷书印本，令其摹写”。经过一段时间的努力，义塾取得了较好的效果，为消融回汉隔阂起到了促进作用。

左宗棠西征以前，甘肃的学政一直由陕西兼管，“乡试武闱，虽已单独举行，而文闱仍并在西安省城”。为改变这一缺漏，左宗棠于1874年年初（同治十二年底）向朝廷建议在甘肃分闱，并设立学政。他在奏章中陈述了甘肃士子赶考的艰辛，“边塞路程悠远，又兼惊沙乱石，足碍驰驱……士人赴陕应试，非月余、两月之久不达。所需车驼雇价、饮食、刍秣诸费、旅费、卷费，少者数十金，多者百数十金”。路途遥远、花费巨大，导致很多士子“毕生不能赴乡试者，穷经皓首，一试无缘”。在他看来，西北地区民俗霸凌、劫杀争夺之事屡见不鲜的原因正是伦纪不明、礼教久废、夏变为夷。只有在甘肃分闱，令士子就近应试，“免跋涉之劳，生童得以时亲承训迪，习旧学而启新知”，才能逐渐恢复华夏礼乐之邦的风俗。经朝廷准许，左宗棠拨出50万两经费，建造了一座规模宏伟、可容纳4000人的贡院。

早年左宗棠因家境寒苦，到处筹措北上会试的资费，那种痛苦和艰难对他而言是刻骨铭心的。为了让苦读数年却因家境贫寒无法成行的年轻士子有机会进京会试、朝考，他主动拿出养廉银给予资助。1873年（同治十二年），他拿出2000两养廉银，1875年（光绪元年）、1876年（光绪二年）又分别拿出3000两养廉银，这些资助对于赶考的士子如久旱逢甘霖般珍贵。1874年（同治十三年），左宗棠向每个在兰州参加会试的士子赠送20两白银，保证他们能在温饱状况下参加考试。

1875年（光绪元年），甘肃首次举行分闱乡试，左宗棠怀着既激动又欣慰的心情入场巡视。在他看来，这一举措能鼓励更多士子投身科场，从客观上起到“劝诱人民向学，转移风化”的目的。1876年（光绪二年），甘肃分设学政。这一年，左宗棠移师肃州，为了让本州士子顺利前往兰州赴考，他向每人赠送考试费8两的银标。自此，士子们对左宗棠感恩戴德，甘肃的科考也兴盛起来。对此积极成效，左宗棠说：“圣贤之学，不在科名，士之志于学者，不因科名而始劝。然非科名，无以劝学，非劝学，则无读书明理之人，望其转移风化，同我太平，无以致之。”可见，他为甘肃设学政的最终目的是转移甘肃的民风，实现天下太平。

康熙皇帝曾颁布教导民众的十六条道理，分别是敦孝悌以重人伦，笃宗族以昭雍睦，和乡党以息争讼，重农桑以足衣食，尚节俭以惜财用，隆学校以端士习，黜异端以崇正学，讲法律以儆愚顽，明礼让以厚风俗，务本业以定民志，训子弟以禁非为，息诬告以全善良，诫逃匿以免株连，完钱粮以省催科，联保甲以弭盗贼，解仇忿以重身命。雍正皇帝又用白话文阐释了每条道理的意义，将其定为广训，颁布全国，令地方官吏向民众宣传解说。后来，安徽一位名叫夏炘的教谕将这些宣讲材料辑为《圣谕十六条附律易解》。左宗棠到西北后，命人将它翻译为回文，在回民中广泛散布。此外，他还派人从清代吴荣光所编的《吾学录》中节取婚礼、丧礼、祭礼的内容向回民宣讲，并使他们明确违反礼节将受到何种罪罚，从而达到“合于讲法律、明礼让之义，而收儆愚顽、厚风俗之效”。他不同意当时有人提出的要回民“与汉民联亲，开荤食肉”的做法，认为这种强行同化的举动不尊重回族的风俗习惯，有可能激起民怨。“修其教，不易其俗；明其政，不异其宜”才是他认为对待回民的合理的教化方式。

近现代研究者认为，“宗棠之一片热忱，谋所以为民生利者，固灼然如见”，他在西征过程中身负强烈的责任感，“鉴于其人民之鄙陋与贫苦，思有以复兴之，则一以教养为先。教之事，为设义塾，为设书院，为甘肃别设学政，为甘肃乡试分闱。养之事，即种桑、养蚕、织丝、育羊、织呢、植棉、织布”。尽管左宗棠在开发西北和建设新疆方面的举措都是初步的，但这是近代开发西北地区的发端，在不少方面为继续开发西北和建设新疆奠定了坚实的基础，提供了宝贵的经验，是今天陕西、甘肃、新疆等地的一笔珍贵的历史财富。

第十一章　入值军机，总督两江

陕甘步入正轨，新疆大部收复，各项战后恢复措施也在稳步推行，左宗棠虽然心念伊犁谈判，但在朝廷需“老于兵事之大臣以备朝廷顾问”的要求下，只能进京陛见。随后，他入值军机处，担任总理各国事务衙门大臣，并负责管理兵部事务。从一个地方大员入值军机，成为拥有处理朝廷军政大权的要员，并总督两江，是左宗棠一生中不容忽视的重要阶段。

入京辅政

由于清廷在伊犁事务上犹疑不决，仅寄希望于谈判能息事宁人，为避免发生武力冲突，左宗棠被急调回京，这也使他的西北军政生涯在不圆满中画上了句号。1881 年（光绪七年）2 月 25 日，左宗棠到达北京，次日入朝陛见，受到朝廷的殊恩厚遇。两天后，即 2 月 27 日，清廷下达谕令，命大学士左宗棠管理兵部事务，在军机大臣上行走，并在总理各国事务衙门行走。在担任军机大臣的八个月时间里，左宗棠的工作重心集中在三个方面，用他自己的话说就是“河道必当修，洋药必当断，洋务必当振作”。

为了防御俄国发动战事，左宗棠入京时，带回由王诗正、王德榜和刘璈所统领的亲军、步营和旌善马队共 3000 余人。后来随着与俄国的交涉谈判恢复正常，旌善马队仍回西北，刘璈带部出任福建台湾道，仅剩2000余名官兵驻在张家口宣化一带。为了安置这些官兵，加强京畿地区的防务，左宗棠首先想到教练神机营[1]旗兵。他认为，军旅之事必须学习才能精通，兵阵之才必须锻炼才能成长，必须趁各处防务稍安时加紧训练。3月29日，他向朝廷建议，让神机营外的火器各营里年轻力壮的兵丁陆续入营训练，由久经战阵的楚军将士教他们筑垒、开濠、行路、结阵等方法，希望以此除去其骄纵放肆的风气，摒弃不实用的花拳绣腿，求得实效。对此，清廷让他与神机营大臣会同妥议。

4月17日，左宗棠与醇亲王、神机营大臣会商，三方都认为练兵为当务之急，势在必行。但是，各营官兵无可再挑，只能从八旗养育兵丁闲散中挑选5000名新兵编立成营训练。左宗棠原计划让部下的马步营中一半人员教练旗兵，一半人员协助修筑水利工事，但因经费支出过多，他只能在5月13日上奏朝廷，以教练旗兵和兴修水利难以同步进行为由，建议先修水利，暂缓练兵。

之所以先修水利，是因为京畿地区“年来旱涝频仍，虽经多方修浚尚无明效”。左宗棠从西北经山西北上时，由河北的井陉、获鹿过正定、定州、保定，入房山、良乡、宛平各地，不仅道旁冰凌、沙尘漫过车轮，人马均以为苦，而且各地百姓不得水之利，徒受水之害。因此，他上奏指出兴修畿辅水利的重要性：现在若不治理，则旱灾和水涝接连不断，百姓的生活一天比一天紧迫，祸患将不可胜言！至于治水的具体办法，应源头和支流并治，“下游宜令深广，以资吐纳；上游宜多开沟洫，以利灌溉”。他调派所部官兵修上游，下游如津沽各地则由直隶总督李鸿章负责，这样通力合作，“必当有益”。他还在奏折里说明所部亲兵的军饷，仍由甘肃、新疆供给，“于顺天、直隶并无所损”。清廷准许了左宗棠提出的派所部官兵兴修水利之事，以恭亲王奕䜣和醇亲王奕譞主理此事，由左宗棠、顺天府尹及直隶总督李鸿章商办。

---

① 神机营：军队名。明代京城禁卫军中三大营之一，是明朝军队中专门掌管火器的特殊部队。清朝沿用明朝军制，设火器营守卫紫禁城及“三海”，皇帝巡行时亦扈从。鸦片战争后，清廷建立的神机营俗称洋枪队，是一支装备洋枪洋炮的部队。

按左宗棠的计划，“由下游而溯上源，无论支干，无分地段，不惜劳费，择要而图”。他建议先治理桑干河[①]、滹沱河，然后再治理其他河道。但此时流经涿州境内的涞水隐患较大，李鸿章建议先治理涞水。施工不到三个月，涞水的问题得以解决，“举十余年积患，一扫而空之”。左宗棠亲自前往工地视察后奔赴天津，与李鸿章就永定河的修浚进行讨论，并向恭亲王奕䜣详细汇报讨论结果。当时永定河的主要问题是河道淤堵，泥沙沉积导致河底积高、河面狭窄。左宗棠建议“以水治水，顺水之性，不必与之相守，不必与之相争。……河之受病，既在上源，自应从上源施治，乃可图成”。

治理永定河是兴修畿辅水利的关键问题。永定河道游智开提议疏通下游河口，认为此方法甚为妥当，得到了李鸿章的认可。但左宗棠却不同意这种主张，他认为永定河之所以难以治理，主要是因为上流挟泥沙而下，浑浊湍急，与普通河流不同。这种从下游入手的治理方式，无异于见病治病，没有仔细探及源头、疏通河道，将来仍是后患无穷。他主张详细勘察上游地形，就近采石，叠成阶梯状，旁边留出缝隙，疏导河水。这样在上游节节停蓄，层递下注，使浊流可变清澈，并减缓湍急的河水对河道的冲刷。等到每年秋后，按段挑出河中淤泥，便能解除下游的险情，并节省不少人力、物力。这一主张得到了熟悉宣化地形的直隶委员邹振岳的高度赞同。为提高治理效率，左宗棠派王诗正率部分亲军赴下游助淮军、练军分担工程；王德榜主办上游工程，并由邹振岳协助督查估算。

因永定河治理工程难度高、花费大，左宗棠提议为此项工程定新章，另筹经费，以规久远。李鸿章认为疏浚工程极为烦琐庞大，财力一时无法尽给，唯有依次酌情办理，因此他的态度是暂且随便答应下来。左宗棠则与之相反，主张“上下并治，分道赴功”，力求迅速完工见

---

① 桑干河：旧作桑乾河，相传每年桑葚成熟的时候河水干涸，故得名。为永定河的上游，是海河的重要支流，位于河北省西北部和山西省北部。

效。他给李鸿章写信说明了自己急于上下并治的缘由：一是左军领取的是甘肃之饷，陇事艰难，实在无法长久兼顾；二是刘锦棠正打算裁军减饷，尽管刘璈和旌善的部队都已另有安排，但每月军饷依旧由甘肃照给，内心已感不安，“若复坐食虚糜，陇虽无言，弟实无词自解”；三是左军在甘肃每日操练，或背负兵器出师征伐，或拿着农具从事农耕，这一作风已是理所当然，若不抓紧施工，恐兵士安闲过久，反生事端。除了这些客观原因，更重要的是当时虚岁七十的左宗棠年老病衰，想在晚年尽可能多做些对国家、民族和百姓有利的事情。

正是在这种晚年急欲多立新功的心情的驱使下，左宗棠审慎确定治水的正确方针与可行办法，使直隶十余年间治理无效且所有人都认为无法完成的水利工程，在极短时间内大都完工，为当地百姓纾解了长久以来的困难，并生出万亩沃土良田。

1881 年（光绪七年）12 月 24 日，清廷根据恭亲王奕䜣、醇亲王奕譞的奏折发布上谕，肯定并赞扬了左宗棠督部兴修畿辅水利的事迹，当时的报纸也就此事颂扬了左宗棠“系心于国计民生”的高尚德操。

入值军机期间，左宗棠除了致力于解决军政、水利之事外，在涉外事务上也一如既往，为维护国家利益和民族尊严采取有理、有力、有节的策略。他不卑不亢的处理方式，一改过去朝廷大员对外卑躬屈膝的态度，对清廷和外国都产生了一定影响。

左宗棠入京时，正值日本公使宍户玑因在琉球问题上没有得逞而愤然回国。1879 年（光绪五年），日本趁人之危，向清廷提出要修改 1874 年（同治十三年）签订的《中日北京专约》，借机吞并琉球。当时，左宗棠担心因琉球问题而影响收回伊犁，陷入东西两面受敌的被动局面，因而认为琉球归附中国或改隶日本似乎都无关紧要，建议采取听之任之的态度。但日本得寸进尺，看到俄国与清廷签订《中俄伊犁条约》攫取侵略权益，也想仿效西方国家向清廷要挟勒索。左宗棠识破日本的阴谋后，对日本吞并琉球不再采取退让态度，但他仍不主张用兵。他在写给杨昌濬的信里说，日本乘机要求商务利益，公使宍户玑因没有达到目的，悻悻而去。提到兴兵作战，他说：“倭奴如敢构兵前来，则痛创之；若跨海东征，先蹈危机，殊为失策。”为防患于未然，他请旨让沿海各省的防营早做准备。在他看来，日本自明治维新仿效西方国家改革政务以来，购买制造轮船，储备军火，时常怀有贪诈之心，对中国不怀好意。外界虎视眈眈，左宗棠了然于胸却主张“不动声色，严密查访，随时禀办”，力求营造一个自强求富的安定环境。

左宗棠还用提高税金的方式“严禁洋药土烟”，从而达到匡正风俗、保护平民的效果。这既是其时务急策的三大要务之一，更是涉外的主要课题。

1881 年（光绪七年）6 月 1 日，左宗棠向朝廷上《严禁鸦片请先增洋药土烟税捐折》，希望朝廷能从匡正风俗的大局出发，增加鸦片土烟的税捐，达到严禁吸食鸦片的实际效果。他在奏章中痛陈鸦片的危害：它不仅使衣食无忧、生活水平中等的人家破产，影响吸食人员的身体健康甚至性命，还导致投机取巧的不正风气，百姓将适宜种植谷稻、蔬菜、瓜果的肥沃土地用来种植罂粟，使乡村地区也受到鸦片侵蚀，吸食者日益增多，积习更加深重。他在陕甘地区曾发布禁种罂粟的谕令，并取得了一定成效，但这种方法只适合在一定范围内实施，若从统筹全局的角度出发，将无法避免流通的弊端，不能彻底解决问题。在深思熟虑之后，他认为增加洋药土烟的税捐是最好的办法，因为增加税捐后，洋药土烟的价格必然随之升高，由于价格昂贵，瘾轻者必戒，瘾重者必减，由减吸至断瘾为时不远。

至于外国干涉的问题，左宗棠认为此次增加税捐是针对中国的吸食人群，并非针对出产地及外国商贩，因而“权自我操，谁能过问”。针对此事，他和李鸿章在总理衙门与英国驻华公使威妥玛进行商议，威妥玛为了不影响鸦片在中国的销量，将每箱鸦片定价 80 两，加价甚微，这一做法不但不能断除烟瘾，还充分扩大了贩卖洋药者的销路。因此，左宗棠主张向每百斤洋药征实银 150 两，对内地私种的罂粟土药也按照洋药税进行加捐。但国内外对此事的态度都很不积极。从内部来看，各省颇有畏难不前者，恐画虎不成，授人以笑柄，所以对左宗棠提出的增加洋药税捐办法迟迟不作答复。从外部来看，尽管西方各国多不认可英国的做法，但又担心其日后报复，因此都十分关注作为鸦片主要输出国的英国的态度。威妥玛作为英国政府在中国的代表，态度轻慢要挟，屡现百般恶态，大大增加了解决这一问题的难度。

面对诸多阻力，左宗棠一身傲骨。他认为，只要朝廷内外勠力同心、共同振作，通过减少鸦片支出戒断烟瘾，国家将逐渐恢复元气。除了多次向朝廷奏陈此举的积极作用外，他还在给地方督抚如李鸿章、谭钟麟、杨昌濬等人的书信里一再谈及此事，并将奏折翻刻发往地方府县，使地方官员审阅了解这一举措的正面意义。他还利用报纸扩大宣传，《申报》刊载他的奏折后，在民间引起了强烈反响。

对于英国的阻挠和拒绝，左宗棠更是采取不妥协的强硬态度。他在写给李鸿章的信里直陈威妥玛反复无常、不足为信，唯有不闻不睹、坚持己见。在商讨增加税厘时，威妥玛以内地偷漏甚多为由，建议采用更为实际的加税免厘方式；左宗棠趁势表示应按照各国货物出口条例和英国对嗜好品加两倍征税的做法，每箱洋药进口征税银 150 两。威妥玛认为数额太高，拒绝接受，再次提出加税免厘的方案，且一直无法确定加银多少。左宗棠严厉指责了这种信口开河、出尔反尔的做法，批评他“前后议论纷纭，终无一定”。

10 月 19 日，左宗棠在《复陈增收洋药土烟税厘折》中，根据各省关区域不同、征收有多寡之分、关局分卡有疏密，难以合计统筹的实际情况，提出“综核通行遵办”的总原则。无论沿海还是西北、鸦片是大箱还是小箱、在香港还是沿海其他各关、总收还是分收、所收是关税还是厘捐、洋药还是土烟，均以洋药每百斤收 150 两（内关税 30 两，厘捐 120 两）、土烟每百斤收 50 两为定准，奏请朝廷钦定统一颁行。清廷着总理衙门会同李鸿章“妥议具奏”。

1881 年（光绪七年）12 月 9 日，左宗棠离京赴任两江总督，增加洋药土烟税捐一事也时断时续地进行着，直至次年威妥玛回国后，曾纪泽负责与英国交涉此事时，还多次询问左宗棠的意见。尽管左宗棠的建议未被清廷采纳，但他的提议既有抵制外国侵略的意图，又有禁吸鸦片的目的，可谓自禁鸦片以来有别于以往禁烟运动的一个创举，从中可看出他的一片爱国赤子之心。

在1880年（光绪六年）接到入京谕令时，左宗棠曾派四子左孝同先到京师，在东华门外选定一所院房作为寓所，名曰“石鼓阁”。当时，他准备将儿孙家眷都接来京师，自己也打算终老京师。他在陛见后上疏自陈愿以闲散人员的身份长居京师寓所，姑且作为朝廷顾问，而不敢“遽谋归田，致负初心”。然而，京师素称宦海，人与人之间一般多论利害，少谈对错。而左宗棠在西北盘桓十年之久，这十年间，他身处交通闭塞、消息隔阂、思想落后的边疆，对京都形势和国际情形的认识也有些滞后，常以直道而行，因此总是碰钉子。这次入职军机是他首次进京为官，加上他本性狷介耿正，对朝中的奸佞贪诈之辈十分不满，而且他在西征新疆时曾与穆图善、景廉、成禄等旗人军将暗生芥蒂，在朝中难免处处受阻。

这种被人排挤、受人掣肘的处境，使他不仅不愿留在军机处，而且连北京也不愿久留，急于求去。他在7月28日、8月16日奏请赏假养病后，9月6日、10月5日又连续两次以病奏请开缺。10月28日，清廷授予左宗棠两江总督兼充办理南洋通商事务大臣[①]，左宗棠便于赏假期满的11月27日“病痊销假”，接受两江总督重任。

接到朝廷任命的第二天，左宗棠入宫谢恩。为避免左宗棠因外放而心生不满，慈禧太后劝勉他：两江总督任内的公事，不比总理衙门和兵部的少，因为你一向办事认真，外国人惧怕你的声威，此番前往两江，或许能震慑他们，减免不少战祸，所以这个职位现在非你不可。左宗棠

---

① 办理南洋通商事务大臣：原为履行《南京条约》中开辟上海、广州、福州、厦门、宁波五个通商口岸而设，初为两广总督兼任，自1858年（咸丰八年）后改由两江总督兼任。其职责并不限于通商，范围也不限于五个口岸，如安徽、江西、江苏、浙江、福建、广东、广西等东南七省举办洋务、筹备防务等与通商各国有接洽的事项，都归办理南洋通商事务大臣统管。

谢恩叩拜而出。

在入值军机的短暂时间里，左宗棠在练兵，特别是兴修水利、增加洋药税厘方面做了大量工作，并取得了来之不易的显著成效。一方面，古稀之年的他已是“衰病余生，杖不去手”，大有力不从心、身不由己之感，所以每项工作、每份成绩都是从年老力衰、体弱多病中挣扎而来，更是他在政坛倾轧中受冷遇、受刁难、受阻挠的情况下，以辛酸、用毅力以及为国家民族利益而奋斗的精神争取而来。

整顿两江要政

1881 年（光绪七年）12 月 9 日，左宗棠离京南下，先请假回湖南探亲，此时仲兄左宗植及其子、夫人周诒端、长子左孝威夫妇、次女左孝琪、三女左孝瑸夫妇都已去世。而左宗棠自 1860 年（咸丰十年）随同曾国藩襄办军务以来，已离家二十二年。拄杖站在早年胡林翼、曾国藩出资在长沙为自己购置的宅院内，看着眼前许多受自己荫护的族人，想起曾经入赘岳父家的往事，左宗棠心中感慨万千。小住几天后，他又前往湘阴东乡老家，到家坟里祭拜故祖先人。面对先祖的墓碑，他不禁想到而今自己也到了日薄西山的年岁，却壮心未已，还想尽心为国家做些实事。但一转念，时不我待的紧迫感又让他唏嘘不已。

湖南老家的事情处理完毕后，他由武昌乘船东下，于次年 2 月 10 日抵达两江总督衙署所在地——江宁。前两江总督刘坤一交卸督印，左宗棠正式就任两江总督，并兼办理南洋通商事务大臣，承担起两江政务和南洋通商各务。

历史上的江宁是长江下游和东南的政治、经济、军事及文化中心，但清代晚期的江宁已今非昔比，太平天国起义被镇压后，这里破瓦颓垣，满目荒凉，虽非荒歉之年，而“待赈者恒至二万数千之多”，即使与道光年间相比，也是霄壤之别。左宗棠为此深感哀痛，担心自己来日无多，希望能在任期内整顿吏治、休养民生，以不辜负此次东南履职。

左宗棠认为，江南要政，不外乎水利、盐务、海防。“海防所以御外，水利所以安内，行盐则所以宽筹经费，以供两者之用也。”民为邦本，食为民天，水利兴而后旱涝有备，民才能得所养。它不仅关系国计民生，也是充实海防的根本。兴办水利和海防，必须利用盐务筹措经费。但鉴于江南疮痍满目、生计萧条的惨淡情况，他又提出江南要务首先在于理财，且理财之方也应以治水、行盐为重。这是因为，水利兴可灌溉农田、渡水运输，盐引复可增加课税、便利百姓。另外，发展近代工矿各业也能增加课税、便利百姓，是最大的理财之方。所以在左宗棠治下，江南的首要政务在于理财，通过修水利、改盐引、发展近代工矿业来振兴经济、加强海防。

首先，他在江南江北动工兴修水利。其中，治理赤山湖是他在江南开展的一项重要水利工程。赤山湖位于句容县（今为由江苏镇江市代管的句容市），承受茅山诸水入湖，分流经溧水、上元、江宁三县注入秦淮河。当时湖底积高，堤坝单薄，“旱干水溢，均受其灾，民间苦之”。为解决这一问题，左宗棠决定同时疏浚湖和河，他命人先从东边的道士坝起，经蠏子坝至麻培桥一段挑挖加筑，接着挑淤疏浚三汊河①、秦淮河，消减下游的水势。到1884年（光绪十年）初，除原来动工的三汊河业已开竣，再接挑秦淮河道“以畅其流”外，另有一项20余里长的工程也遵循挑浚深通、堤坝加高培宽、捶筑坚固的原则施行。同年4月，左宗棠还依地势在秦淮河上选择重要地段建闸建桥，使之收纳诸水、导引清流，无论是居处陆上还是舟行水上都深受其益。

在江北地区，导淮入海是主要的水利工事之一。淮河是汇集众多支流、横贯安徽北部的一条主要河流。由于黄河改道，夺其下游，淮河入海处淤塞，改道由洪泽湖流入长江，从此，淮河河床逐渐抬高，泄水不畅，加以上游支流的泥沙汇入，成为江北一条极易泛滥的河流。1882

---

① 三汊河：位于南京市鼓楼区城西秦淮河入江口，因秦淮河、清江河、惠民河（后被填埋改造为惠民大道）、长江在此形成Y形江汊而得名。

年（光绪八年）3 月，左宗棠提出“引淮归海”的治淮方案。3 月 14 日，他在出巡时专门到高邮、清江[①]和高良涧等地查勘了南运河堤防工程、白杨庄至张福口一带的导淮地势和高良涧的礼河正坝工程。当他了解到前两江总督刘坤一拟将杨庄以下旧黄河挑浚以消减水势，并修筑礼河正坝以蓄湖水的计划后，认为该地地势北高南下，施行起来需逆流上挖，不仅工程复杂，费用巨大，效果难以预料，而且恐怕蓄水和泄水均不得其宜。经与河工各员多次筹商，他认为治水之要在于蓄水和泄水，而下泄要保障下游周边的农田，因而需加固运河东西两岸堤防，以便舟楫通行。

一切准备就绪后，治淮工程顺利推进。如运河东、西两堤，西堤在上年完工后，次年又接修东堤。西堤完工时，“正值运河水势泛涨，非比寻常，得以化险为夷”，连左宗棠也感到“非始愿所及”。由于运河西堤已获成效，他在 1883 年（光绪九年）4 月建议加固运河两边的堤坝，赶在 5 月末水位猛涨之前完工。他的未雨绸缪，不仅避免了当年运河水势泛滥殃及民众，还因新修的堤坝拦水，使当地农民拼力抢割迟稻，保证了农收。

1884 年（光绪十年）2 月 8 日，左宗棠又到清江，会同漕运总督杨昌濬等人，用了八天时间进行详细调查，对导淮入海工程有了较具体的了解，拟订了导淮入海的新方案。他在给朝廷的奏报中，首先汇报了北运河与淮水一带的情况，接着指出导淮之议始于曾国藩，继有吴元炳、刘坤一等人，他认为，治水必先从下游入手，旧河不通大海则江河下游阻塞，支流不入旧河则湖水中途阻梗，想出清口入运河尚且不能，更谈不上归入大海了。在他看来，疏通旧黄河、分减泗水和沂水，只能“去其太甚之害，留其本然之利”，具体实践起来，应先讲求减涨的实效，而不必急于恢复淮河的美名。只要位于下游的江北得利，上游自无

---

① 清江：长江一级支流，古称夷水，发源于湖北省恩施州利川市的齐岳山，流经利川、恩施、宣恩、建始、巴东、长阳、宜都等七个县市，在宜都市陆城区汇入长江。

不利。

左宗棠在江南兴修水利，是在西北和京畿兴修水利的继续和发展，范围广，规模大，江南江北几处工程同时施工，取得了较好的成绩，为当地的农业发展提供了便利。

在兴修水利时，左宗棠也很注意振兴江南的盐务。两淮盐务向来发达，是我国重要的产盐地区之一，运销江淮和湖南、湖北等地，为浙江、广东、四川、长芦盐所不能及。道光时期，两江总督陶澍创行票盐法，严剔陋规，消除弊政，使两淮盐务兴旺，每年收入数百万两。太平天国起义后，交通断阻，湖南、湖北“为川盐灌销，淮盐销路锐减，盐业萎缩。主持盐政者虽踌躇不前，煮海为业者亟望整兴盐业，商贩亦望加引远销”。左宗棠就任后，遍查盐政旧例，参考幕僚规划，采纳绅商建议，意识到复岸增引是增加课税、便利百姓的唯一方法。为了实现“复岸增引”，他采取了以下几项措施来整顿盐政：

一是讲求盐质。淮盐有淮北、淮南两种，淮北盐是借风力吹晒而成，色白而味佳；淮南盐是用锅引火煮成，色黯而味微涩。因此，淮北盐较淮南盐易销，但产量不如淮南盐。川盐、粤盐与淮北盐相似，并以成本低、质量好夺占了淮南盐销地。为此，左宗棠倡导改进淮南煮盐办法，使其“色白味佳，较蜀盐、粤所产殆有过之”。

二是裁减杂款规费。左宗棠说，盐务本为腥膻之场，四面八方都伸手染指，杂税陋规层出不穷。为了改变这一陋习，他规定除允许酌议加增有益地方的善举外，应裁的裁，应减的减，逐加厘定备案，以后不准另立名目违章取巧，以此减少成本，达到降低价格、打击私盐的效果。

三是加强缉私。左宗棠在职期间，川盐、粤盐借岸行销，侵占了淮盐市场。另外，尚有浙盐用船驶入长江。至于武装贩运私盐、票贩营私的，更是难以计数，尤为境内之患，防不胜防。为此，左宗棠决定先清除外来及本地官私隐患，从根源上整顿清理盐务市场，又致函四川、湖北督抚，请他们从旁协助，并派军驻四川、湖北交界处巡缉。

四是先实行官运以导商。左宗棠认为，在民间还没有找到最佳营运方案前，应由官方出面领运，所有领运成本、销售价格均和商贩一样办理，并根据收入、支出款项的多少定为永久章程。这样做，可以从增加课税、便利百姓、体恤商贩多方面进行衡量，推行收利。处于观望状态的新旧商贩知道势在必行，而且官运行之有益无害后，必然纷纷前来领票认引。

1882 年（光绪八年）5 月 26 日，左宗棠在给朝廷的奏折中说，他到任的三个月里，湖北、安徽两岸新复 19. 28 万余引，运销一次课银约可增加 17 万两多，盐厘征收约 120 余万两。可见这一举措效果显著。

复岸增引能否实现，除了治理淮盐弊端外，与川盐行销湖北也密切相关。左宗棠曾致书四川总督丁宝桢谈论盐务，丁宝桢表示川盐在云南、贵州各岸办得很有成效，愿将借销引地一律归还江苏，为此左宗棠称赞他“谋国公忠，古今罕有伦比”。他希望在运销食盐时，也能紧抓缉私要务，将江南复引与四川还引两件事并为一谈，凡关系两省利弊的一定相互交流，以免除大部分疑虑，两地官商也适当禀陈，以免双方意见不一，扰乱定局。在拟订了复岸增引的办法后，左宗棠又写信给丁宝桢，希望他“限年划还引岸”“按月减一二百引”。但是，四川官方虽然明文规定减引，但委员、商贩都以侵占为利，而湖北又以川盐广销、多收厘税为利。如果不在水陆扼要处严设缉查，将会出现川盐明减暗增的现象。因此，左宗棠向朝廷建议，除让四川总督“减引让淮”外，“将来川税停后，两淮应贴鄂饷”，以弥补湖北因川盐减引让淮所带来的损失。

然而，针对左宗棠制定的复岸增引的办法，很快谣言诽谤之声纷起，湖南尤甚，出现了反对复岸增引的风波。清廷并未详细了解复岸增引办法，对这一问题态度犹豫，仅以“未能尽善”四字了结。于是，川盐依旧在湖北等地漫占市场份额，江淮地区的市场上也开始有川盐进入。左宗棠见朝廷对此事漠不关心，只好再次致信丁宝桢，语重心长地吐露了自己以无多之时日尽力报国的忠心，希望对方能体谅并支持。但在纵横交错的利益网络中，左宗棠又怎可能仅凭赤胆忠心就顺利从其他利益体手中夺回江南的盐务市场呢？

所幸左宗棠坚持实施正确措施并多方争取，淮盐销路终于渐有起色。到1883年（光绪九年）2月，虽有新商将10万引减为3万引，但另有新商领票3万引，以2万引归湖北，以1万引归湖南。已运出盐79票，合3.95万引，到次年3月，淮北盐票由原来只运29万余引，经奏加新票16万引，逐渐恢复到前督臣陶澍在任时的盛况。左宗棠兢兢业业的治理盐务终于取得了明显的成效。

除了水利、盐务之外，左宗棠总督两江时还有一项重要职责——洋务。在福州和西北兴办洋务事业的基础上，左宗棠将洋务运动推向了以商办企业为中心的新阶段，将发展商品经济和近代工矿企业作为振兴两江经济的又一重要内容。与西北洋务运动的目的不同，此时左宗棠更侧重于为国防寻觅资源，提供便利。这一阶段，左宗棠侧重从以下三方面入手兴办洋务：

一是支持并发展原有的洋务企业。在兼管江南制造局①、金陵机器局②时，除了对生产制造和经费收支亲自审核报销上奏外，他还派潘露、聂缉槼到这两家企业中加强领导和管理。自从他离开福州船政局后，虽时为关怀，但因职务有别而无从下手；现在他任两江总督兼办理南洋通商事务大臣，有兼顾之责，于是要求福州船政局提调及时上报船政局所有利弊情形，同时也很关注船政大臣的人选，积极督促制造轮船。

二是支持商人集资兴办工矿交通企业。徐州利国驿煤铁矿是当时的一个重要煤矿企业。当候选知府胡恩燮招商集资、聘请外国矿师来开采

① 江南制造局：全称是江南机器制造总局，又称上海机器局，是清朝洋务运动中成立的近代军事工业生产机构，为晚清中国最重要的军工厂。该机构成立于1865年9月20日，由曾国藩规划，后由李鸿章实际负责。经过不断扩充，先后成立十几个分厂，能够制造枪炮、弹药、轮船、机器，还设有翻译馆、广方言馆等文化教育机构。

② 金陵机器局：全称为金陵机器制造局，诞生于1865年，当时李鸿章由江苏巡抚升任代理两江总督，在今中华门外扫帚巷西天寺的废墟上兴建厂房，开办金陵机器局。1888年，金陵机器局为中国最先制造出带车轮移动的架退克鲁森式膛炮，声名远扬。

这一煤铁矿时，左宗棠批示胡恩燮集资试采，聘请矿师勘察，并购买机器以加速成事，“应准开采，以尽地利”。后来，胡恩燮以购办机器、聘请矿师、建造厂屋厂炉“所需成本为数甚巨”请求减少税银，左宗棠甚为体谅，表示若不酌减税银，非但成本更高，企业也将难以维持。而且矿山深处江境极边，运道绵长，又多浅濑悬流，搬运时要克服每一道阻险，因而他对该煤铁矿实行减税的优惠政策。这是他对招商集资的徐州利国驿煤铁矿的极大支持。安徽池州煤铁局勘探得知有铜、铅等矿产后，申请“加招股本，试行开采”，左宗棠表示“既采验确实，援案集资拓办”，希望通过这一手段“收自有之利，以济财用之穷”。

三是支持近代交通运输事业。自 1873 年（同治十二年）丹麦大北公司在上海架设电线后，1883 年（光绪九年）英国大东公司也要求在上海架设水线。左宗棠先命邵友濂[①]、盛宣怀[②]等人阻止英商骤然添设，以保护中国的自主权。不久又有洋商要求添设由长江直达汉口的水线。左宗棠认为汉口位于长江上游，又是通商口岸，洋商既然想添设长江水线，应由中国先行设立陆线，杜绝其狡诈的计谋。所有经费由华商自筹，避免外国染指。

在积极开展洋务运动、振兴江南工商业的同时，左宗棠仍然把农业视为根本，将从事他业看成末务。针对农民不安于田亩而从事他业的现象，他说：“他们以逐末而终致贫寡，我以务本而自强自富，胜负一目了然。”他甚至认为，经营工商业致富不可与从事农业生产致富相比，并将工商业的技术视为“淫巧”。虽然这一观点在现在看来有失偏颇，但左宗棠对农业的重视，实际上早在他躬耕柳庄时就已成型。他认为农事为人生要务，当时还写下《朴存阁农书》记录个人经验见解，可惜如今仅有《广区田制图说序》一文流传。在这篇文章的末尾，左宗棠

---

① 邵友濂（1841—1901）：字筱春，初名维埏，浙江余姚人。清朝政治家、外交家，曾任台湾巡抚。

② 盛宣怀（1844—1916）：字杏荪，又字幼勖、荇生、杏生，晚年自号止叟，江苏常州府武进县（今常州市）人。清朝官员，官办商人、买办，洋务派代表人物，著名的政治家、企业家和慈善家，被誉为“中国实业之父”“中国商父”“中国高等教育之父”。

谈到自己对以农为本的理解："读书养素之士，世富习耕之家，末作趁食之民、游手无俚之子……聚民于农，人朴心童。"在他看来，耕读传家久，诗书继世长。这是最适合读书人修养身心的生活方式。

在两江总督任上，左宗棠为纪念两位对他有知遇之恩的"伯乐"，特意在江宁建祠合祀。而这两位"伯乐"都曾在江宁供职，他们是曾任江苏巡抚的林则徐和曾任两江总督的陶澍，都以善治盐务、水利、荒政而闻名，对左宗棠在闽浙、陕甘、新疆等地的从政举措有直接的指导意义。为表达对两位前辈的敬服与传承，左宗棠挥笔写下联句并命人公之于门首："三吴颂遗爱，鲸浪初平，治水行盐，如公皆不朽；卌载接音尘，鸿泥偶踏，湘间邗上，今我复重来。"左宗棠用三十余字饱含深情地寄寓了对陶澍、林则徐二人操守的崇敬、政绩的颂扬和事业的接承。而早年陶澍、林则徐对左宗棠的爱惜、器重，也在几十年后通过这两句收到了回响。

加强江海防务

除了兴修水利、改革盐务外，身兼办理南洋通商事务大臣的左宗棠对防务也十分关注。江海防务是洋务的重要内容，也是江南政务的中心课题。"两江以海防为重""防海即以防江"，因此江南防务要"江海并重"。

1882年（光绪八年）3月中旬，左宗棠在江宁和瓜洲（今江苏扬州市邗江区）、扬州、泰州、清江等地巡阅各营制兵。同年6月、次年10月和1884年（光绪十年）2月，他又先后三次乘船东下，巡阅江海防务。经过调查研究，他对江海防务有了一定了解，但对海防涉历仍较浅，因而屡次与以水师起家、奉命巡阅长江的老友彭玉麟商谈。最后他们都主张采取守势，专防海口与江口，避开大洋区域的争夺。这一观点源自魏源的"守外洋不如守海口，守海口不如守内河"一说。为贯彻这一共识，左宗棠采取了一些具体措施，为加强江海防务做了大量工作。

一是确定防守地带。过去人们认为长江海口的防务多在吴淞，而吴淞是进黄浦江之口，为苏淞一带的扼要门户。左宗棠考察地形后指出，由长江外海入内海的轮船有两个进口：左为吴淞，右为崇明。外洋轮船若不进黄浦江，就不必由吴淞入口，而由崇明北绕白茅沙，就可顺抵狼山（位于江苏南通市南郊）、福山（位于江苏常熟市），而径趋长江。同时，福山南岸近来因沙阻塞，轮船无法直行，须绕狼山北岸而入江阴，所以吴淞设防根本不能扼其来路。而且，吴淞口南北宽不过 10 里，狼山、福山口南北宽有 100 余里，由此更容易进入长江。因此，他在 1882 年（光绪八年）9 月一改以往以吴淞为重点的防务观点，指出此时防长江海口，应以狼山、福山为重，兼顾吴淞口，以期周密。

根据重上海、保江南的需要，他还主张加强白茅沙的防务："若于白茅沙安设坚船大炮，力扼此津，则敌船势难飞过，地险实有可凭。"7 月末，他根据"御敌于庭院厅堂，不若御之藩篱之外"的原则，明确提出江海防务以布置海口为要。他说：江东百水朝宗，经过的水流以江河为大。近年来黄河向北改道，只有长江独挟众多的支流向东流去，自江皖以东，贯穿江苏全境，至宝山（今上海宝山区）、崇明归入大海。由崇明、宝山溯流而上为白茅沙，再往上为江阴，向来是江防要地。所以白茅沙为第二门户，江阴为第三门户，而崇明靠近海边，应为第一门户。左宗棠根据崇明"地居内洋之外，外洋之内"的独特地理位置及"岛屿丛错，明险有石礁，暗险有沙线"的天然地势，把它提升到比白茅沙更重要的战略位置。而他的"江海并重，防江必先防海"的观点，更把防务的视野由点拓展到面，使长江口的防务更加缜密完善。

二是补充船舶，改良武器设备。为了加强江海防务，左宗棠在改进设备时，求新是其重要特点，如建造洋式炮台，一切守台与兵轮炮台操练等，或购自外洋，或由上海、金陵两处机器局造解拨济。对原有设施，他也做了合理的增改。如要求各地除注意旧有凭高俯击的炮台外，应根据地势在靠岸处修砌船坞，用木板铺成水炮台。他规划水炮台上可移炮排列，有警报时依次施放，以期命中目标。同时还命人购买洋枪、水雷、鱼雷等各种武器，邀请精通制造的洋匠来华教习施放。添置轮船更是他改进设备、增强防御力量的重点。彭玉麟曾打算增制 10 艘小火轮，左宗棠认为两江总督防海口，10 艘船仅供用于守局；若兼顾南洋，必须有 10 艘大兵轮供使用。因此，他接任两江总督后，以“江海筹防未固，户牖绸缪宜勤”，向朝廷奏请调回了被北洋调走的兵轮，并在彭玉麟打算增制的 10 艘小轮外，打算另外仿新造快船，增制 5 艘兵轮。

三是建立防务队伍。旧有陆营和水勇是江海防务中不可忽视的力量，但必须进行整顿，加强训练。左宗棠令各营淘汰 50 岁以上的老兵，募取精壮补足名额。对于水勇，他不主张裁减，还根据“平时操练未能装子施放，恐多耗费”的情况，让各营按炮发给一定弹药用于操练，这样一来，炮手操作纯熟，施放灵便敏捷，对于防务有实际效用。

培养近代海军人员，是解决江海防务人力资源的重要问题。左宗棠认为，中国创设兵轮船的目的在于自强，添造兵轮必须按外国的培养方式预先谋划驾驶人才，依靠自己就地培养。他奏请将南洋现有的“澄庆”号改为训练船，由蒋超英前往福州船政学堂挑选 10 名学生，另招 100 名水手在“澄庆”号训练船上教习，按照西方模式，以三年为期限，练习缝补帆布、系结绳索、插接、操作及保养等一切事宜，并带他们游历各海口，经历风浪，辨识海道，直至精通熟练。这样，将来新增购造的快船到来后，这些学生水手便可陆续调用，比起临时招募更得力。这在当时来说，不仅是解决急需近代海军人才的最佳方案，也为随后创办江南水师学堂创造了条件。

渔团也是左宗棠加强江海防务的一个重要力量。早在鸦片战争时，左宗棠就将“练渔屯”作为反侵略的长久固守的重要内容之一。现在，他创设渔团，不仅是“练渔屯”的重大发展，而且将江海防务植根于江海群众中，使江海防务有了更深厚的群众基础。1883 年（光绪九年）7 月，左宗棠提出创设渔团后，8 月 6 日，吴淞设立渔团总局，随即各地也相继筹办。在此期间，他多次前往靖江、崇明等地校阅渔团。1884

年1月（光绪九年农历十二月），他上奏朝廷，提出创设渔团章程，明确指出渔团的宗旨是“卫民而非以扰民”。

总的来说，左宗棠制定防务方针是以自身力量为基本出发点。他说：“自强之道，宜求诸己，不可求诸人。求人者制于人，求己者操之己。”具体到海防，他认为较合理的方式是“不争大海冲突，只专海口严防”。没有战事时，在海上巡逻，尽己所能，平定海盗；有战事时，则齐集海口进行堵截抵御，或诱敌搁浅，我方船只环而攻之；或观察到敌船长驱直进时，我方船只跟踪追击，断其后路，以便前方师船堵截进剿，不至于坐视敌人冲窜猖獗，到处骚扰。

左宗棠的防与守以战为基础，是积极的防守。而且，他强调誓死以战，从而达到守的目的。在这种誓死以战的思想指导下，他要求各地严防死守，将进犯或有意进犯的外国势力坚决堵截在国门以外。在讲到战阵防守时，他特别指出“两军相见，出奇制胜，变化无穷”，不可固执拘泥。他重视利用地理环境和外部条件，实施“误敌”之术，让敌人因误而困。

此外，左宗棠还将福州船政局新造的“开济”号快船调至江阴，将北洋调回的“登瀛州”号兵轮开驻崇明海口，由长江和江南水师提督操练调遣。这样有了战术、人员和装备的保障，江南防务就更有把握了。而且，江南防务稳固后，更可应南、北两洋急需，一旦听到警报迅速驰援，“断无缓不济急之患”。

为了使将领水勇坚定意志，提升士气，同心协力，千里杀敌，左宗棠曾四次出巡到上海，以推动江海防务。首次巡视时，他带数百名亲兵前往，租界工部局①以结刀持械通过须照会为由加以阻拦。左宗棠大怒，驳斥道：“上海本中国地，外人只租借尔。以我中国军人行中国之地，何照会之有？”并命令所有亲兵枪实弹、刀出鞘。洋人见左宗棠及

① 工部局：即市政委员会，是清末列强在中国设置于租界的行政管理机构。因与中国的“工部”类似而名为“工部局”。

其兵众正气凛然，毫无畏惧之色，一改之前的倨傲，清除道路，换升中国龙旗，鸣炮十三响以示迎接。此后的三次巡视，洋人愈加恭谨有礼。到1884年（光绪十年）2月第四次去上海时，左宗棠“身穿黄马褂，坐绿呢大轿，气象威严，精神矍铄”，停靠在黄浦江的中国兵船和英美兵船都升发船炮以示敬意，外国洋行和英、美、德、俄、奥等国领事都到近前礼敬拜谒，场面蔚为壮观。

年逾古稀的左宗棠通过其所言所行，充分显示了中华民族反侵略的坚强意志和不屈气节。1883年（光绪九年）3月，左宗棠第二次出巡上海后，与彭玉麟会晤于吴淞口，谈及江海防务和赶办船炮各事，二人豪情满怀。左宗棠说：“但能破彼船坚炮利诡谋，老命固无足惜，或者四十余年之恶气借此一吐，自此凶威顿挫，不敢动辄挟制要求，乃所愿也。”彭玉麟也说：“如此断送老命，亦可值得！”他们东征西战数十载，深知鸦片战争后外国势力对中国侵害之深广，因而誓将此身报与国家。显然，反侵略既是左宗棠一生的夙愿，也是他整顿江海防务的目的。

力主抗法援越

就在左宗棠加强江海防务之际，法国在越南的侵略行为已威胁到我国云南、广西等地的安全，清廷于1883年（光绪九年）5月谕令左宗棠“悉心筹划，迅速奏闻”。于是，左宗棠又开始积极筹划抗击法国的侵略。

越南从1804年（嘉庆九年）起成为中国属国，其国土主要由南圻、中圻、北圻、柬埔寨、老挝五个部分组成。其中，北圻与云南、广西接壤，海域与广东相连，与中国的关系极为密切。湄公河流经越南的西南，其上游是流经中国四川、云南的澜沧江；红河流经越南东北，其上游是流经云南的富良江。因此，无论是地理位置还是自然环境，越南之于中国都是极其重要的。

从明朝中叶开始，法国将注意力投向东方时便格外留意越南。自咸丰朝以后，法国更加积极钻营，而越南见法强华弱，也逐渐偏向于依附法国。1858 年（咸丰八年），法国联合西班牙攻打越南，就前一年越南人杀害西班牙传教士一事兴师问罪，战事持续了四年，当时清廷正全力征剿太平天国起义，无力支援越南。到 1862 年（同治元年），越南战败，被迫与法国签订了《西贡条约》，割让土地，并允许法国军舰在湄公河上自由航行。1867 年（同治六年），法国借口保护越南秩序，占领南圻，并开始图谋中圻、北圻，要求获得红河通航权，越南坚决反对。1872 年（同治十一年），法国攻取北圻，预谋渡过红河进入中国境内。广西巡抚刘长佑招用曾参加太平天国起义的刘永福，粉碎了法国的不轨图谋。刘永福在太平天国起义失败后率 300 余人占领保胜（今越国老街省保胜县），因使用黑旗，其部队被称为“黑旗兵”。1874 年（同治十三年），法国采用怀柔政策与越南签订和约，承认越南为独立国，从而获得红河通航权。自此，法国对中国的觊觎之心已是路人皆知。

次年，即 1875 年（光绪元年），法国驻华公使向清廷照会法越条约，并提出两个要求：一是剿灭边境的刘永福及黑旗兵，二是在云南开辟一处通商口岸。清廷严词拒绝，并谴责法国的不耻行为，声明越南依旧为中国的属国，而否认其独立。法国对此不以为然。其间，越南“觉悟此约之不利，复阴结永福共图法，阻其通商，并屡求于清廷，清廷亦以剿办边界土匪名义阴助之”。到 1882 年（光绪八年），法国为惩治越南背约，再次举兵来犯，这次进攻的主要方向是中圻、北圻，并且窥伺中国的云南和广西边境。清廷一面向法国提出抗议，一面命广西、云南出兵防守，广东海防戒严。法国借机再次向清廷要挟退兵，并要求在保胜设置通商口岸，驱逐刘永福及黑旗兵，以红河为界划分南北。清廷起初答应了法国的要求，但法国贪婪背信、得寸进尺，试图用增兵恐吓的方式攫取更多利益。通过一步步蚕食越南，法国最终进入中国边界，向清廷张开了血盆大口。

8 月 15 日，左宗棠遵旨上奏《敬筹南洋应办边务机宜折》，提出对法国侵略的态度及应当采取的立场。首先，他认为，面对法国侵略越南并扬言要进犯广东的狂妄举动，应坚决予以抵抗，不能退缩示弱，因为“我愈俯则彼愈仰，我愈退则彼愈进”。接着，他指出法国侵略越南，不但关系到越南的存亡，还将唇亡齿寒地影响云南、贵州、广西边境。西南边境遭到侵犯的可能愈发急迫，尽管朝廷政事繁忙，但对此事不可置之不理。他引用“一日纵敌，数世之患”的古训提议朝廷早做准备。作为两江总督兼办理南洋通商事务大臣管理七省洋务事宜，他义不容辞，先是派出旧部王德榜急赴云南、广西与越南交界处探明情况，以慎重确定进止，又从“越南难以图存，刘永福不可过于依赖”的角度认为，越南形势严峻，如果再置之不理，西南之祸将没完没了。最后，他表示自己虽庸弱无能，但每思及此事便难以安眠，因此打算待王德榜将越南情况报来，到时如必须用兵，即命王德榜调募数营广勇驻扎滇南、粤西边防要地，相机而动。

自此以后，左宗棠密切关注越南局势的发展，一再奏请增加王德榜的兵员，调拨武器。1884 年 1 月（光绪九年十二月），他奏请将王德榜部增募为十个营，“随带征防”，以独当一面，并将该军命名为“恪靖定边军”，加以号召。更为可贵的是，2 月中旬，左宗棠在因眼病获假调养期间，仍关心越南局势。其间，北宁（在河内东北）失守，兴化相继沦陷，王德榜在谅山、镇南关（今友谊关）目睹法军的猖獗情形，因兵力单薄未能进剿，而法国提督又带 8 艘兵船分驶福建、江南、天津，横行无忌，意在向清廷示威逼迫其同意和议，从而谋取利益。4 月 26 日，左宗棠得知这些情况，深感愤懑，寝食难安。此时四个月的病假只过了一半，但 73 岁的他以“目疾稍愈，即行销假”，希望朝廷能委派他与法国周旋此事。5 月 3 日，清廷发布上谕，嘉奖左宗棠“素著公忠，不辞劳瘁，朝廷深资重任”，让他即刻赴京陛见。

在此期间，认为“对法战事，不能不郑重，可和则宁和”的李鸿章，与法国海军中校福禄诺在天津签订了《中法简明条约》，议成五款：一是承认法国占有全部越南；二是法国有权在边界剿匪，清军应撤回边界；三是法国不索赔偿，清廷应允许法国在边界通商；四是法国允许在与越南的和约中不出现有损清廷威望体面的字句；五是签字三个月后根据前四款再订立详细条款。

5 月 15 日，左宗棠离开金陵，取道济宁、德州、天津、通州北上。途中他查阅天津电报，得知中法签订《中法简明条约》的消息后，厉声责骂李鸿章卑缩懦弱。为表明自己的态度，他向总理衙门提交了《时务说帖》，阐述了自己对条约一事的观点。

左宗棠认为，“中法议和，上关国家大计”，应详密解析其中的存疑处，分析利弊，以减少对朝廷的损害。在提到清军撤出北圻的危害时，他说：北圻作为云南、广东的屏障，与中国接壤，五金矿产十分丰富，法国对此垂涎已久。若置之不顾，法国必然得陇望蜀。等到越南全国被法国占据，国门外有列强虎视眈眈，清军将来征兵训练、纳税征粮等事，怎可能高枕无忧呢？不仅如此，“若各国从而生心，如俄人垂涎朝鲜，英人觊觎西藏，日本并琉球，葡萄牙据澳门，鹰眼四集，圜向吾华”，势必由表及里，逐步进逼，到时又该如何应对呢？他驳斥了朝中官员一味强调法国“兵凶战危”的论点，认为对待战争要慎重，做认真准备，但法国侵略者并非不可抵挡。云南、广东之丧师辱国，关键在于一开始没有足够重视此事，并非真的力不能及。对于有人因“边衅一开，兵连祸结，恐成难了之局”而主张议和的观点，他认为议和要有条件，不能无条件议和。他想利用国际力量限制法国，尽管这一目的无法实现，但他以誓与决战为后盾，把和谈建立在战争的基础上，而不是单纯地、无条件地讲和。同时，他的主战是以知己知彼为前提，而不是盲目主战。他分析了法国国内政局动荡、远途作战等不利条件后，认为法国势难持久，议和应从缓。

他在《时务说帖》中还提出要“亲往视师”，收复越南之心颇为热忱，甚至不惜立下军令状：“窃自揣衰庸无似，然督师有年，旧部健将尚多，可当丑虏。揆时度势，尚有可为，冀收安南，仍列藩封而后已。不效则请重治其罪，以谢天下。”他这一表现可谓“烈士暮年，壮心不已”，更表现出他坚决反对外来侵略的爱国精神。

清廷于 1884 年（光绪十年）5 月召左宗棠回京后，由曾国荃继任两江总督。回顾左宗棠在两江总督任上的作为，可以说是政绩斐然。尽管年逾 70，但他仍以抱病之躯多次亲临阅兵，到扬州、高邮、清江浦等地视察运河堤工，修建赤山湖、导淮入海工程等，造福百姓。特别是在他出阅江南营伍时，上海租界各国洋人换升龙旗，鸣炮致敬，这在积贫积弱的近代中国是绝无仅有的。在两江，他检查制炮局、整饬军备、遣王德榜筹建恪靖守边军准备抗击法军，更显示了一代军事家的远见卓识和爱国热忱。

第十二章　出师未捷，遗恨台湾

《中法简明条约》的签订引起了京师及地方的普遍反对，清廷迫于舆论压力，只得勉强做出主战的姿态。而左宗棠复入军机，可以说是一项对和战之局颇有影响的人事安排，表明清廷态度发生转变。不过，左宗棠第二次入值军机，比第一次时间更短，不到三个月。究其原因，除了满汉大臣间的相互倾轧、排挤外，主要是中法战争形势的进一步蔓延，促使他不顾古稀高龄，毅然请缨杀敌，奔赴抗法前线。

复入军机

1884年（光绪十年）6月13日，左宗棠风尘仆仆地抵达京师，休息整顿几日后进宫觐见。6月18日，清廷发布谕旨，命他仍在军机大臣上行走。左宗棠就此开始第二次入值军机。这次重入军机，他雄心壮志不减当年，急切地想在有生之年为朝廷尽忠职守。按照清廷的谕旨，他在军机大臣上行走，本可以不用经常入宫值班供职，但他却自请每天入值，认真负责地履行职责。

神机营当时的统帅依次为醇亲王奕譞、左宗棠、贝勒奕劻①、将军

---

① 奕劻（1838—1917）：满洲镶蓝旗人，乾隆皇帝曾孙。晚清宗室重臣，清朝首任内阁总理大臣。辛亥革命爆发后袁世凯复出，他让出首相职位，改任弼德院总裁。清朝灭亡后迁居天津。

善庆。奕譞只是挂衔人物，神机营的日常工作主要由左宗棠处理。左宗棠受命后，经常到醇王府商谈时事。6 月 26 日，他正式到神机营任职。为了方便工作，他于 7 月中旬移居相对更近的西安门外的善庆宅内。

在屡次接见僚属，详询营伍情形时，左宗棠了解到兵丁每日的口粮很少，凡遇请假等意外情况，按照规定扣除口粮，这些被扣除的口粮积累下来作为办公费用。经过追查，他发现每月所扣折合三四百两，被扣的兵丁无力养家糊口，苦不堪言。为解决这一问题及由此引发的士气低落、军心不稳等负面影响，左宗棠奏请与署两江总督曾国荃、江宁布政使梁肇煌、江苏巡抚卫荣光、江苏布政使谭钧培、安徽巡抚裕泰、安徽布政使卢士杰、江西巡抚潘爵、江西布政使刘瑞芬等人商议，请四省各筹6000 两白银解送京师，作为军用资金备用。8 月 6 日，左宗棠又上奏朝廷，请求将神机营兵丁扣旷免除，办公费用除将上述各省解款陆续发典生息外，其余不够的银两，由他个人从养廉银中支付。此外，他还向朝廷提议给神机营的士兵每人加银 1 两，以提升士气，使他们认真训练。左宗棠这次奉命管理神机营，在三位满洲亲贵之外，只有他是汉人官员且主理事务。实际上，此举是清廷授权汉人统领满洲军队，在有清以来实属破天荒之举。

除了巩固京畿的守卫力量外，左宗棠这次入值军机还做了另一件影响较大的事情——撰写并呈交《艺学说帖》。1884 年（光绪十年）7 月 11 日，国子监司业潘衍桐奏请朝廷特开艺学一科，以储备人才。同日，清廷发布谕旨，令大学士、六部九卿会同总理各国事务衙门妥议具奏。左宗棠就此撰写了《艺学说帖》，发表自己对此事的看法。

“中外互市后，办理洋务最困难的问题，为缺乏谙习洋务人才”，左宗棠对这一问题了然于胸。清代官吏的晋身途径有四个，分别是皇族沿袭、门荫封赏、科举考试与纳捐入仕。其中尤以科举考试为世所推崇的正途，人数也最多。然而，清朝的科举考试内容仅为经义、诗赋、策论等，对法律、经济、科技、制造等专业领域涉猎极少；至于武举考试更为简单，仅有传统冷兵器的对战。而办理洋务需要相关人员能熟练运用外国语言文字，了解外国的技术与制度，从而方便与外国人交往。当时清廷仍在施行的这种迟滞不前的考试制度，早已无法选拔出满足时势需求的人才，亟须调整改变。

在《艺学说帖》中，左宗棠首先肯定了推广艺学的必要性。他认为，艺学是形而下的实践学问，与志道、据德、依仁、游艺等形而上的理论研究同样重要。掌握艺学的人员可以用隐喻叙事的策略向皇帝进言，由此立于朝廷，与其他靠科考文章晋身的官员并无不同。况且自近代海上用兵以来，西方各国以机器轮船横行海上，英、法、俄、德又各自以坚船利炮互相炫耀，赤裸裸地展露其鲸吞蚕食中国之诡谋，只求趁人空虚无备之时，强势进犯。面对如此时势，要谋自强之策，非学习西方的长处而后以其人之道还治其人之身不可。虽然将艺学等同于中国古代早有的制器之学有些牵强附会，但左宗棠的用意在于为艺学的兴办开路，让朝廷认识到艺学在自强道路上不可缺席的重要性。字里行间可见他言之切切的忠恳和渴望中国自强御侮的决心。

在当时的内外环境下，学习西方、兴办艺学，不仅必要，而且可能。左宗棠回顾自己兴办洋务的过程和成效，说："宗棠在闽浙总督任内时，力请创造轮船，并有正谊堂书局、求是堂艺局之设。所有管驾、看盘、机器，均选用闽中艺局生徒承充，并未参杂西洋师匠在内。洋人每言华人明悟甚于洋人，亦足见其言之不污也。"他用客观事实说明中国人学习能力强后，紧接着又说到广东士绅多延访深谙艺学之人教导自己的子弟。此风一开，中国人吸收西方工业文明的营养，学习其建造、使用的技术，不但坚船利炮可以平定海寇，国力、民力也将随之增强。实施数年后，各海口船炮罗列，并可随时分拨协济，人力物力互相通融，处处铜墙铁壁，以守则固，以战则克，根本无需顾虑外来侵扰。所以应预先筹划擅长此道的技术人员，购置并制作精良的船炮，广泛延揽人才，为己所用。

至于中国要开设的艺学内容，左宗棠认为应与西方有所区别。艺学应以语言、文字、制造三者为要，不包括西方的政教制度。他在鼓励学习西方、兴办艺学时，与当时绝大多数洋务派及思想家一样，仍坚持“中体西用”的框架。他在道艺观上，仍然坚持传统儒家思想观念，用来分析问题的方法和术语也是承袭传统。但是，他提出“道、艺本出于一个本原，未尝析分为二”的“道艺统一”论点，在当时的历史条件下，有利于为西学和艺事的传播、兴办开辟道路，为艺学的发展减少了障碍。

左宗棠虽然不同意专门开设艺学一科，但仍主张通过学政考取、登进艺学人才。他写道：“登进之初，必先由学臣考取，录送咨部，行司注册，然后分发各海口效用差委，补署职官，乃凭考核。”考试分文、武两种，“由各考生自行呈明注册，听候学政考试，分别去取，移明督、抚传验，会同出榜晓示”。对于已取中的文、武两种艺事各生，“均由各考生自呈愿就何项差使，填注试卷面”，并盖上文科艺事、武科艺事的戳记，以便识别。至于录取名额，他主张以应考人员为准，学生的名额大约为 10 名，录取艺事两三名。这样做对于学生的名额不会有什么损害，但对于招揽人才则大有好处。他把这种办法称为“省虚文而收实效”的“自强之策”。

8 月 1 日，清廷根据大学士、六部九卿、总理衙门各大臣会议的结果，发布谕旨，指出国家应不拘一格地吸收人才。设科取士，原为遴选有真才实学的人，因而即使是讲求艺学的工匠，也未尝不可兼收并取。至于别立科目则大可不必，以免发生分歧。以后如有精于西法之人，在京着各大臣保送同文馆考试，在外由各督抚延请到机器局当差；没有机器局的省份则分别移文保送南北洋大臣，考核其学术技艺，切实保荐。在因事制宜中，实事求是地招揽人才。这些措施基本上采纳了左宗棠在《艺学说帖》中提出的建议。

左宗棠在第二次入值军机期间，特别关注的还有中法战争形势的发展。当时，战事正发生重大转折，法国不仅继续扩大对越南的侵略，还对中国领土发起军事进攻。6 月 23 日，《中法简明条约》墨迹未干，法国便出动 900 人向驻守越南北宁观音桥的清军营地发起进攻，扬言要接收谅山、高平两省。清军被迫奋起还击，将法军击退。事后，法国反诬清廷破坏《中法简明条约》，蓄意进一步侵犯中国本土。法国政府要求清廷限期撤兵，并向法国赔偿巨额赔款。为了向清廷施加压力，法国还派出军舰在我国东南沿海游弋，企图占据福建或台湾进行要挟。清廷得知法军行踪后，一面慌忙下诏命驻守在越南边境的清军返回国境以内，并派出曾国荃与法国代表谈判；一面允准左宗棠等大臣的请求，起用淮军将领刘铭传督办台湾事宜，命黄少春募勇支援。在谈判中，曾国荃与法国代表就赔偿数额发生严重分歧，谈判延宕无果。此时，法国已派出 3 艘军舰以炮火猛攻夺取基隆炮台。不久后，刘铭传率军克复基隆，法国人恼羞成怒，又派出军舰在澎湖地区烧杀劫掠，为所欲为。至此，两国几欲断交，法国驻华公使下旗出京。8 月 23 日，早已停泊在福州马尾港待命的法国舰队向福建水师发起猛烈攻击。福建水师仓促应战，因双方实力悬殊，不幸全军覆灭，11 艘舰艇全部被击沉，官兵死伤约 2000 人。马尾船厂也遭到炮轰。

战事的发展完全证实了左宗棠在《时务说帖》中的预料：法国侵略者得陇望蜀，清廷不能高枕而卧，中法之间非决计议战不可。马尾之战爆发三天后，即 8 月 26 日，清廷正式对法宣战，援越战争由此发展为法中两国的侵略与反侵略战争。

战局的发展，使左宗棠对国家民族的命运更加忧虑，并为此多方筹划。“观音桥事件”发生后，他上奏朝廷指出，法军的行动足以证明法国的谈判只是他们的缓兵之计，而且自从天津和议签订条款后，全国上下无不愤怒而痛感狡虏欺侮整个华夏。如今法国又率先挑衅，不管他们怎样狡辩，在铁一样的事实面前，他们也无可辩解。唯有请旨敕下云南、广东督抚，严令防军稳扎稳打，痛加剿办。

7 月 21 日，左宗棠与工部尚书、前军机大臣翁同龢商谈，全力主战，认为王德榜、李成谋等人足以了结此事。在此前后，他还与醇亲王奕譞共议中法战事，明确表示：“胜固当战，败亦当战。”他结合自己镇压太平天国起义的经验认为，战争能激发人们守卫国土的斗志，使普通人不再畏首畏尾、自甘平庸。他的主战态度十分坚决，并且表露了请缨出战的意愿。马尾之战清军惨败后，他忧心如焚，等到朝廷发布宣战诏书后便立即请行。清廷起初出于人事安排及年岁考虑，没有应许左宗棠的请求，仅调其旧部杨昌濬为闽浙总督，命江苏拨出四个营的恪靖军兵前往福建。但左宗棠坚持亲自前往福建督师，为此，他向醇亲王奕譞求援，希望他能从旁协助。醇亲王在致军机处的函件中记录了左宗棠数次请战的情形，说他“其志甚坚，其行甚急”“跃跃欲试，有不可遏之势”，恨不得马上带兵出征，将进犯的法国人驱逐出境。为此，醇亲王只能以“少安勿躁”来安慰他。9 月 7 日，清廷从战争的需要出发，接受了左宗棠的请求，任命他为钦差大臣，督办福建军务。

当时的军机处，跟左宗棠第一次入值军机时的状况相似，满汉同僚间的倾轧、忌惮和毁谤如影随形。在他们看来，左宗棠作为年高望重的汉臣偏执恃功、少顾朝礼，若长久担任朝廷中枢长官，必将影响许多人的切身利益。因此，当左宗棠提出要亲赴福建时，许多满族权贵“有意出之”，顺水推舟将他推离军机处。当然，站在左宗棠的立场，前往福建无论于公于私，对他来说都是求之不得之事。

督办福建军务

左宗棠受命为钦差大臣、督办福建军务后，立即束装出发。1884 年（光绪十年）9 月 15 日，他陛辞启行，水陆兼程，于 10 月 14 日行抵南京。当时，清廷已诏令杨岳斌由湖南募带八个营的兵勇赶赴福建，由杨昌濬与福州将军穆图善帮办福建军务。左宗棠在南京稍作停留，与两江总督曾国荃筹商兵事饷事，调集旧部恪靖七个营、杨昌濬所统恪靖四个营，并两江督辕亲军后营一个营，合计十二个营作为恪靖援台军从征，令前队迅速分起开拔前进。同时，他又写信给原已开赴中越边境与法国侵略军作战的王德榜说：“此次奏派支援越南，任事不像以前，切忌有始无终，辜负我的期望。现在朝廷下令主战，务必尽心竭力，一旦有机即图，不可畏难不前，亦不可轻率行事。倘若不如从前在我麾下时那般卖力，令我蒙羞，不等他人罗列错处参劾，我先弹劾你。”由此可见左宗棠对王德榜西南拒敌的关注及期望。

10 月 31 日，左宗棠率后队各营由江宁起程，取道江西河口，经崇安入福建。按照清廷先后两次发布的谕旨，左宗棠只需在浙江、福建交界处督兵驻扎，以备策应，不必亲赴前线。但是，为了就近指挥全局，他没有在福建与浙江交界处停留，而是径直前往福建省城福州。在四川任教的王闿运听说左宗棠执意入福州，甚至想前往台湾的事情后，不免揶揄起这位老乡：左宗棠这个老翁真有精神头，难道想用鱼皮裹尸吗?但对左宗棠而言，督办福建军务非此举不可。抵达福州后，他会同穆图善、杨昌濬等积极筹谋，多方部署。根据抗法战争的需要，他们主要从四个方面采取措施：

一是派兵增援台湾。马尾之战后，法军将主要力量集中在台湾。10 月 1 日，攻陷基隆。10 月 2 日至 8 日，分兵进攻沪尾（今淡水）。10 月 23 日，封锁全台南、西、北、东各海口，舰艇游弋于台湾海峡，台湾局势万分紧急。督办台湾军务的刘铭传不断呼救请援。左宗棠认为，“台湾为南北海道咽喉，关系甚大，倘有疏失，不但全闽震动，即沿海各省隘口，不知何时解严”“若不赶紧救援，诚恐贻误事机，牵动全局”“目前军务，实以援台为急”。正是因为认识到台湾军务的严重性和重要性，他还在南京时就奏请杨岳斌率兵由汉口搭轮船前往上海，配载兵轮，先到厦门，伺机渡台。

左宗棠抵达福州后，尽管百端待举，但仍首议调兵援台。他先派已革总兵杨在元赴厦门侦察敌情，预雇轮船，以暗渡营勇，但却没有商船可雇。经再三谋划，他打算迅速通知南洋大臣下令援台兵轮限期离开港口进入大海，以缓和台北局势，牵制法军，使其顾虑畏惧，减少巡逻逞威的频率。同时檄令王诗正统领三个营的恪靖亲军陆续开赴泉州、蚶江（位于福建石狮市北部）一带，准备渔船，扮作渔民，趁黑夜偷渡；又派行营总理营务处江苏候补道陈鸣志限期渡台，“会商台湾镇、道及地方绅士，妥筹恢复基隆之策”。他还打算亲赴台湾督战。

1885年（光绪十一年）2月上旬，王诗正、陈鸣志等部乘坐重金雇用的英轮陆续渡抵台南，并于3月初开赴台北。3月4日，基隆法军大举进犯台北月眉山，清军不敌败退。3月6日，王诗正率两营兵力抵达前敌阵地，夺回月眉山尾一卡。次日，仰攻月眉山巅敌垒，伤亡惨重，退驻五堵。此后的战事处于相持状态。3月19日，杨岳斌率所部各营登岸，抵达台湾府城。台湾的局势渐趋缓和。

二是加强福建沿海防务。福州既是福建的省会，又是重要港口，因而成为福建防务的重点地区。由外海进入福州，需要经过两道险要门户：一为长门、金牌，二为闽安两岸。

左宗棠到达福州后，即檄各营分扎长门、金牌、连江、东岱、梅花江各要口，严密巡防长门、金牌，又委派福建按察使裴荫森、道员刘倬云星夜督工，在该处竖立铁桩，横以铁索，没入水中，并安设机器控制铁索的起落，以便己方船只出入，敌船到来则升起铁索加以阻挡。这项防务由福州将军穆图善驻守此地躬亲调度。另外在距福州30里的林浦、魁岐及闽安右路的梅花江，根据地势一概垒石填塞，仅容小舟通行，并建筑炮台，安放炮位，派兵驻守，以遏制敌人的冲击。

1885年2月（光绪十年十二月）上旬，临近旧历年关，左宗棠忽然收到探报说，法国派出7艘军舰泊驻在马祖澳，将于除夕发起进攻。这一消息令人心生恐慌。左宗棠马上和杨昌濬前往长门与穆图善会商，妥筹部署：立即撤去海口水道标识，并督令水雷教习装齐各雷火药，沿港遍布；通知各国领事，即日封港；修复长门、金门等地及闽安南北岸各处炮台，从原被击沉的“建胜”舰上起出18门大炮，安置利用，严阵以待。

2月10日至12日，左宗棠、杨昌濬先后离开福州，到南台、林浦、马江、闽安南北岸和长门、金牌等地巡视。在长门、金牌阅兵时，各营将士均站队试枪，军容整肃；各炮台也多次演示炮击实力。法舰见清军有所准备，便驶离闽江口。左宗棠回到福州后，将经过情形宣示民众，人心这才安定下来。

在加强福州外围防务的同时，左宗棠沿用两江地区的经验，在福建滨海各府县办理渔团。他选派勤练明干的官员分赴福州、福宁（今福建宁德地区）、兴化（今福建莆田市）、泉州四府各海口，设局会同地方官及本籍士绅，办理渔团。任命渔户中的骁勇善水者为团长，抓紧训练，以钱财和功名作保，讲明利害关系，使其不为敌用，从而消除内讧，达到共御外侮的目的。

三是试办闽台糖务。左宗棠抵达福建后，面临着边防紧急、营勇日益增多、军费开支庞大、库银即将告罄、协饷无法接应的窘境，虽然商借洋款400万两，但因数额庞大、利息高昂、筹还困难，于是有了开源节流之议。他认为“开源”要开那些于民有利的“源”，这样“源开而流弊自少”。他发现福建沿海各地颇多肥沃沙土，即使到隆冬季节也不结冻，最宜甘蔗生长。沿海的农民，种蔗熬糖的高达百分之七八十。自外洋通商以来，尽管洋人每年都要采购数10万石红白糖，但广大蔗农并没有因此变得富有，依旧深陷贫穷。究其原因在于熬制机器不够精良，煎熬方法也不甚恰当，生产的蔗糖无法与外国相比。外国人采购中国的糖，并非为了自己食用。他们在香港等处开办厂房，将红糖提炼为白糖，一半运往外国，一半仍然卖给华人商贩，在中国市场上赚取差额。这一市场实情导致中国蔗农空忙一场，即使年成丰富也收入甚微，经济上的主动权都掌握在外国人手中。

左宗棠极力想要改变这一状况，并减轻洋款还息的困难，恰逢有人条陈制糖之利，认为洋人因煮糖方法精于中国，使出糖量多出一两倍。这种从红糖中提炼白糖的方法，中国也可以自己掌握，这样不仅保证民间有利可赚，激发民间制糖业的潜力，还能收回洋人从中国蔗农手中夺去的糖利。左宗棠颇以为然，于1885年（光绪十一年）9月7日奏请试办闽台糖务。他的计划是从借款内先提取万两，派熟知糖务的官员前往美国产糖区参观做法，购置小厂机器，再雇佣数名洋工来中国试制。待考定得糖的实际数量后，“另议章程，或购蔗制糖，或代民熬煮”，在保证蔗农经济收益的基础上，官府收取多出的数目。待制糖有了突出稳定的成绩和效果后，在产蔗地区广泛推行。他尤其提到台湾产蔗量大，等到战争平息，应立即仿办。至于办理糖厂的方法，他仍然秉持一贯主张：先由官方出面办理，待发展平稳妥当后引进民间个人资本，转由私人管理，官方退出后只收取课税而不再插手具体管理事务。他这种关心民困、收回利权、扶植民间资本和企业的做法，是其洋务思想和实践的重要发展，对后来的民族工业起到了重要的奠基作用。

四是奏拓福州船政局。马尾之战，使福建水师全军覆灭，左宗棠亲手筹办且时刻关注的福州船政局也遭到重创。虽然在广大职工的共同努力下，船厂的厂房和设备很快修复，能够继续开工生产，但教训是惨痛的。抵达福州后，左宗棠痛定思痛，从加强战备和海防全局出发，力图亡羊补牢，对福州船政局进行重新规划和整理。

1885 年（光绪十一年）3 月 11 日，左宗棠会同穆图善、杨昌濬向朝廷上《请旨敕议拓增船炮大厂以图久远折》。奏折首先提出“海防以船炮为先，船炮以自制为便”的主张，这是左宗棠自筹办福州船政局以来的一贯思想。接着，他从技术方面总结了福州船政局此前的教训，即福州船政局所造各船多仿制外国半兵半商的旧式船只，近年来制造的快船虽比旧式稍好一些，但仿制的外洋铁甲舰船仍与外国船只强弱悬殊。“船中枪炮，概系购备外洋；兵船所用，又有多寡、利钝之分”，所以外国人一来挑衅，就说清军的水战实力不足以惧。他说：“攘夷之策，断宜先战后和；修战之备，不可因陋就简。彼挟所长以凌我，我必谋所以制之。”为了提高清军抵御外国“挟所长以凌我”的能力，他建议充实军备，并给出了三个建议：

一是拓增炮厂。左宗棠引述福州船政局出洋归国学生的意见说，朝廷若想兴炮政，必须取法当时世界最先进的德国克虏伯厂或英国法华士厂，雇用其上等工匠，订购制炮机器，对船政造船旧厂进行开拓加增，限期兴工铸造。

二是开办穆源铁矿。归国留学生提出，制炮所用的铁与常用铁器的炼法不同，必须另开大矿，添置机器进行冶炼，才能免于向外洋买铁及受洋人牵制。福州穆源铁矿的矿藏丰富，若用来制炮，取用十分方便。如此矿、炮并举，不仅炮可以自制，推而广之，铁甲兵船与火车铁路等一切大政，都可以依次举办，比起向外洋购买、长期以银易铁的做法，得失显而易见。

三是筹办江苏徐州铁矿，并在江浙与湖广地区交界处，选择重要地段设立船政炮厂，专门制造铁甲兵船和后膛巨炮。左宗棠在奏折中强调此时开厂的必要性：及时开厂创办，亡羊补牢，已觉太迟；若因畏惧艰难、吝啬金钱而不思振作，何以谋自强而息外患？

显然，左宗棠的奏章兼顾了当前与长远的需要，对于推动福州船政局的继续发展以至整个海防建设都具有一定的意义。

当左宗棠在福建积极调兵援台，加强东南海防，并逐步取得成效之时，他所派王德榜率恪靖定边军在西南抗法战争中配合其他各军，也取得了巨大的胜利。1885 年 2 月（光绪十年十二月），法军进攻谅山，清军主将、广西巡抚潘鼎新率军退入镇南关内。法军直驱关前，一度深入关内数十里。帮办广西军务的老将冯子材①奉命赴关迎战，在关前隘筑长墙，亲率一军当中路与敌奋战。3 月 23 日，法军司令尼格里率 2000 余人分三路直扑关前，被清军击退。次日，法军主力猛攻长墙，冯子材率各军顽强抵抗，法军三面受敌，大败退出关外。3 月 25 日，冯子材率王孝祺、王德榜各军乘胜追击出关，在谅山城北击败法军，重创法军司令尼格里。3 月 29 日，清军收复谅山，法军退往北宁、河内。次日，法国茹费理②内阁宣告倒台。

出乎人们意料的是，在此有利的形势下，腐败无能的清廷抱定“乘

---

① 冯子材（1818—1903）：字南干，号萃亭，广东廉州府钦州沙尾村（今属广西钦州沙尾村）人。晚清抗法名将、民族英雄。曾参加反清起义，失败后接受招安，咸丰年间参与镇压太平军。历任广西提督、贵州提督、云南提督等职。

② 茹费理（1832—1893）：法国共和派政治家，1879 年共和派上台执政后，他加入内阁，先后担任教育部长、外交部长。后来两任总理，任内以推行政教分离、殖民扩张、免费世俗义务教育而闻名。

胜即收”的方针，派李鸿章与法国使臣议和。4月4日，中法双方代表商定和议草约，即《中法停战条件》。4月6日，清廷谕令前线各军停战，定期撤军。左宗棠对此深觉不安，于4月18日上《密陈要盟宜慎防兵难撤折》。他在奏折一开头就指出，“用兵之道，宜防尔虞我诈；驭夷之方，贵在有备无患。今日之事实，宜慎之于先、防之于后”。

所谓“慎之于先”，是反对与法国侵略者妥协议和，并坚持收回被法军占据的基隆与澎湖。他说，去年《中法简明条约》签订后，法军“口血未干，即来挑衅”等事，“前车宜鉴”；并且法国已通过该条约将越南占为己有，如今他们又占据基隆与澎湖，朝廷怎可一再含糊其辞地畏缩退让呢？他结合福建海防的实际情况向朝廷建言，自去年秋天，沿海沿边各省惨淡经营，防务已稍为周全细密，如果此时转变方式，隐忍出此下策，日后的洋务办理必受其害。如果不要求法国赶紧退还基隆、澎湖，其他虎视眈眈的外国势力也必将乘机出动，这样一来，台湾南北不仅守无可守，而且防不胜防。

所谓“防之于后”，是反对朝廷从前线撤兵。左宗棠认为，法国意在缓战，而不在于言和。法国之所以请和，是因为冯子材在越南边境大败法军的外部失利与国内政府倒台的内外窘境造成的。朝廷如果答应法国的所有要求，在失地没有归还前便先撤走防兵，万一法国怀着贪诈之心图谋入侵，而事机已失，战争的要害已为法国掌握；想要和谈，则一点主动权也没有，徒费口舌不能成事，届时将后悔莫及。因此，他主张“沿海重兵不可因目前请和遽议裁撤”。

然而，清廷此时已下定决心要妥协议和。5月13日，清廷派李鸿章与法国公使巴德诺在天津开始谈判正式条约。6月9日，《中法会订越南条约十款》正式签订，主要内容包括：清廷承认法国在越南的殖民统治，法国在中越边界开埠通商并允许法国商人在此居住，并设领事，中国日后修筑铁路应向法国商办，法军退出台湾、澎湖。至此，中法战争宣告结束。清廷虽然收回了基隆、澎湖，但法国不仅吞并了整个越南，而且就势把侵略的魔爪伸入云南和广西。

此时74岁的左宗棠已是病深难愈，他的家人、侍从都不敢将和议的事情告诉他。但天下没有不透风的墙，待看到和约内容后，他气急颤抖，竟说不出话来。稍微平复后，他躺在床上不时连声高呼：“出队，出队，我还要打！这个天下，他们久不要，我从南边打到北边，从北边打到南边，我还要打，就是皇帝也不能拿我怎样！”家人见状，只能好言安抚他，直到入睡后，他在睡梦中还喊出法国海军统领的名字，要将他赶出国境。

规划海防全局

中法战争已告结束，和议已成定局，垂垂老矣的左宗棠无力扭转事态，只能尽力兴办洋务，缩短与外国之间的差距。中法战争期间，他得知法国新造双机钢甲兵船，立即会同署船政大臣裴荫森等奏请仿造，并强调说：欧洲大局已成连横之势，中国若再拘于成见，情形岌岌可危。除制炮造船、教将练兵，别无自强之道。接着，他又遵旨复奏，提出了关于筹划海防全局的建议。1885年（光绪十一年）6月21日，清廷发布上谕：“现在和局虽定，海防不可稍弛，亟宜切实筹办善后，为久远可恃之计。”左宗棠接奉谕旨，带病坚持筹谋此事。

7月29日，他向朝廷上《遵旨复陈应办事宜拟请专设海防全政大臣以一事权而统筹全局折》。在这个奏折中，他首先肯定了十余年来清廷在船政、制造、水师人才培养等方面的成果，虽造诣未精，但规模初具。尽管水师的水平不及外国的工整干练，但华人的耳目心思聪慧，颖悟能力不在西方人之下。但使当权者实力讲求，学习西方的长处，华人甚至可以超越甚至制服西方，而不必唯唯诺诺只求自保无虞。对于前署湖广总督卞宝第提出在江西鄱阳湖口设立机器局制造船炮的建议，他表示支持，希望朝廷能下令命江浙、湖北督抚臣工派员测量，斟酌议行。他还在奏章中特别强调“海防无他，得人而已”，即突出了人才的重要性。他总结以往教训，说“中国水师不力……所以处处牵掣，必有其由。臣曾督海疆，重参枢密，窃见内外政事，每因事权不一，办理辄形棘手”。而造成这一问题的主要原因在于，内臣之权重在承旨商议，事无大小，多借地方官员所请而加以实施；外臣之权各有疆界，虽为南、北洋大臣，对于隔省之事，终究难以处理超出自己职权范围的事情。

有鉴于此，左宗棠提出通筹海防全局的建议：现在若想消除奉行不力的弊病，不外乎慎选贤能之士主持大局，名为海防全政大臣，或名为海部大臣。凡一切有关海防的政事，均由该大臣统筹全局，奏明办理，并给予他选将、练兵、筹饷、制造船炮的全部权力。特建衙署，驻扎长江，南控福建、广东，北卫畿辅。该大臣或驻署办事，或周游巡阅，因时制宜，不受廷部的遥控。另外选用副臣，平时辅助处理各种政务，大臣外出时则留守督工，权有专属，责无旁贷。这样改动后或许可以立见成效，只是这个大臣责任重大，务必选用品望素著、深谙西学、为中外所倾服的人来担当。

左宗棠这一建议主要是选用主持海防的军政机构和统帅人选。而在加强海防建设的具体措施方面，他根据当时的实际情况，又提出了七项建议。

一是“师船宜备造”。铁甲舰、快船、炮船、鱼雷艇、粮船、小轮、舢板等船种，不能只谋求完善齐备，还应求精。中国的海岸线有万余里，至少须操练10支海军，每军除装备数艘铁甲外，还要配备其他船种，临战之时才足以应敌。

二是“营制宜参酌”。海军应归海防大臣统辖。每军设一名统领，职务相当于提督；一名帮统，职务相当于总兵；管带以下，职务依副将、参将、游击不等。海军中的一切升迁调补都由海防衙门奏办。各守疆大臣只能指挥管辖守港口的陆军，非军务万分紧急，不得调遣海军兵船。

三是“巡守操练宜定例”。海军是为镇守而准备，须时常巡历操练。10支海军中，将8支分布于天津大沽，宁古塔珲春，山东烟台，江南崇明，浙江镇海，福建闽口，台湾澎湖，广东虎门、琼州，并兼顾附近的汕头、厦门、镇江、北坛（位于福建连江县）等地，朝夕演练，互相轮替，每四个月轮换一次，合练一次。其余 2 支分别负责巡逻东洋和西洋，也和各国驻华兵轮一样，保护商人，兼在海上实地练习航行作战，并沿途访问水土民情与各国的形势、博物、制造等事宜。巡航以一年为期，期满后归守口，从守口海军中挑换 2 支出洋。

四是“各局宜合并”。矿政、船炮互相配合，共为一体。海防全政大臣设立后，应撤销福建船政差使，徐州、穆源各矿及各省制造局也统归该大臣统筹办理。

五是“经费宜通筹”。左宗棠主张裁兵、增加洋税，确定海军衙门常年经费，并令各省按年匀摊协济，交海防大臣支用。

六是“铁路宜仿造”。铁路关系到商务、军事，“一经造成，民因而富，国因而强，人物因而倍盛，有利无害”。左宗棠建议先铺设清江浦至通州的铁路，以通南北枢纽，一是便于转运粮饷，从而拉动商务逐渐好转；二是便于征调，从而可以多裁绿营额兵。等该铁路有了成效，再添设分支，推广至西北，此乃日后发展的必然趋势。

七是“士气宜培养”。道、艺本出一源，艺术亦可得人才。水师官兵，应大开学堂培养；“一切格致、制造、舆地、法律，均为以术运经之事，尤应先倡官学，酌议进取之方，广译洋书，劝导士民自相师法”。

以上建议所规划的是一幅详尽完整的全国海防全局蓝图，既提出统一和加强领导，又包括具体措施的设计。这与左宗棠晚年入值军机、总督两江兼任办理南洋通商事务大臣及督办福建军务的实践有关，体现了他应对反侵略战争的部署和前瞻。尽管稍后总理衙门在遵旨复议中，对他提出的各项具体措施有所取舍，如认为仓促间设立 10 支海军，一时无此力量，计划“先在北洋倡练海军，钦派大臣自宜就近治理”，但其中关于专设大臣、统筹全局的思想和方向，均得到了清廷的肯定和采纳。

左宗棠这份奏折上达两个月后，1885 年（光绪十一年）10 月 12 日，清廷将总理衙门中原掌南北洋海防之事的海防股划出，设立总理海军事务衙门，派醇亲王奕譞总理海军事务，所有海军悉归其节制调遣。这也意味着清廷在统一海军指挥权、加速海军近代化建设中迈出了重要一步，并为其后政府职能近代化奠定了基础。

遗恨在台湾

中法战争虽胜犹败，使左宗棠因未能对侵略者“大伸挞伐，张我国威”而感到“怀恨平生，不能瞑目”。过度的愤慨使他本已衰老多病的身躯更加羸弱不堪。

1885 年（光绪十一年）6 月 18 日，左宗棠专折向朝廷报告了自己的病况：饮食锐减，身腕颤摇，心神恍惚，头晕眼花；又以毒湿熏蒸，遍身触发，痛痒交作，咯血时发；整天坐起时少，睡卧时多，偶一行动，便气喘腰疼，困乏不堪。他恳请交卸督办军务的差使，回京复命；先行开缺，回乡调理。清廷接奏后即赏假一月。7 月 20 日夜，左宗棠的病情进一步恶化，突然患上痰涌、气喘诸症，手足抽筋，神志昏迷，紧急进药后才苏醒过来。此后反复无常，病势较之前进一步加剧。7 月 28 日，他再次上奏朝廷，恳请交卸差使，乞假回乡养病。8 月 13 日，清廷下达谕旨：“览奏病情，殊深廑念，自应俯如所请。左宗棠着准其交卸差使，不必拘定假期，回籍安心调理。该大学士夙著勋勤，于吏治、戎机久深阅历。如有所见，仍着随时奏闻，用备采择。一俟病体稍痊，即行来京供职。”

左宗棠虽然上奏请求回乡调养，但当时他病情沉重，福建到湖南的路程遥远，以他的体力实际上已不可能回籍调理，更不可能赴京供职。于是，他仍旧留居福州，一面养病，一面关注时局发展，向朝廷献上自己关于军国大计的建议。值此风烛残年之际，他最关注的两件大事就是筹划海防全局和促成台湾建省。

台湾是福建、广东、江苏、浙江诸省的门户，是东南海防前哨，战略地位十分重要。左宗棠对台湾的防务历来十分关心，曾先后三次接触并筹划台湾防务。第一次是 1866 年（同治五年）镇压太平军余部后，他在闽浙总督任内，以台湾为沿海重镇，着手整理台湾军政、吏治，恢复由内地标营调兵赴台更番戍守的班戍制，任命精明强干的吴大廷为台湾道、刘明灯为台湾镇总兵。第二次是 1874 年（同治十三年）日寇侵犯台湾之际，他身在西北，心系东南，频繁致书总理衙门、办理台防事务大臣沈葆桢、福建巡抚王凯泰及袁保恒、胡光墉等，积极参与对日策略的谋划。第三次是 1884 年（光绪十年）受命督办福建军务期间，他抵达福州后第一件事便是调兵援台，又在中法和议时坚持收回基隆、澎湖。

中法战争结束、签订和约后，左宗棠的身体一日不如一日，他自感来日无多而台海防务之事甚巨，因此更加争分夺秒起来。他在向朝廷上奏《请专设海防全政大臣折》之后，又在同一天稍晚时候发出《台防紧要请移福建巡抚以资镇慑折》，进一步向朝廷建议将福建巡抚改为台湾巡抚，专理台湾事务，从而促成台湾建省。

台湾建省酝酿已久。1874 年（同治十三年）10 月 31 日，清廷与日本签订《中日北京专约》，赔款 50 万两，并承认原是中国属地的琉球由日本“保护”。12 月，日本退出台湾。在筹办善后的过程中，办理台防事务大臣沈葆桢便奏请将福建巡抚移驻台湾，以便加强朝廷对台湾的管辖。当时的闽浙总督李鹤年、福建巡抚王凯泰上奏，以“福、台关联甚巨，彼此相依，未可遽分为二”为由，请朝廷准许福建巡抚“冬、春驻台，夏、秋驻省”，清廷批准了这一奏请。1877 年 1 月（光绪二年十二月），刑部左侍郎袁保恒奏请改福建巡抚为台湾巡抚，经常驻守，治理台湾；福建全省事宜，归总督办理。福建巡抚丁日昌以分驻两地往来不便，奏请简驻重臣，督办数年，而后建省。但他们二人的奏折均被驳回，未能施行。1881 年（光绪七年）冬，福建巡抚岑毓英与台湾兵备道刘璈为加强台湾防务，议将台湾道移驻彰化，居中控制；改台湾府为台南府，辖台南、凤山、嘉义、恒春四县。随后越南战争爆发，岑毓英到广东就职治事，台湾也全面戒严，该决议未及施行。

等到中法战争结束，左宗棠再次奏请将福建巡抚改为台湾巡抚。他在奏折中首先指出：如今之事，以海防为重；而福建省的筹防，以台湾为主。台湾虽然设有镇、道，但一切政事都秉承于督抚。海峡远隔，公文函件往来，平时尚且难免迟延，遇事更担心阻塞。接着，他综述了自沈葆桢以来各大臣关于台防事宜的奏折，认为各督抚大臣虽然谋虑周到，但未免各执己见，都不如袁保恒以局外人旁观的见解更贴切恰当。然后，他提出自己关于台湾建省的看法和实施方案：台湾虽然是岛屿，绵亘也有1000余里，按照旧例，设立官职的地方仅沿海三分之一。每年上缴的关税比起广西、贵州等省，有过之而无不及。如果切实推行收抚台湾生番地区的番族（高山族）政策，自然之利将尽收于我，而台湾也俨然变身海外一大都会。以形势而言，台湾孤注大洋，为七省门户，关系全局，绝非微不足道。因而要重视军中器械和粮食，整顿吏治，培养良好的风尚习气，疏浚财利来源，以上各方面对台湾而言都十分重要。若无重臣专门驻扎此地，治理起来必然棘手。唯有按照袁保恒所请，将福建巡抚改为台湾巡抚，所有台湾一切应办事宜统归该巡抚一手办理，使得事有专责，必然对台防、善后都大有好处。

1885年（光绪十一年）10月12日，清廷权衡再三后采纳左宗棠的建议，发布谕旨，将福建巡抚改为台湾巡抚，移驻台湾，福建巡抚事宜由闽浙总督兼管，并委派刘铭传为首任台湾巡抚。从此，台湾正式建为行省。故有人称，“台湾建省，始于沈葆桢，而成于左宗棠”。

尽管左宗棠在世时未能目睹总理海军事务衙门的设立和台湾正式建为行省两件大事付诸实施，但这两者都是经他规划并铺平道路的。他那高昂的爱国热情感人肺腑，他对国事的措置也切合时宜、便利后人。

就在左宗棠为筹划海防全局及促成台湾建省而殚精竭虑之时，他的病情急剧恶化。1885年（光绪十一年）9月3日，他忽然腰痛难忍，起坐艰难，手足痉挛，热痰上涌，气弱病深。两天后的凌晨，他安详地告别了人世。这时，距他上奏《请专设海防全政大臣折》和《台防紧要请移福建巡抚以资镇慑折》仅三十八天。临终前一日，左宗棠满怀悲愤和遗憾之情，口授遗折，由其子左孝宽笔录，缮交福州将军穆图善、闽浙总督杨昌濬转奏于朝廷。遗折中有一段写道：

“伏念臣以一介书生，蒙文宗显皇帝特达之知，屡奉三朝，累承重寄，内参枢密，外总师干，虽马革裹尸，亦复何恨！惟此次越事和战，实中国强弱之一大关键。臣督师南下，迄未大伸挞伐，张我国威，遗恨生平，不能瞑目！加以频年以来，渥蒙皇太后、皇上恩礼之隆，叩辞阙廷，甫及一稔，竟无由再觐天颜，犬马之报，犹待于来生。禽鸟之鸣，倍哀于将死。方今西域粗安，东洋思逞，欧洲各国，环视眈眈。若不并力补牢，先期求艾，再有衅隙，诚恐积弱愈甚，振奋愈难，虽欲求如今日而不可得。伏乞皇太后、皇上于诸臣海军之议，速赐乾断，期于必成。凡铁路、矿务、船炮各政，及早举行，以策富强之效。然居心为万事之本，臣尤伏愿皇上益勤典学，无怠万机，日近正人，广纳谠论。移不急之费，以充军食；养有用之材，以济时艰。上下一心，实事求是，则臣虽死之日，犹生之年。”

“鸟之将死，其鸣也哀；人之将死，其言也善”一句出自《论语·泰伯篇》，是曾子对政治对手孟敬子所说的话。左宗棠在遗折中引用这一典故，一方面表达自己壮志未酬、怀恨生平的悲哀，一方面也向光绪皇帝和慈禧做了最后的、至为恳切的规劝。折文感情诚挚激越，言词悲壮有力，其强烈的忧国与爱国之情跃然纸上，感人肺腑！他劝告统治者振奋精神，以当时的形势，只要君臣同心，亡羊补牢还为时不晚，重整河山指日可待。割地赔款虽能换得一时太平，却永远满足不了帝国列强的勃勃野心。所以应及早兴办铁路、矿务、船炮各政，以富国强兵。他特别规劝光绪皇帝努力学习，勤理政事；近贤臣，远小人，广开言路，采纳善言；整理财政，充实军备；培养人才，共济时艰；上下一心，实事求是。可以说，左宗棠这些建议都是切中时弊、符合振兴中华需要的。可惜当时帝权旁落，实际掌权的慈禧选择了一条懦弱无能、一味苟且求和的俯身事强之路。这些恳切的建议未被清王朝掌权集团切实落地，以致国家照旧衰败下去。

左宗棠逝世的消息传出后，福州“城中巷哭失声”，百姓纷纷议论“朝廷失一良将，吾闽失一长城”。军中士卒得知这一噩耗后，自发在军营中搭设灵堂祭奠，“倍深哀痛”。江浙、陕甘的士民得知后，都悲伤痛心，如丧考妣。9 月 27 日，清廷发布谕旨，高度评价了左宗棠的生平业绩，追赠太傅，按大学士规制给其家属以抚恤，加恩赠谥“文襄”，并赐给他的三个儿子不同的职位。

10 月 14 日举行御祭，清廷特派新任福州将军古尼音布前往致祭，备极荣哀。次日，灵柩发往湖南。启行时，“送丧者自督抚、将军、学政、司道各大宪之下，均徒步徐行”，而“闽人感公恩德，一律闭门罢市，且罔不泣下沾襟”，他们沿路张结素幔，排列香案以示祭奠，“绅士及正谊书院肄业生，皆在南台中亭路祭”。11 月 1 日，左宗棠的灵柩被运抵湖南长沙，并于 12 月 10 日隆重安葬于湖南善化县八都杨梅河柏竹塘之阳（今长沙市雨花区跳马镇柏竹塘村）。

左宗棠的灵柩到达长沙时，各界人士纷纷前往致吊。长沙士子余肇康写下一副长篇挽联，寄托哀思。联云：

公学备经济文章，而莫邃于舆地；公勋在闽杭关陇，而莫壮于戎疆；公品齐李郭范韩，而莫肖于诸葛。上下二百余载，几见伟人？论中兴功，除却曾湘乡、胡益阳，更谁抗乎？

其出山非有荐牍，以投效结主知；其入阁不由甲科，以奇猷协枚卜；其乞身仍许封奏，以退食豫机宜。寿考七十四年，叠膺殊遇。数未了事，唯此鄂罗斯、法兰西，莫副初衷。

这副联语全面概括了左宗棠的学识、人品、经历、勋业和所受尊荣，也写出了他壮志未酬的遗恨。

时任两江总督的曾国荃也有《挽左文襄》的挽联，联云：

幕府封疆，书生侯伯，孝廉宰辅，疏逖枢机，系天下安危者二十年，魂魄常依帝左右；

湖湘巾扇，闽浙楼船，沙漠轮蹄，中原羽檄，壮圣主威灵于九万里，声光远烁海东西。

这副挽联也写出了左宗棠的经历、际遇和生平事业的特点。

追随左宗棠二十余年，时任甘肃新疆布政使的魏光焘得知左宗棠去世的噩耗后，不胜悲痛，特寄送挽联，联云：

平生做事，独为其难，大业佐中兴，遗疏犹烦天下计；

一息尚存，此志不懈，斯言尝自道，千秋共见老臣心。

这副挽联写出对左宗棠坚忍忠义、至死惦念国事的敬佩，并高度赞扬他的千秋功勋，无愧社稷苍生与历史。

最为后人称道的是林世焘所写的两句诗：“决口不言和议事，千秋独有左文襄。”这两句可作为盖棺论定之说。

左宗棠的子孙从家人的角度，在所作哀启中向世人叙说了左宗棠对国家、民族的忠义：“以书生位至将相，任封圻，且三十年，而无一日居处安享用之厚。举艰险盘错，人所却避者，辄坚忍刻厉，肩任不辞。生平以诸葛武侯自勖，卒之淡泊宁静，鞠躬尽瘁，皆如所言。疾革之时，尤以君恩未报，夙愿未偿，和局不可长恃，战备不可缓筹，晤及僚友，谕语将佐，冀共同心戮力，共济时艰，而无一语及家事。”

每逢国家遇到灾难之事，他人避之不及时，左宗棠往往迎难而上，坚韧克职。他一生以诸葛亮为榜样，只问耕耘，不问收获，清廉尽责。即使在病体沉重之时，仍不忘与同僚商议国事，谕令属下的将校勤练本事、保卫边疆内外。唯一让他放心不下的就是战和局势，一直到弥留之际仍念念不忘此事。这正呼应了他早先说过的“身入仕途，即宜立定主义，毁誉听之人，升沉付之命，惟做一日官，尽一日心，庶不负己以负斯民也”“毁誉不足道，功名不足道，能尽我心力，以善我事，斯可矣”“天下事总是要干，要干事，最是要一部实心”。在数十年为国谋定的仕途上，他始终坚持“无私利之见，无忌嫉之心，苟利社稷，死生以之耳”的民族大义至上的原则，无论是平定太平天国起义、剿灭捻军、剿抚回民起义，还是西征收复新疆、武力支持伊犁谈判、整顿福建军务、奏议台湾建省、发展洋务富民强国等，他都实心实意地去干。

在家书中，左宗棠也屡次向诸子申言安身立命之道：“君子立身行己，出而任事，但求无愧此心，不负所学，名之传不传，声称之美不美，何足计较。”“子弟欲其成人，总要从寒苦艰难做起……菲衣薄食，早作夜思，各勤职业。撙节有余，除奉母外，润赡宗族，再有余，则济穷乏孤苦，其自奉也至薄，其待人也必厚。”“家用虽不饶，却比我当初十几岁时好多些，但不可乱用一文，有余则散诸宗亲之贫者，惟崇俭乃广惠也。”一般人对待自己非常慷慨，可以一掷千金；对待他人则难免悭吝，甚至一毛不拔。左宗棠却一反其道，“省啬者处己，慷慨者待人”，这正是他一直谆谆教诲家人的“惟崇俭能广惠”的道理。

左宗棠曾总结自己的处世之道，即“问心自安”“无负于人”。正因为他对自己的这个要求，他未出仕前受知于陶澍，并在陶澍去世后能保全其家，培育陶桄，使之继承祖业，可谓“受人之托，忠人之事”。也正因为他的这一自我要求，出仕后先后受知于张亮基、骆秉章，尽心竭力辅佐，从而内安全省，外援四邻；随后受知于清廷，厉兵秣马，荡平东南，规复西北。左宗棠去世后，清廷曾准许在福建蚕桑局、马尾船厂，安徽婺源，江苏南京，广东广州，江西南昌，新疆迪化、巴里坤、哈密，浙江衢州，湖南长沙等地为左宗棠兴建祠堂。通过这样的纪念方式，他的正心诚意、忠于职守等美德也被时人与后世广为传颂。

左宗棠曾作一副联句表明心志：“期不负圣人之学，盖尝以天下为忧。”此联与范仲淹的“先天下之忧而忧，后天下之乐而乐”有异曲同工之妙，也是左宗棠一生“鞠躬尽瘁，死而后已”的最佳批注。他一生崇拜诸葛亮，并以“今亮”自居，观其居心淡泊、谨慎用兵、竭诚事王等表现，可谓与诸葛亮如出一辙。《清史稿》为左宗棠单独列传，评价他“为人多智略，内行甚笃，刚峻自天性”，并这样总结他一生的功过：“宗棠事功著矣，其志行忠介，亦有过人。廉不言贫，勤不言劳。待将士以诚信相感。善于治民，每克一地，招徕抚绥，众至如归。论者谓宗棠有霸才，而治民则以王道行之，信哉。”

美国学者威廉姆·莱斯利·贝尔斯在其著作《左宗棠传》[1] 中这样评价左宗棠：他具有真正伟大的灵魂。他是一位伟大的将军，一个伟大的管理者，也是一个伟大的人。他在国外知者甚少，在他自己的国家也未享有应得的声望。倘若他的同胞能仔细研究他的生平与功绩，就能够获益匪浅。他热爱自己的祖国，对国人在悠久历史中所取得的辉煌成就深感自豪。他对古代圣贤怀有敬畏之心，且一直遵循圣贤之道。他为自己的祖国呕心沥血，毫无保留地奉献自己的力量和才智。他怀有坚定的信念，深信国人能依靠自己的努力，为多灾多难的祖国找到一条出路。左宗棠不愧为国家之光、民族之光。

左宗棠对国家、民族的事功和忠义廉俭的品德，都是值得后世学习研究的宝贵资源，而他也必将凭借这些实干成绩名垂千古。

---

① 1937年，该书在上海以英文版印行，题作“左宗棠，旧中国的军事家和政治家”（Tso Tsungt'ang，soldier and statesman of old China），近年的译本及国内学者引用时一般称之为“左宗棠传”。

参考书目

［1］赵尔巽，等．清史稿·左宗棠传［M］．北京：中华书局，1977.

［2］罗正钧．左宗棠年谱［M］．长沙：岳麓书社，1982.

［3］左宗棠．左宗棠全集·家书·诗文［M］．长沙：岳麓书社，1987.

［4］秦翰才．左宗棠全传［M］．北京：中华书局，2016.

［5］沈传经，刘泱泱．左宗棠传论［M］．成都：四川大学出版社，2002.

［6］秦翰才．左宗棠逸事汇编［M］．长沙：岳麓书社，1986.

［7］王定安．湘军记［M］．长沙：岳麓书社，1983.

［8］贝尔斯．左宗棠传［M］．哈尔滨：哈尔滨出版社，2014.

［9］郭嵩焘．郭嵩焘日记［M］．长沙：湖南人民出版社，1981.